歷史「天空」

時尚宗教學

作者／徐頌贊
繪者／one day one dog

三民書局

他序Ⅰ

如何在一個扁平無趣的世代不那麼無聊

黃劍波

黃劍波，華東師範大學人類學研究所教授、所長。曾在中國人民大學人類學研究所任教十年，曾在中國社會科學院做博士後研究，並到香港中文大學、美國聖母大學、貝勒大學、英國伯明罕大學等學術機構訪問研究。著有《鄉村社區的信仰、政治與生活》、《地方文化與信仰共同體的生成》、《日常生活與神聖信仰》、《人類學理論史》等。

一個世代可以扭曲晦暗，但如果還有那麼幾個有趣的靈魂，那就還好，就算弱如豆燈，也還是有那麼一點兒亮光。

這個世代，我們被告知要做正常人，聽話的人，會背誦的人。當然，最終成為一些無趣的人，正如社會學家 Peter Berger 對自己的提醒，如何在自己的世代中避免成為一個 bore。

我們被警告不要搞那些神神叨叨的事情，要學會理性的思考和精巧的計算，要在我們的生活中清除掉任何的妖、魔、鬼、怪，因為那些都不過是怪力亂神之事，事物要有線性的因果，歷史乃是邏輯的展演。

於是，那個層次豐富、色彩斑斕的宇宙被壓縮成為一個平面的世界。那個充滿了激情和想像的五光十色的生活，被抽象為一系列的原則和公式。我們進入了一個韋伯意義上的祛魅的世界，或者托爾金筆下精靈遠避的中土。

回想起來，多年前最初看《魔戒》和《納尼亞傳奇》的時候，很是不能欣賞托爾金和路易斯大量描寫各種精靈和鬼怪，一直覺得這是他們作品中的敗筆。後來才逐漸意識到，他們似乎可以說是在反抗這種理性化世代的單調。

世界的單調首先就是時間的單調。查爾斯·泰勒在《世俗世代》中用很大的篇幅來描述現代時間如何從多維度的時間逐漸變成標準化和勻質化的時間。吳國盛在最近的一個訪談中也轉用他人的說法，指出「時間的鐘表化使得時間被獨立出來成為一個純粹的計量體系，時間開始從生活世界中剝離出來……鐘表是一切機器之母，而借助鐘表，現代技術得以全方位的占據著統治地位。在鐘表的指揮下，現代人疲於奔命，受制於技術的律令。技術的異化通過時間的暴政表現出來。」（〈如何化解現代技術對人文的異

化？〉，見《信睿周報》第二期，二〇一九年）

這是我在這本書中看到的一種可能性，在跨域東方西方、神靈鬼怪、天堂地獄的絮絮叨叨中，恢復一種多維度的時間觀，也就是恢復一個比較有趣的世界，也就是讓我們恢復為一個個活生生的有趣的人。當然，或許頌贊自己本身沒有這樣的想法，且由得我聊發少年狂，借題發揮一下。

所以，得感謝頌贊，用有趣的文字講述有趣的話題，喚醒我們被塵封的想像力和日益無趣的靈魂。在這裡，你看到的那些妖魔鬼怪顯得可親可敬。而寶相莊嚴者卻盛滿了一肚子的男盜女娼、爾虞我詐、蠅營狗苟，至少也是飲食男女，如同我輩。

確實，在日益理性化和扁平無聊的世代，恢復對大千世界的好奇和趣味，已經成為一種難尋的品質。或許，我們都可以嘗試回應 Peter Berger 的那個自我期許：how not to be a bore？

他序Ⅱ

與神叨的人作朋友

成功

成功，《中國非物質文化遺產百科全書：傳承人卷》主編、北京大學地球與空間科學學院博士、中國人類學民族學研究會民族影視與影視人類學專業委員會副秘書長。

好友徐君頌贊委託我為本書寫序，我很是好奇他為何選擇我這樣一個「不正經」的人，可能他也是受了神鬼所惑，才敢於這樣離經叛道地找外行寫序。

自稱外行絕非謙虛客套，無論是對於徐君所馳騁的「神明考古學」，還是蔚為大觀的民俗學，我都不是科班出身。如果說外行有什麼優勢，那麼也是在人類學江湖中所言的「他者的眼光」。這是我很喜歡的切入點，就是跳出三界外，不在五行中。因為不在某種窠臼之內，也就無法無天起來，只關心內容，在意問題，而對於學術的八股規範，多少有些不受束縛的意思。

恰好我在之前花了一些時間，想過怪力亂神的事，就把這些想法，拿出來充當這篇序言，興許可以讓大家多一個視角觀看本書的主題，說不定還可以附驥千里，讓一些同道中人會心一笑。

誠然如查爾斯．泰勒在《世俗時代》中所言，我們生活在一個前所未有的無神論的處境裡，神明不僅僅是缺席，而且是從來沒有出現卻欺哄了所有人的騙子。在這樣的時代背景舞臺上，信仰者被要求解釋自己的信仰，也會為在公開場合談及信仰而羞愧，如果信仰者膽敢公開宣告並傳播自己的信仰，聽聞者會為他羞愧，還可能感覺到被冒犯，雖然不清楚在什麼地方被冒犯了。

我就是出身在一個這樣的世代之中，科學就是我的神，進步是我的偶像。只有科學能夠解釋的，才是真相。科學無法解釋的，都是假像，或者是有待科學昌明之際才會被解開的謎題。而我就是拷問自然，逼迫其吐露真相的科學之子。

在科學之外我還可以承認的次級真相，可能就是歷史之真。歷史上真實發生的事情，無法如同科學實驗一樣被重複，可我仍然接受其作為一種迫不得已的真，就是由於時間的單向性，只發生一次的事件是後續事件的潛在背景或直接原因。

對於科學，我們可以歸納規律，演繹理論，預測結果，驗證真偽。對於歷史，我們可以觀察記錄，合理推論，預測未來。

這一切都終結於我遇到阿昌族的活袍。二〇一一年，我在雲南省梁河縣透過楊葉生的舉薦，認識了阿昌族的幾位活袍，就是他們傳統信仰的祭司兼巫師。活袍這一身分是陰傳的，不同與那種師徒或者父子之間公開且刻意的陽傳模式，陰傳是已經過世的活袍曾經侍奉的神明，神妙莫測地選擇後代作為降神附體的對象，為神明代言。在阿昌族之中，幾個大的家族裡，活袍是隔代陰傳的，一個爺爺輩的活袍被祖先所侍奉的神明選中擔任他們那一代人的活袍，爺爺去世之後，家裡需要繼續供奉法器和衣缽，等候神明從孫子一輩中選擇下一代的活袍。神明選擇活袍的方式往往是反常的言行，例如讓這個人大病將死，或者作夢。以至於這個人的家庭意識到，這是神明選擇他作為活袍的標記，於是到其他的活袍那裡尋求印證，如果得到了明確的肯定，那麼就將爺爺那輩活袍的法器與衣缽傳授與他，他的神智才能恢復正常，並開始履行社區裡活袍的職責。對於這個人來說，最重要的印證就是能否完整地唱誦阿昌族口傳史詩《遮帕麻與遮咪麻》，特別是其爺爺所特有的那個版本。大多數情況下他從未見過其爺爺且聽過其吟唱，但是他的唱誦會讓社區裡曾經聽到過爺爺版本的人立刻知道他與其祖父是被同一位神明所降神附體。

這次遭遇對於我來說，是一次重要的文化衝擊（Culture Shock）。真實的處境讓我的科學主義無處安放。誠實地面對這種跨文化的感受，讓我認真反思科學和歷史之外的一種人類學意義上的真。這種真並不在意是否可以重複，而是在乎是否被相信。某種意義上，科學也僅僅是被相信科學之人作為真，因此也是這種人類學之真的一種形態。

在一個文化體系之內，共用著自身所本的世界觀，形成了民族生態學的認知系統，僅僅從這個角度，才能認識其所在意的人類學之真。這種知識，一般都是依賴口耳相傳，通過故事、童謠、神話、傳說、咒語和詩，在一個文化共同體之內口傳心授。在這裡必須強調口述而非書寫的獨特性，神明與神明的故事，就在真誠的講論之中，被聽聞的人銘記於心，內化為他言行的底色，幫助他構建一個具有自我解釋力的世界。

書寫與印刷，不僅僅是資訊傳播載體的改變，更是內容和思想的改造。而付諸文字的印刷品，需要傳播的是不刊之論，是嚴肅的、嚴格的、嚴謹的。當我試圖將我在阿昌族社區遭遇的震撼與思考用文字書寫出來的時候，隨即遇到了無法用書面語言表達這一經驗的困境。在這個時候，我每寫一句話，都要經過內在的一位科學編輯的審校和放行。於是，落在白紙黑字上的，依舊是莊嚴肅穆的印刷體。

頌贊兄所寫的這些小品文，資訊來源應當是文獻與史料，而不是他道聽途說的傳聞。他把這些本來一板一眼的文字，還原成為口語的故事，再不時地用戲謔的口吻談論神明。最後用一本書的方式呈現出來。這樣，神明們不再天各一方，而是共濟一堂，開開心心地輪番講論自己的故事。

故此，我勸你和我一樣，把這本書放在臥榻或者就手的地方，想起來就打開，輕閱讀，彷佛一個朋友絮絮叨叨地講一些半真半假的神話，你聽著就是了。千萬不要較真，非要和這書爭論，逼著漫天的神佛向你低頭。

有一個傳說，清朝時候有一位活佛在北京遇見一位王爺，王爺對於活佛很是不屑，不僅不肯讓路，反而要求活佛給自己磕頭。活佛想了一下，順從地下了轎子，認真地給王爺三叩首。於是王爺趾高氣昂地得勝而歸。活佛的弟子很是憤憤不平，為活佛失去了面子而抱怨。活佛卻微笑不語。不出三日，王爺突然暴薨，因為他的命受不了活佛的大禮。

我講這個故事是想說，遇到活佛，或者其他神祕莫測的人，該讓路讓路，該恭聽恭聽，大可不必據理力爭，因為你的理不是他的理，他的道不是你的道。

自序

上窮碧落下黃泉，我有媚眼望幽明

題記：

有如觀象家發現了新的星座，
或者像考蒂茲，以鷹隼的眼
凝視著太平洋，而他的同夥
在驚訝的揣測中彼此觀看，
盡站在達利安高峰上，沉默。

——濟慈〈初讀賈普曼譯荷馬有感〉，查良錚譯

一直以來，很多朋友都知道我是宗教學專業的，便常常問我一些問題，大到靈魂是不是存在，長生不老藥到底怎麼找；小到能不能算個命，測一下桃花運等等。

由此可見，大家對宗教學都挺感興趣的。而幾千年來，這些民俗與宗教文化也確實

是人類文明和傳統文化的核心構成部分，是每個人多多少少都會好奇的話題。但是，大家要麼認為宗教學嚴肅古板而過於一本正經，要麼認為都是神神叨叨而敬而遠之。

對我而言，從小因為家庭緣故，十歲就開始沉浸閱讀宗教經典，開始走上跟「別人家的孩子」不一樣的路。一路走來，越是暗自驚喜，因從中看到了其他人未曾看到的沿途風光。後來，我也順理成章地選擇了宗教學專業，開始對這些文化現象進行更系統的學術研究。因此，局內人的體驗，局外人的觀察，這種雙重的視角，讓我對這些神明妖怪更能抱有平等與溫情的目光。

其實真正了解他們，會發現這些民俗或者宗教文化非常酷，神明鬼怪更是好玩。我們既可以從趣味知識中理解宗教，也可以從宗教學反觀人間生活。這些古今中外的神佛妖魔鬼怪，會帶我們發現非常有趣多元的奇妙世界。

我希望這本書，用現代思路言說古典宗教，用千年智慧養成有趣靈魂。我希望它能用有趣的故事，幫你戳破生活裡的小矛盾，助你成為幽默透徹的人。它也能用大師的故事，用超過心靈雞湯一百倍的濃度，讓你卸下負擔、如沐春風。它還能用現代學科和研究規範，助你更加客觀地理解紛繁複雜的人類信仰活動。在輕鬆幽默裡，看明白人間的紛繁複雜，看內心的花開花落。

我在這裡講的妖魔鬼怪、魑魅魍魎、神佛仙聖，不是迷信，也無關信仰抉擇，而是人類幾千年來積累傳遞的文化現象，是人類心靈的象徵和外化。通過觀察這些魑魅魍魎，可以從新的角度看到一個不同的人間。這個人間，不再是帝王將相，不再是晴耕雨讀，不再是戰爭或和平，而是另一個怪誕、荒謬和邪魅，有仙氣又有煙火氣的世界。從前善男信女們敬愛或者畏懼的對像，如今被請上人間的舞臺，與我們平等對話，你才會發現：哦，原來你們這麼可愛。

一百多年前，蔡元培先生曾經翻譯過日本學者井上圓了的《妖怪學講義錄》，他在序言裡回憶自己對於這些鬼鬼神神的觀念轉變。蔡元培是國立北京大學校長、新文化運動的核心人物。提倡科學、反對迷信，向來就是他的招牌。

這樣一位知識界的領袖，卻翻譯了日本的妖怪學，看似矛盾，實則蔡元培本人也經歷過一段轉變過程。原先，他認為世界上的事物，有結果必有原因，有表象必有實體，鬼鬼神神這些都是自欺欺人的假象，應該掃盡一切牛鬼蛇神。對於素來以理智著稱的漢民族知識分子，自然如是認為。

但是，蔡元培在了解井上圓了的妖怪學後，覺得事情並沒有那麼簡單。從現代學術的角度去看妖怪，其實是一種非常有趣、獨特的文化現象。從妖怪可以去理解哲學、心理學、宗教學、政治學等等，可以解釋人們生活裡的各種習慣、想像、意識甚至變態心理。

因此，蔡元培先生在妖怪的問題上「開竅」了。他說往後感到「心境之圓妙活潑，觸發自然，不復作人世役役之想」，可以說，妖怪給蔡先生的生活增加了不少趣味和啟發。魑魅魍魎、牛鬼蛇神，竟如是可愛。

神靈妖怪沒有領土，不會吵架。神靈妖怪沒有時空，不會劃分疆界，也不會為物質產生糾紛。畢竟他們飽餐風露，肉身不朽。不過，他們也會有愛恨情仇，有爾虞我詐，甚至不乏黑幕。好在他們任人評說，多半也能原諒凡人的妄議。至於凡人生活已經不易，為何還要大開腦洞？有人說，這是為了逃避現實。有人說，這純屬玩興，大抵不過茶淫橘虐之流。我則要自辨，無所謂意義，意義就在想像的飛翔裡，不知其幾千萬里。山涵海負、羽化登仙，上窮碧落邀神仙起舞，下至黃泉觀閻王判案，求索天堂地獄人間，遍訪幽冥、閨閣、寺廟、青樓、朝廷與修道院，與神明戀愛、與妖怪玩耍，以凡眼看神明世界，以鬼耳聽人間是非。鬼鬼神神人人，俱有喜態愁容，俱有深情離歡。

本書如今既已面世，文體介於文化隨筆與學術論文之間，文筆盡量兼有仙氣與煙火氣，這是我尋找合宜寫作方式的嘗試與實驗。我打算通過系列圖書的通俗寫作，重構一個飽滿、幽默、有情的幽微世界，把神明妖怪重新帶向人間，也把人間帶給他們。若你試圖在其中尋找確切無誤的知識，或者概覽全盤的理論體系，那我只能說聲抱歉，不妨移步我的學術論文。如果你能會心一笑，那麼這本小書已通往使命之途。

世界廣大精微，足以擁有人神鬼。

他序Ⅰ 如何在一個扁平無趣的世代不那麼無聊
他序Ⅱ 與神叨的人作朋友
自序 上窮碧落下黃泉，我有媚眼望幽明

第一章 徐子夜半望宇宙，試問妖怪與神佛 001

1 為什麼書生總是偶遇狐仙？ 002
2 為什麼日本盛產妖怪？ 012
3 為何人鬼怨未了？ 021
4 如何測算文星投胎概率？ 030
5 如何尋找海上仙境？ 038
6 飛翔有何秘訣？ 047
7 祖師爺定了那些規矩？ 055
8 埃及人死後有多努力？ 063

第二章 既入天堂地府後，不辭長作觀光遊 073

1 神明也有醜聞 074
2 圍觀神仙打架的姿勢 082
3 當神獸成為主角 092
4 印度主神的創業八卦 101
5 跨界戀愛的後果 110
6 地獄的往事 118
7 中元節的狂歡基因 127
8 灶王爺的年度述職報告 135

第三章 何方借來大神力，卡里斯瑪危坐前 145

1 「洋氣」的媽祖 146
2 觀音菩薩「變性」記 155
3 西王母的約會史 166
4 孔子成神記 176
5 張天師的升天計畫 187

6 陳摶老祖的睡覺學 195
7 猶太先知的臭脾氣 204
8 薩滿：歇斯底里的中介 212

第四章 疑難雜症有套路，修行也要靠法門 221
1 佛系青年的吃飯問題 222
2 修行者的穿衣哲學 231
3 出家人的戀愛症狀 239
4 沙漠修道士的行為藝術 247
5 蘇菲的旋轉修行法 256
6 成仙有風險，煉丹須謹慎 267
7 斯多葛減壓法 279
8 禪宗的心靈戰爭 287

第五章 因緣際會難猜透，滿紙荒誕怎能了 297
1 明教造反的內幕 298

2 災異逃生指南 306

3 幻術，從唐代人如何越獄說起 317

4 上帝的經典菜譜 327

5 耶誕節的N種過法 336

6 《山海經》非典型觀演指南 346

7 非洲巫術也有運作邏輯 356

8 神明的遠行與歸來 365

後記 偶爾鬼眼覷仙塵，究竟誰是局中人 374

參考文獻 377

第一章

徐子夜半望宇宙，試問妖怪與神佛

1 為什麼書生總是偶遇狐仙？

人和狐狸的戀愛故事，算是古人和動物愛情的經典傳奇之一。這類經典母體，曾頻繁出現在《搜神記》、《廣異記》、《集異記》裡面。當然，《聊齋誌異》裡更是不少見的。

《聊齋誌異》五百多篇故事，其中寫到狐狸、狐仙、狐狸精的，就有七十多篇，占總數的百分之十四。在寫狐的篇目中，又有三十多篇專寫「人狐情未了」這類主題。也就是說，如果你生活在《聊齋誌異》的世界裡，在路上陸續遇見過一百位書生，那麼其中就有六位與狐仙有過偶遇的故事。這種概率雖不見得特別高，但在書生與動物的戀情故事裡，狐仙顯然博得了頭籌。不得不說，人狐戀情確實是古人居家、旅行與交遊的必備八卦。

人狐為何相戀

就像人間的婚姻一樣，有的人結婚出於真情，有的出於利益，有的出於指腹為婚，有的出於無可選擇，將就著過。人與動物相戀，原因大抵也不出此範圍。人狐戀本已獨闢蹊徑、異類冠絕，而如此種種，非衝決世俗的網羅不可。

凡事宜反求諸己。那麼，就人的角度而言，為什麼會愛上狐？

愛上狐仙的人，常是書生。這類人通常年輕，血氣旺、精氣神佳，容易導致狐仙勾引。而且有時頭腦簡單，極容易相信陌生人。

何況，書生整日待在書齋內，醉心科舉功名，社會事務、人情世故都不夠練達，更不像樵夫、農民或者老和尚、資深道士那般，擁有豐富的江湖經驗和驅魔知識。面對幻化為人的狐仙，書生們自然不懂如何辨識。即便是資深的道士，也不一定能降服狐仙。就像〈醜狐〉裡的那位貼符作法的道士，面對狐仙攪局時，也一樣嚇得落荒而逃。

不過，我們也不能對人過於苛求。有時候，人狐戀的關鍵原因，可能還不是出在人的身上。狐狸長相本就妖媚，遠超其他動物。至少很難聽說有人戀上狗仙、鳥仙。

在自然屬性上，狐狸就有不可複製的先天優勢。繼而，狐已成仙，仙即不老，永保青春，那魅力可有多大？即便是成妖的狐，也有幻化為美人的能力，形象實在太美，極容易吸引他人。愛美之心人皆有，不能責備人們太軟弱，只能怪狐仙過於美麗。

再有，古代男女未婚之前，其實很難常見面。《牡丹亭》的遊園驚夢，為何發生在後花園？實因杜麗娘乃大家閨秀，足不能出戶，很難見到除父親和私塾先生以外的第三位男性。既見柳郎，心思難寐。

對於年輕男子而言，雖然行動的自由度較大，但也很難隨意與未婚的女性見面。家中貧困的書生，更是難上加難。正是在這樣的環境下，狐仙四處遊走，當然比那些禁足的閨秀們自由。人與狐自然就容易相遇，相遇方有故事。

當然，並非所有相遇都有好故事，狐仙遇到的人也不一定都是清一色的善良書生。人狐情未了，也有可能是人太壞，而狐上了當。有的人就曾辜負過狐，騙了狐仙的財與色。

醜狐的深情

《聊齋》裡的狐狸，多以妖媚動人的形象示人。率真愛笑如嬰寧，俠義肝膽如紅玉，知恩圖報如小翠，都是蒲松齡塑造的狐界典範。

不過，並不是所有狐仙都是美麗魅人的，也有的狐仙長相頗為醜陋，實為「醜狐」。但這醜狐，貌醜心不醜，還頗講究以怨報怨，輕蔑忘恩負義之人。這種人狐情未了，是因狐被人辜負，由善轉惡，終而釀成悲劇。

蒲松齡就寫過這樣一位醜狐，根據《聊齋誌異》的前方報道，長沙有位書生，因為太窮而買不起棉被。在這個寒冷的冬夜裡，凍得睡不著覺，只能無聊賴地在書桌旁，坐待天明。萬籟俱寂，只有北風透過紙窗，呼呼地吹。此時，吱，一聲響，門開了，走進來一位陌生的年輕女子，披著長袍，身材曼妙動人，只是臉上又黑又醜。書生起先驚為天人，細看轉而皺眉嫌棄，連忙開口：「你，你是誰？怎敢擅闖我家？」

那女子倒是不緊不慢，邊說邊靠近：「官人莫怕，我是狐仙，看您家中沒有棉被，冷得睡不著，特地來給您送溫暖了。」

書生聽罷，想起孔夫子的諄諄教導，連忙說：「什麼狐仙？我看你是妓女吧？走走走。」不過，書生心裡也在犯嘀咕：「都說狐仙美麗，怎麼輪到我就這麼倒楣？」

那女子聽了，也不生氣，也沒轉身離開，繼續溫聲慢語：「官人，此言差矣，我常在您家徘徊，見您溫文爾雅，心生好感。如果您答應與我長相廝守，我便把這個元寶送給您，作為定情信物。」說罷，就從袖子裡拿出金光閃閃的元寶，放在書桌上。

書生見此元寶，雙目放光，連忙說好，心中卻嘀咕：「天下怎有這等好事，金銀財寶送上門來。醜是醜了點，不過好在夜裡看不到臉，也無所謂。」只見狐仙把衣袍脫下來當作被子，與書生依偎取暖。隔天醒來，狐仙說：「官人，這個元寶拿著，去買件厚實的被子，再去添些衣物。只要我們永結同心，我便永遠對你好，你也永遠不用擔心會挨餓受冷。」

聽罷此言，書生心有感動，卻轉念一想：「畢竟這狐仙是妖怪，收下元寶尚可，與之相守一生，萬萬不可，不如先從牠那裡拿點元寶，再除之後快吧。於我，收錢脫貧致富；於他人，除妖造福社會，兩全其美。」等狐仙離開後，書生便把這件事告訴夫人，他夫人也贊同書生的計劃，就去買了新被褥，添置新衣物。

就這樣，這家人一起騙了狐仙。狐仙每晚來時，看到新被褥，又聽了書生的美言，心間頗感甜蜜。時光流逝，一年以後，書生已經脫貧，家中裝飾一新，出入華冠麗服。不過，狐仙送的元寶倒是越來越少。書生覺得，差不多是時候了，該啟動終極滅狐計劃。

書生便在門口貼了驅魔符，等狐仙再來，只見門前有道符，狐仙卻未受到任何傷害。狐仙一把撕了驅魔符，踢開大門。書生受了驚嚇，大步躲到床邊。狐仙破口大罵：

「不仁不義之人！我對你那麼好，你竟然這樣對我！可憐你的這些小玩意，一點兒也傷不到我。你既然這樣對我，我就要從你這裡拿回當初給你的一切！」

大概因為過度氣憤，狐仙什麼也沒拿走，撂下狠話後，就轉身離開了。書生聽了，嚇得哆嗦打顫，趕忙跑到道士家，尋求幫助。道士出了主意，隔天就來作法。才剛布好法陣和道壇，道士便狠狠地摔了一大跤，耳朵竟然無故被割掉了。剎那間，像臉盆那麼大的石頭，從天而降，把家具砸得一塌糊塗，道士見狀，捂著耳朵就跑了。「妖怪來了，降不住了。」人們紛紛逃跑。只有書生留在原地，一臉發懵。

狐仙果真來了，還抱著一隻貓頭狐尾的怪物，指著書生對怪物說：「去，把他的腳指頭咬下來。」那怪物一下子飛竄撲了過去，咬到了書生的腳趾。狐仙要書生交出過去一年騙走的元寶，這才作罷，帶著怪物離開了。

故事其實還沒完，後面還有一些劇情。不過，這個人狐戀的核心場景，以及昭彰的主旨，基本如上所言。

俗話常說，夫不嫌妻醜，妻不嫌家貧。但這回，狐不嫌人貧，人倒嫌狐醜。試問，醜的到底是人還是狐？

狐的貓膩

人類對狐狸的愛恨情仇，其實古已有之。早在大禹時期，就有大禹偶遇九尾狐，娶了塗山氏的傳說。九尾狐因而成為象徵喜結良緣的婚姻大使。

東漢時的《說文解字》還給狐賦予了多種德行，說牠的毛色中和，行走有秩序，尾巴大，死時還會朝向巢穴所在的土丘。這些動物行為，也象徵著生殖能力強，邦國繁盛，家庭觀念強等品德。當然，凡物有褒有貶。同樣一部《說文解字》，也說過狐的壞話，說牠是「祆妖獸也，鬼所乘之」。

從漢代開始，狐狸的美譽度開始下降，諸多學者開始把狐狸說成是淫婦的象徵。宋代朱熹更是貶斥狐狸，說牠是「妖媚之獸」。這種觀念在文人圈子裡根深蒂固。當然，學者們的評語，並不能妨礙老百姓的追狐潮流。

唐代以後，人們競相追捧狐神，在家中祭祀，奉為家庭守護神，一時成為潮流。老百姓也流傳著「無狐魅，不成村」的說法。這兩種對狐的正反評價，一直在知識分子與老百姓、歷史和現實裡交織並存。

其實，神話也好，傳奇也罷，露臉說話的人基本都是男性。男性視野裡的女性，當然是作為一種被審視乃至懷疑的對象而存在的。對強大的女性，男人們自然抱以畏懼，或者輕蔑。對弱小的女性，自然抱以哀憐。對妖媚的女性，則心裡不免開花，而當這樣的女性為自己帶來禍害時，又將苦果推還回去。

同樣類比，正面表揚便是狐仙、天狐，廣建狐仙廟，以求良緣、保佑生育。而當負面批評時，狐就成了狐狸精，成了使人墮落、破壞婚姻、拆散家庭、毀滅國家的紅顏禍水。

以狐而喻，敬則為狐仙，畏則為妖，害則為狐狸精。從狐看人，也不過而已。

神叨至此，徐子偈曰：

人狐總是情未了，原因各有多方面。
單身男女相思難，狐仙妖媚惹人憐。
若人有負狐狸時，醜狐反倒情更深。
狐仙惹得鄉民拜，狐眼瞥見人世間。

2 為什麼日本盛產妖怪？

喜歡大鬍子宮崎駿導演的人，大概都會對宮崎駿電影裡的那些妖怪印象深刻。「魔法公主」裡的山犬、野豬、仁獸麒麟大神；「神隱少女」裡的河神、無臉男、舞首、白龍……。五花八門的妖怪、精靈、神祇，簡直比人類社會更加精彩。理解這些形形色色的妖怪，也就理解了日本文化裡的幽冥世界。

妖怪：日本文藝界的大咖

在日本的文藝界，妖怪無疑是常客，有時還是大咖。除了宮崎駿的電影，在芥川龍之介的小說、鳥山石燕的浮世繪、柳田國男的學術專著、太安萬侶的史書《古事記》、佛教的故事集《日本現報善惡靈異記》裡，妖怪都是不可或缺的角色。

為什麼日本人那麼喜歡妖怪，還變著法地為妖怪寫出各種的作品呢？其實在日本文化裡，妖怪並非可有可無的奇談怪論，而是活生生的傳統文化和民俗生活。

根據江戶時期國學大師本居宣長的《古事記傳》，日本有「八百萬神」、「八百萬妖」的說法。這種說法當然是頗具詩意的誇張修辭，但這用來反映日本妖怪生態的豐富多元，絲毫不為過。

江戶時期的浮世繪大畫家——鳥山石燕，就曾畫過《畫圖百鬼夜行》、《今昔畫圖續百鬼》、《今昔百鬼拾遺》、《百器徒然袋》，這四部以妖怪為題材的浮世繪畫集，裡面一共有二〇七種妖怪。在「妖怪漫畫鼻祖」水木茂的筆下，湧現出四二三種妖怪。臺灣作家葉怡君曾統計過，有名有姓的日本妖怪大概有六百多個。這還算有姓名的，而有些在浮世繪或佛經裡出現過但又名字家世不詳的小妖怪，還有更多，端賴後人是否賞臉幫他們打扮一番，再登臺亮相了。

而在一九六〇年代後的日本社會，多次出現了「妖怪熱」、「怪獸熱」、「變身熱」等文化現象，校園怪談、陰陽師等甚至在中小學裡風靡一時，這足以看出「妖怪」在日本的熱門程度。

但是，為什麼日本盛產妖怪呢？為什麼從古到今，日本人都那麼熱衷妖怪？如此熱門的妖怪，究竟是如何來的？他們又將去往何方？這並非一個怪力亂神的現象，而是一個非常有趣的學術問題。眾多妖怪的紛至出場，跟日本的自然與社會環境息息相關。

日本為什麼盛產妖怪？

在進入日本這個「妖怪列嶼」之前，我們首先來界定下什麼是妖怪？《搜神記》說：「妖怪者，蓋精氣之依物者也。」意思是說妖怪是精氣附著於某個物體的表現。日本民俗學之父柳田國男說：「妖怪是淪落的神明。」意思是妖怪與神明本來同出一個源頭，妖怪只是沒有升到天界的神明，淪落人間了而已。妖怪與神明本係同源，只是因為人生道路不同，而成了不同的生活。

在日本，究竟是什麼在影響著妖怪的誕生和成長？這得先從日本的自然環境說起。日本是個島國，四周大海環繞，丘陵山地就占了百分之七十，剩下的零星平原分布在沿海一帶。日本境內，有三分之二的國土被森林覆蓋。在這樣的環境，日本人種田、打漁、做生意，都會頻繁進出山林江海，在這些地方來往多了，各種奇談怪論傳開，自然可以理解。

除了自然地理適合妖怪誕生的「先天優勢」以外，日本的社會環境也有利於妖怪。因為鬼怪是一種綜合的文化現象，需要文化心理的長期積澱。

日本自古以來就有「泛靈論」的風氣，到了明治時期，更是把神道教欽定為國教，由內務省官員擔任神職人員。作為一種國家宗教和官方意識形態，神道教允許妖怪的存在。在神道教的經典裡，就有千萬神明的說法。作為一名負責任的主神，天照大神很寬容，不像西方的一神教那樣，排斥其他神明，而是與各種自然神、社會神、人間神和平共處，非常和諧，一派熱鬧景象。而在日本民間社會，老百姓的三觀也是「萬物有靈」，動不動就覺得家裡的那張桌子那張床，裡面都住著些什麼精靈。不論國家還是地方，到處是千萬神明、萬物有靈，妖怪那能不出現呢？

另外，特殊的社會事件也會影響妖怪的出場。當代日本作家京極夏彥，在一次訪談時，講過這麼一個故事。

一八五五年，發生了一場安政大地震，導致七千多人死亡。劫後餘生的人們紛紛傳言，是地下的大鯰魚震動，導致這次大地震。此後，一種叫作「鯰繪」的浮世繪，開始在日本民間流行開來。

在「鯰繪」裡，人們制伏鯰魚的招式五花八門。有一群人站在巨大的鯰魚背上，抄出棍子、錘子、刀劍等十八般武器毆打鯰魚的，也有抄起大石頭、大葫蘆壓住鯰魚頭的。還有請來天兵天將制伏鯰魚們的。

通過制伏鯰魚，人們對地震的恐慌和悲傷，得到了適當的紓解。正是在特殊的社會環境和歷史事件裡，一種新的妖怪就這樣華麗出場了。

京極夏彥素來以「妖怪推理」聞名，他創作的「百鬼夜行」系列小說、《百怪圖譜》系列妖怪畫，征服了很多日本人。很多人認為妖怪是迷信，但京極夏彥就認為，日本人眼裡的妖怪，不是迷信，也不是超自然現象，而是人們將自身的情緒所賦予的一種角色。

「鯰繪」的誕生，不就正好體現了妖怪的「社會屬性」嗎？

正是因為日本特殊的自然環境、社會文化以及特殊的歷史事件，共同造就了妖怪流行的文化風俗。這種風俗，當然會深深影響到作家、藝術家和學者，他們把這些現象變成文字、圖像、學術研究，形成文學、視覺、影像的審美體驗。在日本的學術界，甚至還誕生了「妖怪學」這個聽上去「怪怪」的學科。

「妖怪學」的誕生

在日本，有一項專門的學問，叫作「妖怪學」。這個學科，聽上去有點讓人毛骨悚然，但一聯想到日本動漫裡那些妖怪精靈們，還是覺得蠻可愛。

妖怪學是以妖怪為研究對象的學問，綜合了文學、藝術、人類學、民俗學、心理學等等學科，是一門跨學科的研究。

在古代，很多妖怪只是日本老百姓茶餘飯後的傳聞罷了，有些甚至無名無姓，也沒有視覺形象，除了部分浮世繪和民間工藝，全靠腦補。

但是到了近代，日本湧現了一批愛上妖怪的浮世繪師、漫畫家、作家、學者，陸續賦予這些妖怪以鮮明的形象、特點、角色和故事，讓它們逐漸變成家喻戶曉的熱門形象。

這些愛上妖怪的人有不少名人，比如「日本妖怪學之父」、東洋大學創始人井上圓了，「日本鬼怪漫畫第一人」水木茂，民俗學家柳田國男，小說家京極夏彥、文學大師川端康成，甚至導演宮崎駿等。他們圍繞著妖怪起舞，以妖怪為主角，向全世界講述著妖怪背後的日本生活。

在此，不得不說一個關鍵人物，就是被譽為「日本妖怪學之父」的井上圓了。井上圓了是日本首開妖怪研究的學者，他的《妖怪學講義錄》經由蔡元培翻譯，於光緒三十二年（一九〇六年）進入中國。

井上圓了把日本的四百多種妖怪分門別類，他有幾種分類方法。從真假的角度，可分為「真怪」和「假怪」。顧名思義，「真怪」是無法用任何理論解釋的真實存在的妖怪，而「假怪」則是因為人們的恐懼、迷信、憂慮等造成的假象。

而從成因的角度，井上圓了又將形形色色的妖怪分為「物怪」、「心怪」和「理怪」。

什麼是「物怪」？比如鬼火。這是古代人們眼睛能看到的物質，但又沒法解釋成因，就把它當作妖怪了。當然，今天我們都知道，鬼火只是一種磷火。什麼是「心怪」？就是催眠術、魔術。「理怪」則是肉眼看不見的最高存在，在不同宗教裡有不同的名字。在井上圓了看來，「理怪」就是老子說的「無名」，孔子說的「天」，佛陀說的「真如」，神道教說的「神」。總之，是自生自存、無限永在的「大怪物」。

當然，就其故事或外形而言，日本的妖怪，可以清楚地分兩種——可愛的、可惡的。可愛的妖怪，可見諸浮世繪、電影或動畫片，在「神隱少女」、「寶可夢」裡比比皆是。可惡妖怪，也不必多說，在京極夏彥的「百鬼夜行」系列小說，在流行的恐怖片裡俯仰可見，共同構成一個鬼靈精怪的日式生活。

長相和行為惹人發笑的妖怪，比如有一隻眼的鬼——青坊主；外表如人，卻沒有五官，轉臉過來，無嘴亦無臉——野蓖坊；愛笑停不下來的妖怪——倩兮女，她的名字取自《詩經》裡的「巧笑倩兮，美目盼兮」。還有愛吐舌頭、邊走邊跳的妖怪——豆腐小僧。

當然，還有一些是行為怪誕的妖怪，但長相也一樣是可愛的，比如「網切」，專門喜歡在夏天割破別人的蚊帳，放進蚊子，真是讓人討厭。還有叫「垢嘗」的妖怪，名字看上去大概能猜出是做什麼的——他是專門吃澡桶汙垢的。雖然人畜無害，但因為讓人實在感到「噁心」，也榮列「妖怪博士」水木茂欽定的妖怪榜。但是，這種「噁心」，畢竟不會讓人感到恐懼，聽起來還有點哭笑不得。

還有一種正義到「令人髮指」的妖怪也很可愛，比如「以津真天」，長著鳥的模樣，專門跟那些見死不救的人過不去，專找他們的麻煩。

總之，這些可愛的妖怪，大多的確長相可愛，即使長得有點砢磣，行為讓人覺得可愛。而那些可惡的妖怪，令人發怵驚懼，或者說他們本身也反映出人類的心理。比如專門挑起人們惡念的「天邪鬼」，與其說是妖怪，不如說是人性的某種投射。還有在漁民中間吸血的「磯女」，可能是某種讓人無故流血，卻在當時還無法有效解釋的傳染病。

總之，不論是可愛型還是可惡型，日本的妖怪可以來自人，也可以來自草木蟲魚、山川萬物，或者是任何幾種自然元素的混搭。他們可以是竹匾，可以是章魚，可以是沒有耳朵的豬，也可以是形似海龜的和尚，還可以是人腿上的瘡口。總之，沒有什麼東西不會成為妖怪。妖怪，可以是你能想到乃至想不到的任何東西。

其實，這充分反映了日本民間社會流行的「泛靈論」，日常生活裡出現的奇怪的物體和事情，都可以被解釋為「妖怪作祟」。

如今，妖怪們已經從傳統民俗走進現代社會，成了娛樂界、文藝界、學術界爭相邀請的熱門嘉賓。其實妖怪們的轉型，也正是日本文化現代轉型的倒影。

神叨至此，徐子偈曰：

島國文藝妖怪多，原是泛靈論作祟。
八百萬神鬼橫行，六百種浮世圖繪。
一場地震歸鯰魚，一門學問解妖怪。
問君何以愛小鬼，人間實在亦荒誕。

3 為何人鬼怨未了？

在人們的印象中，知識分子向來是理性、邏輯、講道理的象徵，也是一本正經、正襟危坐的代名詞，實在看不出與妖魔鬼怪有何恩怨。就像《搜神記》的作者干寶，原是高級公務員，在桂林做過太守，也當過司徒府的大管家，還做過皇帝的顧問——散騎常侍。干寶也是學問家，寫過將近兩百部作品，橫跨經史子集，著作超人身高。一位這樣的高級知識分子，為何寫出《搜神記》——洋洋三十卷怪力亂神，四百多個妖魔故事？

傳聞，干寶的哥哥病死了，但體溫照舊，身體並未變得冰冷。果真，沒過幾天，干寶哥哥就死而復活了。醒來後，干寶哥哥一五一十地將死後見聞告訴了家人。干寶因此大受刺激，開始留意各種怪力亂神、奇聞怪談，以及小道消息、山野傳說。最終，寫成了這本《搜神記》。不過，在我看來，《搜神記》作為知識分子的作品，對妖怪們依然筆下不留情，造成諸多恩怨和不平。在此，倒是要一一評說了。

儒學大師如何智鬥妖怪

作為漢代最有名的儒學大師、知識分子的典型代表，董仲舒直接說服漢武帝獨尊儒術，從此一舉奠定了儒家在中國長達兩千多年的獨尊地位。儒家向來敬鬼神而遠之，只是在漢代卻畫風詭異，偏偏喜好鬼神之事。即便像董仲舒這樣的儒學大師，也以擅長讖緯學為豪，很懂占卜，很會預測大事。

根據《搜神記》的說法，有一回，董仲舒正在講課時，隔著簾子，看到外邊好像有客人來訪。這位客人在外邊一聲不吭，只說了兩個字「欲雨」，也就是跟董仲舒說「天快下雨了」。

董仲舒掐指一算，對著簾子外的客人笑著說：「住樹上巢裡的，知道有沒有颳風。住在地下洞穴裡的，知道有沒有下雨。您要麼是狐狸，要麼是鼷鼠。」話還沒說完呢，外邊的客人搖身一變，果真是一隻狐狸，馬上逃跑了。

沒錯，董仲舒是理性的，但也是幽魅的。他的確對訪客的言談舉止有些直接的分析。董仲舒遇上老狐狸，還能靠著理性分析而辨識出來，不得不說這就是大知識分子的風範。

董仲舒算是儒家裡的異類。儒家鼻祖孔子一開始就奠定了「敬鬼神而遠之」的初始程序，幾代儒家都是入世參政，不過問幽冥事宜的。到了董仲舒和他的朋友圈，卻流行「問鬼神而親之」，經常白天占卜、夜觀星象。與其說這是董仲舒本人的偏好，不如說是當時漢代的流行文化。漢初以黃老術治國，清靜無為，休養生息。待到漢武帝一統山河，南征北戰，帝國一統，需要更講究等級秩序和現實治理的學問，儒學因而與流行的陰陽家融合，形成儒家特色的讖緯學。儒學大師智鬥妖怪這一齣戲，自然而然也就上演了。

與鬼博弈，其樂無窮

與妖怪博弈，除了靠智力，有時還需體力。

根據《搜神記》的再次報導，南陽郡有位鄉賢，叫做宋大賢。宋大賢做人正直，沒做過什麼對不住良心的事。有一天，他路過了當地很出名的一間亭子，這間亭子向來以災禍出名，誰要是在裡面過夜，隔天就會碰到麻煩事。當地人路過，都會避之不及。不過，這天宋大賢路過時，天色已黑，回家又太遠，他看著亭子，心裡想：「不如就在這裡住上一晚吧，我倒是想看看會有什麼蹊蹺事，還真不信這個邪了。」

於是，宋大賢大大方方走進亭子，到閣樓上過夜。宋大賢整理了下床鋪，就打開隨身攜帶的古琴，彈奏了起來。路邊的人聽見，紛紛議論，竟然還有如此大膽的人在這裡過夜，都等著隔天看笑話。

果真，到了半夜，宋大賢透過燭光，看見鬼影默默從樓梯飄上來。只見那鬼影面目可憎，長著獠牙，雙眼直瞪，毛髮四散。宋大賢心中也有一絲慌張，不過轉念又想，我又不做虧心事，那鬼能耐我何？於是心情平靜下來，就繼續彈琴。那鬼卻是第一次看到這幕情景，也在想：「這個人怎麼這麼不知趣？看見鬼來了，竟然沒有表現出應該有的神情。」於是，鬼就知趣地飄下了樓梯。

幾分鐘後，鬼又飄過來了。原來，它去取了一個骷髏頭來，拋到宋大賢跟前，半是哀求，半是嘲諷地說：「那麼晚了，你可以睡會覺嗎？」宋大賢停止彈琴，瞟了一眼骷髏頭，對鬼影說：「不錯，多謝，我正好缺個枕頭，那就借你這個當枕頭吧。」鬼聽了，甚是無語，再次默默飄走。宋大賢見此也很無語，心想：「這鬼也不過如此嘛。」

等到宋大賢漸入睡夢，突然有人喊：「喂，宋大賢。」原來還是那鬼，宋大賢驚醒後，似乎不高興。沒等他開口，鬼說話了：「宋大賢，我們來搏鬥一次吧。」宋大賢聽了，立刻答應，心想：「你不讓我睡個安穩覺，我倒要給你點顏色看看。」

沒等宋大賢從床上爬起來，那鬼便先發制人，立刻撲了過來。宋大賢一個激靈，伸手就抓住鬼的腰部，這鬼趕忙說：「哎呀，要死了，要死了。」宋大賢見狀，抓得更緊，把鬼摔在地上，那鬼現出了原形，竟然是一隻狐狸。宋大賢輕蔑地笑了一聲，說：「哼，你作惡多端，讓這裡不安寧，活該今天這樣。」話音剛落，狐狸精飛快跑出門外，宋大賢回到床上睡覺，隔天繼續趕路。從此以後，這間亭子再也沒發生過怪事了。看來，人類不愧是萬物之靈長，與鬼博弈，更顯出人的尊貴地位。

妖怪與人的千年恩怨

不論是智鬥妖怪，還是與鬼博弈，妖魔鬼怪不管如何作惡多端，到了知識分子面前總會屈膝三分，乃至一敗塗地。原本，在造物主面前萬物平等，然而寫下這些故事的知識分子，他們筆下的妖怪多屬怪力亂神，或被隨意剷除，或者直接滅殺。妖怪沒有筆，沒有書，更沒有千年以降累積形成的修辭術。所以，在這場妖怪與人的千年恩怨裡，還是妖怪一方無比吃虧。

比如，在有些故事裡，妖怪尚未作惡，卻被剷除。其中原因，只是因為妖怪的身分，這是怎樣的道理？

晉代的大官、張良的後代張華，就曾碰到一個才高八斗的狐妖。這隻狐狸在燕昭王的墓前修煉了千年，腹有詩書氣自華，想去外面的大世界看看，跟人類比比才華。有一天，心氣高的狐妖問墓前的華表[1]：「華表，華表，像我這樣又有顏值，又有才華的妖怪，可以去拜訪本朝大文豪張華先生嗎？」華表聽了直哆嗦，連忙勸狐妖：「狐啊，雖然你口才出眾，但是張華也是文采飛揚，你去見他，恐怕凶多吉少。」狐妖不聽勸，變成一位風度翩翩的少年，昂著頭去見張華。

等到見了張華，一人一妖果真對談起來。他倆從先秦諸子百家聊到老莊哲學，從《詩經》的「風」、「雅」、「頌」談到「儒分為八」，總之上天入地，無所不談。張華定睛看了看眼前這位英俊少年，心中起了嘀咕：「怎麼會有如此智慧的少年人？莫非是妖怪所化？」

於是，張華把眼前這位少年留了下來，還派人守護，不讓他離開。少年見狀，也不生氣，心平氣和地說：「張先生應該愛惜人才，難道忘記了墨子主張的『兼愛』了嗎？您不讓我離開，這也會傷及您自己的名聲。要是這樣，以後天下的有為青年，可能也不會再來拜訪您了。」

1　華表，是古代中國宮殿、陵墓前常見的大型石柱，功能多樣，既可以作為道路標誌，也可用於裝飾，還具有提醒皇帝勤政愛民的作用。

張華還是堅持不讓少年人離開，後來又聽到別人說，可以取用燕昭王墓前的華表木，來測試少年是否妖怪。果不其然，張華派人砍掉了華表木，木頭還流出血來。取來華表木，狐妖現形，被張華殺死。

整齣劇本，以喜劇始，以悲劇終。人類雖然勝利，但是妖怪無故慘死。不過是妖怪仰慕學問，前來問學對答，不料橫死人間，還連累了華表，當真是奇哉怪哉、冤矣慘矣。

再有，在大部分神怪故事中，其所設定的妖怪角色相較於人，多是勢力弱小的一方，人類總是勢力強大的一方，倚強凌弱，輕易降服妖怪。更何況，慣用手段竟是甕中捉鱉、手到擒來這等不入流的方法，果真是貶低了妖怪的智商。

南陽的宋定伯，走夜路遇到鬼，於是假稱自己也是鬼。真鬼和假鬼相約去集市。宋定伯一路騙鬼，互相輪流背鬼。鬼問宋定伯，背你怎麼那麼重？宋定伯卻說自己是新鬼，自然要重些。就這樣騙了一路，宋定伯還挖出了鬼怕口水的隱私。來到集市後，宋定伯惡人先殺鬼，鬼情急之下變成了羊。宋定伯趕緊朝鬼吐口水，鬼怕口水，寸步難行。宋定伯直接賣了羊，拿著一千五百文錢，哼著小曲回家了。

您看，這鬼根本沒有傷害任何人，但是人類憑著小聰明和花言巧語，把一路同行的戰友都賣了，還套出了鬼怕口水的隱私，來了一個甕中捉鱉。難為這鬼一路主動上刑場，賠了體力又倒貼一條命，還讓別人賺回一筆錢。

即便在這些全講怪力亂神的小品文裡，人類依舊以一種反差萌，展現了自身高高在上的地位。而妖怪不論作不作怪，總要承擔不幸的後果。

再者，儒生常言「仁者愛人」，即仁者應以仁愛待人接物，可是一旦遇見妖怪，就立馬收回這句口號，是否有違人道？人類常說理解萬歲、同情無價，即便人也有種種不如意，何況總被歧視的妖怪呢？

宋康王強奪門客韓憑的妻子，造成韓憑夫婦相繼自殺。他們死後，宋康王又故意不讓他們合葬，墓地遙相對望。蹊蹺之事終於發生，不到十天，兩個墓地分別長出大梓樹，根葉交織，如同韓氏夫婦擁抱。又有一對鴛鴦常年在樹上棲居，悲聲動人，當時就有人們相信，這對鴛鴦就是韓氏夫婦的精魂所化，這個故事從此流傳下來。

看來，人有不平處，亦可為妖，引人同情、博人淚水。就連人也會因為種種不如意，不得已而成精。人亦如此，妖何以堪？為何偏偏遇到真妖怪，人類的同情就變成了雙重標準？對此，人類實在需要反思，要設身處地為妖怪思量幾分。

神叨至此，徐子偈曰：

搜神稽鬼有干寶，我為妖怪抱不平。
儒學大師鬥狐仙，市民階級賣妖怪。
以強凌弱不人道，甕中捉鱉無鬼道。
做鬼真是不容易，人鬼恩怨何時了？

4 如何測算文星投胎概率？

文星，包括文曲星和文昌星，都和文運有關，都是知識分子和文化界認識的主管神明。作為北斗七星的第四星，文曲星主管文人。文昌星是南斗第六星，位於大熊座，也主管文運，但與文昌帝君的化身有關。雖然在天文位置和神話傳說上，文曲星和文昌星並不住在一個家，卻常被老百姓認為是一家人，統稱為文星。

文曲星，好就好在這個「曲」字。清代的散文家袁枚說：「貴曲者，文也。天上有文曲星，無文直星。木之直者無文，木之拳曲盤紆者有文；水之靜者無文，水之被風撓激者有文。」古時，「紋」與「文」相通，文人的命運也是曲折的，曲折以後方見真才實學。為什麼沒有「文直星」呢？因為木頭盤繞，水面吹風，都有紋路，所以有了「文曲」。同樣，情思婉轉，想得多、想得美、想得艱苦而突然靈感驟至，才有文化，方見才華，所以才叫「文曲」。

同理，有些人做不了文曲星，文曲星也不會投胎到他們身上。這些人，應該有些共同的特質。換言之，如果提高這些特質在人格中的所占比例，或許你也可以主動成為文曲星，至於最後能不能認證成功，還要看天時地利人和。

那些年，被文曲星投胎過的人

文曲星，意味著天賦才華。說某某人是文曲星下凡，簡直是讀書人的最高榮譽。不過，有些人竟也因為被文曲星投胎，而發了瘋。

譬如，范進中舉以後，喜極而瘋，披頭散髮，自言自語：「中了，中了。」圍觀群眾出主意，勸范進的岳父胡屠夫上去打巴掌，把新科舉人打醒。然而，一向討厭女婿的胡屠夫此時卻猶豫了起來，他說：「雖說是我女婿，但中了舉，就是天上的文曲星。聽說，打了文曲星，閻王爺要發配到十八層地獄，還要挨一百根鐵棍，永世不能翻身啊！」旁邊有人立馬反駁，說：「胡老爹，你看你每天殺豬，白刀子進，紅刀子出的，閻王爺早不知道給你記了幾千根鐵棍了，你也不差今天多出來的這一百根鐵棍。更何況，如果你今天救了文曲星，說不定閻王爺還能給文曲星一個面子，給你免去幾千次挨打呢！」

胡屠夫聽了，覺得好像有點有道理。身邊的圍觀群眾們繼續慫恿，胡屠夫抄起兩碗酒，一飲而盡，壯膽上前，摑了女婿一個巴掌。出於對文曲星的由衷敬畏，胡屠夫沒膽再摑第二個巴掌。范進挨了屠夫老丈人的巴掌，一下子就被打暈了。周圍群眾湧上前去為他捶胸敲背，范進漸漸清醒過來。只有胡屠夫看著自己的手掌，竟然覺得手掌越來越疼，他心裡想：「果然不能打文曲星，現在手掌越來越疼，應該是菩薩來找我算帳了！」胡屠夫一面為女婿醒來高興，一面又對打了文曲星心有餘悸。他越想，手掌就越是疼。發紅疼痛難耐之際，胡屠夫趕忙去找郎中買膏藥。

一向受老丈人欺負的范進，在中舉以後，連老丈人都不敢打巴掌了，生怕得罪文曲星。可見，文曲星在民間的影響力和地位。就連范進中了舉人，都會被認為文曲星下凡，那麼從古至今，究竟哪些人是文曲星下凡而生的？文曲星的投胎概率究竟有多高？

數千年來，被當作文曲星的真歷史人物，有商代被挖心的比干、同在商代的伊尹、唐代的宰相張柬之、宋代的宰相范仲淹、開封府的黑臉包拯（死後又去了地獄當閻王）、「留取丹心照汗青」的文天祥、明代開國元老劉伯溫等等。

而文學或傳說的虛構人物，有前文提到的范進，還有許仙和白娘子的兒子——許仕林，考中了狀元，把白素貞從雷峰塔救了出來。《水滸傳》也說，玉皇大帝派了文曲星下凡，成為包拯，來輔佐宋仁宗。

還有一些是出於誇獎，他們不是文曲星真下凡，而是別人誇獎他們文采斐然，而說成是文曲星，比如詩仙李白，一般認為是太白金星下凡，卻也被部分人叫成文曲星。此外還有詩聖杜甫，以及任何有才華的文人。甚至，還有一些自我命名為文曲星的，比如太平天國的洪仁軒。

文曲星們的共同特徵

綜合分析上述人士，成為文曲星也有一些共同特點，他們要麼有真才實學，要麼有科舉功名，這些都是最顯而易見的外在證據。如果往內看，文曲星們則大都經歷過一波三折乃至多折的曲折人生，因而才配得袁枚所說的「文曲」之本義。

貴為帝嚳的後代、殷紂王的叔父比干，本是一國之相，文采斐然，卻因得罪殷紂王和妲己，最終被挖心。不過，比干很快就被平反。不但周王朝封他為「國神」，玉皇大帝封他為「財神」，道教封他為「文曲守財藏真福祿真君」。不得不說，雖然去世方式比較慘烈，但畢竟得到了人間與天庭的正面肯定和持續紀念。類似的事還不少，鐵面無私而開罪無數的包拯，生逢亂世、以身殉國的文天祥，沒有一個不曾歷經滄桑。如此看來，人生非曲折動盪，甚至一百八十度之反轉，則難以成為文曲星眷顧的人。

相比於文曲星投胎之人在人間掀起的風波和潮流，文曲星在天庭卻做著安靜的幕後工作。想當年，太白金星拿著玉帝聖旨，前往花果山水簾洞招安孫悟空，那道聖旨便是文曲星起草的。在天庭，文曲星主要在幕後扮演秘書的角色，負責起草玉帝聖旨和各種文獻通告。而投胎到人間以後的文曲星，曾經讓一直欺負范進的老丈人，在范進中舉以後都不敢打罵，生怕觸犯文星，遭到報應。而中了狀元的許仕林，更是能夠堂堂正正地去雷峰塔營救母親白素貞。

看來，文星的投胎，是一次非常有力、有權威的賦能，讓落魄秀才成為知名舉人，也讓不少人的苦難人生轉變為幸福生活。不過，這也會在人間造成更多問題。比如有些人動不動就稱自己是文曲星投胎轉世，這種事也人為干預了文曲星的投胎概率，降低了數據的真實性與準確性。

愛轉世的文昌帝君

在民間，文曲星和文昌帝君經常被混為一談。文昌帝君算是一位三合一的神明，主要由張育、張亞子與文昌星三位融合而成。有史以來，文昌帝君投胎過的人，多達七十多人。這些人裡有周代的張仲、漢代的張良、晉代的涼王呂光、五代的蜀王孟昶等等。

其中，張育是蜀王，在東晉年間曾經帶過軍隊，在他去世以後，人們在梓潼的七曲山上為他建了紀念的祠堂。同在這座山上，就在張育祠的附近，還有張亞子的祠堂。張亞子是兩晉時期當地的一位神人，因為成功預測姚萇建立後秦而出名。因為兩位神明同姓，祠堂又挨得很近，信眾難免互相串門上香，傳著傳著，張育和張亞子就成了一個神明，後來又與文昌星合一，三而為一，最終成為文昌帝君。

相較於文曲星的辭章華藻、飛揚情思、伶俐口才，文昌星雖也才華卓著，但更質樸剛毅。文昌帝君轉世的文人，更多的是有才華、會寫文章的政治人物。文昌帝君比文曲星更深地參與時事政治。比如在唐代，安史之亂發生以後，唐玄宗跑到四川避難，本來人心惶惶，但有一晚得到張亞子的託夢，告知唐玄宗日後將成為太上皇。唐玄宗半信半疑，果不其然肅宗李亨登基，唐玄宗果然成了太上皇。從那以後，唐玄宗給張亞子封了一個「左丞相」的頭銜，這位原本屈居在偏遠山區的神明暴得大名，從四川火到了全國。

文昌帝君的背後

唐玄宗只封了張亞子為「左丞相」，此時三合一版的文昌帝君尚未誕生。先是道教把張育和張亞子納入自己的神譜，說他倆都是文昌星下凡，主管考運和文運。到了唐代，科舉成為讀書人進入廟堂的主要途徑。拜文昌帝君，祈禱考試好運，也就成了讀書人眾相追捧的時髦。

更重要的是，許多皇帝也參與到這個神明的打造過程，為文昌帝君進行賦能。從唐代、宋代到元代，文昌帝君分別獲得了「左丞相」、「濟順王」、「英顯武烈王」、「忠文仁武孝德聖烈王」、「神文聖武孝德忠仁王」等榮譽封號。

在元代重開科舉考試以後，正式封為「輔元開化文昌司祿宏仁帝君」，簡稱「文昌帝君」。從此以後，讀書人要考科舉，都會去專門的文昌閣拜文昌帝君，文昌帝君成了主管讀書人文運的專業神明，甚至形成了「北有孔子，南有文昌」雙足鼎立的現象。文昌帝君還被配給了侍奉的童子，分別叫天聾、地啞。因為文昌帝君主管科舉考試，手頭握有當年中舉人士名單，如此天機必不可洩露，所以身邊還是聾啞人為宜。而清代的嘉慶皇帝看到文昌閣年久失修，還用自己的私房錢來整飭一新。

自隋唐開科舉以來，史冊上留名的狀元至少有三百六十多位，其中被稱為文曲星、文昌帝君轉世的至少有七十多位，占狀元總數的百分之二十。如此高的概率，已經可以說明文昌帝君對於讀書人的意義。

文昌帝君的誕生，從四川山區裡的小神明，到大中華地區的著名神明，經歷了唐宋元明清等朝代，特別是皇帝的參與冊封，極大提高了他們的政治地位，以及在科舉文人心目中的地位，以至於拜文昌帝君，成了通往科舉的必經之路。

神叨至此，徐子偈曰：

文曲文昌皆文星，自古以來管文運。
文曲本屬北斗星，范進中舉來下凡。
文昌本是地方神，歷代冊封成帝君。
文星投胎概率高，科舉路上時髦神。

5 如何尋找海上仙境？

徐福曾經欺騙了秦始皇，率領著三千童子，渡海尋找蓬萊仙境，結果有去無回。且不說徐福團隊是否真的抵達日本，關鍵問題還是秦始皇雖然一世英名、一統六國，卻是完全欠缺一統蓬萊的能力。只得將渺茫希望，寄託於徐福這樣的方士身上。在這場尋找蓬萊的事件中，徐福成了最大贏家，秦始皇成了最大輸家。現在，實在有必要總結歷史經驗，仔細規劃有效遇見蓬萊的辦法，或許也能再告慰秦始皇。

如何辨別仙境

首先，要學會辨別不同的海上仙境。畢竟，一出海，便是茫茫無邊、生死由天。當然，上天也是公平的，雖然那麼危險，但在大海上可以遇見仙境。幸運者，甚至還能收穫仙境的特產，小則珍珠瑪瑙，大則仙丹妙藥。不過，這一切美事的前提，都是要正確辨別仙境，不要誤入歧途，最後竹籃打水一場空。

最容易跟真正的仙境混淆的，便是海市蜃樓。司馬遷是最早記載海市蜃樓的人，他在《史記》裡說「海旁蜄氣象樓臺，廣野氣成宮闕然」，把這種神秘現象解釋為蜃吐出的氣。在《漢書》裡的〈天文志〉，《聊齋誌異》裡提到的「山市」、「鬼市」、「海市」，均是這類現象的記載。

所以如果不加留意，以虛為實，把海市蜃樓當作仙境，還極有可能「誤入歧途」。為此而倒楣的著名人士就有秦始皇。秦始皇就曾經親自見過海市蜃樓，全心傾慕於此仙境，才有動力花費巨款派徐福出海尋找。

可是，真正的仙境遠非海市蜃樓可比。畢竟，海市蜃樓出現時不會提前預告，消散時也不會預先通知，維持時間很短，而且還是虛無縹緲的事物，只可遠望，不可近得。而真正的仙境就不一樣了，根據多位幸運兒的親身經歷，仙境裡不但有通身純白的奇珍異獸、像盤子一樣大的蝴蝶、像香瓜一般大的甜棗，還有實實在在的仙丹妙藥，有仙人聚集，有仙樂飄飄。總之，凡人進了仙境，遠勝過劉姥姥進大觀園。

遇見仙境既已如此不易，若有合適的帶路人，將會事半功倍。海上仙境的帶路人，自然就是仙人了。

尋找合適的仙境領路人

有仙人指引，是加快遇見海上仙境的妙法和捷徑。甚至，仙人一揮手，還能立馬進入仙境，根本無需風吹日曬，苦苦摸索。

《太平廣記》載，唐代幽州有位官員，名張建章，他在出海後，遇到了大風大浪，船隻無法繼續航行，停到了一個海港裡。忽然，遠處海上有一位穿著青衣的人，划著小舟靠近。張建章看到了，帶著部下趨前問詢。那位穿青衣的人，自稱是仙人，從仙境而來，奉旨前來迎接張建章登島。張建章雖半信半疑，但眼前這位青衣飄飄、舉止文雅的人，畢竟是在此絕境之下出現，便決定同他前去。於是，張建章帶著侍衛，一起登上青衣人的船，前往仙境。

登陸以後，果然看到了亭臺樓閣，還有一位女神仙，為他們舉辦盛大的歡迎宴會。在宴席上，張建章還吃到了家鄉菜。吃得差不多時，女神仙說：「我一直耳聞，您是正人君子，這次遇上大風大浪，請不要擔心，我讓我的下屬青衣仙人為您開路。」宴會後，青衣人為他們在前開路，果然一路風平浪靜，張建章平安而返。看來，遇到一位稱職的好仙人，不但可以順利進入仙境，享受神仙待遇，吃到家鄉菜，還可以順利返航、安全無虞。

如果實在找不到神仙，那也可以求助神仙身邊的人。若有他們的許可，也能步入仙境。當然，概率比神仙親自首肯要低，不過也是有可能的。比如《聊齋誌異》就提及山東的一位大學士劉鴻訓，很想去一座叫「安期島」的地方，去看看島上的神仙。不過，劉大學士根本找不到引路介紹的神仙，經多方幫忙，最後見到神仙的弟子。等這位神仙弟子答應後，劉大學士才有機會踏入仙境。

即便有神仙的弟子引薦，也踏入了仙境，但畢竟不是神仙親自介紹認識的，所以仙境裡那些有著名位的神仙，很有可能對來訪者並不如何熱心。安期島上有三位神仙，兩位乾脆對劉大學士愛理不理，只有一位起身迎接，奉上簡單的待客之道。等到劉大學士探口風，詢問長生不老藥時，這位原本還有點禮貌的神仙，直接回覆凡人想都別想。最後，即使順利來到仙境的劉大學士，也沒得到任何好處，失落而歸。看來，即便進入仙境的人，也有可能沒福消受仙境裡的神仙用品，那些靈丹妙藥更是與他們無關的。凡人，畢竟是凡人。

如果進了仙境，萬一你不是正派人士，可能也沒有什麼好下場。《廣異記》報導過唐代的著名盜賊袁晁偶遇仙境，反遭驚嚇，最後被逮捕的糗事。

據說袁晁在溫州打家劫舍以後，就上船回家，不料途中遇到大風，船隻不受控制，只能隨風飄蕩，最後遇到了一座仙山。仙山上還有一座金城，遍地是金子。袁晁一夥畢竟是大盜，這回遇到仙山更是賊心大起。不料，此時走出來一位婦女，大罵他們膽敢騷擾仙人的地盤，還警告他們十天以內必有大難。這幫盜匪聽傻了，連忙放下手中的黃金，跪下磕頭求饒命，連連道歉，發誓下次不敢再犯。甚至，他們還請求仙女來一場順路的大風，送他們安全回家。仙女心善，答應了。等到盜匪團伙快到岸時，發現船擱淺，無法再開。沒過多久，岸上有士兵追來，將他們一網打盡。

所以說，這幫走了歪路的人，即便進了仙境，最後也得不到什麼好處，還賠了夫人又折兵，丟了金子又被抓。嗚呼哀哉。

海上生存必備技能

如果君已懂得如何辨認仙境，並又能恰逢仙人引路，那麼遇見仙境的概率將極大提高。不過，畢竟海上旅途充滿了不確定因素，經常發生突如其來的危難。如果在遇到仙人之前，發生了緊急狀況，還得請君多多預備生存技能，以免萬一。

比如，最現實的問題之一，遇見惡劣天氣怎麼辦？除了人間的智慧，諸如風帆操作辦法、排水步驟、航向問題等等以外，還必須知道如何與海上的神明打交道。畢竟，在古人眼中，惡劣天氣背後的主宰者，還是這些看不見的神明。

因此，海上生存首先要做的事，就是結識海洋的保護神，要知道自己所經之海是誰的地盤。通常而言，海洋上的神明比陸地要少得多，主要有禺疆、南海觀音、媽祖，這些神明無所不管，管理範圍和業務多有疊合處，需要就近結識。

如果從江浙滬一帶出海，最好就近結識南海觀音，畢竟她的駐地就在普陀山。如果從閩臺一帶出海，當然是結識媽祖更方便。當然，除了近水樓臺先得月，還有不同管理領域的講究。比如伍子胥管潮水，風伯當然管風向，魯班也管船隻本身的安全。總之，結識不同的海神，要視具體情形和需要而定。

即便結識了海上神明，通關暗號也要注意。碰到緊急情況，記得要叫媽祖，不要叫天妃。因為叫法不一樣，會影響到林默娘的出場姿態。一聲媽祖，便是及時來救命的神聖母親形象。若是一聲天妃，則是華冠貴服的晚宴盛裝，需要精心打扮一番以後出場，反而有可能錯過最佳施救時機。

另外，人在海上漂，哪會不沾點浪花，有時候，甚至會遇見海怪，那可怎麼辦？還是那句話，遇事不要慌。要知道，有些海怪，只是尋常的海洋生物，卻因為人們沒見過

而以為怪，遇見這種海怪則完全沒有恐慌的必要，抱著獵奇攬異的觀光心態即可。而有些海怪是真怪，能引起當事人的巨大恐慌，像是巨蟒、大鯨魚等。在西方人那裡，鯨魚和海怪是劃等號的。鯨魚的拉丁文名字，便源自希臘文裡的「海怪」。但對於中國人而言，似乎沒有嚴重到這個地步。畢竟，諸多歷史文獻就記載了鯨魚擱淺，漁民爭相割肉的往事。

當然，這些海上的往事，不論是獵奇尋仙，還是迷航遇難，都已消散在歷史的海平面上。現代人不再會對蓬萊仙境朝思暮想，更不會親自出海去尋找仙山，長生不老藥更是無稽之談。古人一次次出發尋仙，換做當下的語境，變成了一次次短途旅行。人間還是那個人間，仙境早已消散。

這事早在一千多年前，就有人看開了。南宋遺民林景熙曾經見識過海市蜃樓，他目睹在很短時間內，海上出現了幾十萬人口的大城市，又很快地化成雲霧。林景熙倒是見怪不怪，還說歷史上的阿房宮、銅雀臺、漢宮唐殿，經歷了那麼多帝王將相、改朝換代，不都煙消雲散了嗎？畢竟，林景熙本人連皇宮被燒、帝陵被毀這樣的事都經歷了，更不必提那些虛無縹緲的海市蜃樓或者蓬萊仙境了。

神叨至此，徐子偈曰：

徐福兩次騙秦皇，海上仙境宇內傳。
蓬山此去無多路，多靠神仙來帶路。
荒島孤山君莫怪，海市蜃樓須留意。
曾經阿房與雀臺，多少樓臺化煙雨。

6 飛翔有何秘訣？

說到飛，老祖宗們總結了「飛黃騰達、一飛沖天、飛龍乘雲、突飛猛進」等祝福語，還有「飛簷走壁、健步如飛」這樣的超人技能。從這些與「飛」相關的成語，即可看出人們多麼嚮往自由飛翔。對普通人而言，飛翔或只能於夢中實現，或全然寄望於傳說故事。然而，就有這麼一個人，卻能乘風遨遊，自由上天，此人就是列子。

列子的飛翔學

作為飛翔的集大成者，列子開創了一門系統的飛翔學。在同名著作《列子》裡，他便全盤供出了神仙們五花八門的飛翔技能。自從列子學會飛翔後，每年立春出門飛翔，立秋返程。飛回故鄉時，從天而降，家鄉父老圍觀，反響熱烈，一時好不風光。但是，列子的飛翔可不是一般人都能學到的。飛翔之前，需要沉得住氣，專心致志。曾經就有一個人，因為沉不住氣，失去了飛翔學的入學資格。

此事源於列子乘風歸來後，當時有位姓尹的人前來求教，姑且叫他尹生吧。某天，尹生問師父列子：「師父，您這次學道歸來，隆重飛天，有什麼法門可以教教晚輩的嗎？」列子聽了，一言不發，徑直走向自己的房間。尹生心想：「或許師父自有打算，不如先在師父家住一陣子，日後再問。」於是，尹生就在列子家住下了，一住就是幾個月。期間，每當列子有空時，尹生都會趁機詢問飛翔術。不過，列子每次都沉默不語，這讓尹生內心很受傷，就告別列子，一個人離開了。

可是，尹生回家後，非但沒有死了這條心，心中還越發迫切想知道飛翔的秘訣。不過，他也慢慢懂得，學道不能急躁，或許是之前總在追問師父飛翔的秘訣，顯得過於急躁了，反而失去了學道的初心和耐力。仔細反思了以後，尹生再次拜訪列子。

列子看到這位急躁的徒弟尹生又回來了，好奇地問：「你怎麼來了又走，走了又來，來去匆匆？」

尹生說：「師父，之前我求道心切，醒著睡了都想著飛上天，可是您又不教我，我心灰意冷，一氣之下就離開了。可是回家後，我面壁思過，覺得自己之前過於急躁，學道不能速成，所以又回來了。」

列子聽了，若有所思，笑眯眯地說：「我之前還以為你很聰明通達，現在才知道你如此粗陋不堪。來，那我就教教你吧。」尹生聽後，又是慚愧，又是欣喜，就湊近了聽講。

列子正襟危坐，微合雙眼，回憶自己飛翔之前的學道之旅。「九年前，我拜師老商氏，結交伯高子，整整三年，都不敢口出狂言，心存是非，哪怕一點判斷利害得失的念頭都得摁住，更不會說什麼髒話俗語了。這樣過了三年，才博得他們看我一眼。五年以後，我更能做到心裡口中，沒有妄念，這兩位師友才肯對我微微一笑。七年過後，可以做到隨心所欲不逾矩，老先生才答應我上前並排跟他坐在一起。九年以後，我已經達到了身心內外渾然一體的境界，不知道什麼叫做是非利害，也不知道誰是我的老師，誰是我的朋友，更不知道究竟是我在乘風，還是風在乘我。哪天飛上天，我也不知道。」

尹生聽得稀裡糊塗，卻好像又有觸動，低下頭來，若有所思。只見列子睜開眼，對著尹生說：「但是，你看看你，才沒來多少日子，整天就想著飛飛飛，心裡充滿了急躁和戾氣。這樣墮落，還想飛天嗎？」尹生聽了，羞愧難當，不聲不響。

從尹生的反面教材，我們大概可以得知列子的飛翔秘訣。對列子而言，他自個兒飛上天，也是渾然不覺的，因為他那時已經沒了外物與自我的分別，「稀裡糊塗」就飛了起來。

列子曾在《列子》裡詳細記述了各種飛翔現象，特別是在華胥國，那裡的老百姓們飛天如同走路，睡在空中如同睡在家中臥床上，颳風下雨、高山深谷都不能阻礙他們，他們整天就這樣飛來飛去，堪稱魔幻。

不過，雖然列子描述了飛翔的現象，也說了飛翔的終極秘訣，成功喚起後世無數人的飛翔夢。比如，莊子寫寓言，就受過列子的啟發。但是，列子卻沒說飛翔的具體步驟，怎麼一步步飛起來，如何飛得更高更遠，這件事，還得求諸其他道長或大德的幫忙。

飛天是門技術活

同樣是飛翔，有的是肉體起飛，有的是神遊象外；有的是辛勤修煉，有的是天賦異稟；有的是主動升天，有的是稀裡糊塗，被動起飛；有的赤膊上天，有的還得借助飛翔器材。

西王母從昆侖山飛到周穆王和漢武帝的皇宮時，就得依靠紫雲車，還有天兵天將和青鳥在旁護衛。對於西王母這種級別的女神而言，應該無需假借外在道具，自帶飛翔功能。不過，為了維持天庭與朝廷的外交禮儀水準，如此盛大尊貴的出行方式，想必也是應該的。

而與秦始皇談笑風生的安期生、首任天師張道陵、各憑本事過海的八仙，則是多年辛勞修煉，最終成仙飛升的典範。

當然，有些家禽也因為「近水樓臺先得月」，沾了仙氣，也能順利飛天。位列四大天師的許遜，在他得道飛天時，順便帶走了牛羊狗雞，連同其他家屬四十二人，一起乘龍飛天。而那些沒有仙緣的老鼠，卻被許遜丟了下來。看來，牲畜能不能飛天，終究還得看主人的面子。

不管是先天自帶，還是後天培養，有了仙緣，能飛的人和獸最終都飛起來了。當然在飛天的過程中，還有一些注意事項。比如，如果借助外物，必須留意絕對不能超重，特別是在長途飛天時。

黃帝曾在人間鑄鼎成功以後，有條龍來接他上天。沒想到，等龍下凡後，一看狀況不對勁，便傻眼了。原來，乘龍的不僅有黃帝和帝后，更有後宮佳麗和一群大臣準備搭便車，人數超過了龍背上的座位。無奈龍背上只有七十個座位，多出的人就得緊抓龍鬚。可想而知，龍鬚承重能力較弱，加之風的巨大阻力，龍鬚經不住人們緊抓，就掉了下來。老百姓看著黃帝和妃子們乘龍上天，自個兒留在人間，想著想著就淚流成河。這次飛天事件，最終釀成一場悲劇。英明如黃帝，也難以預測長途飛天的不確定因素，更何況凡人呢。

如何飛得優雅

長途飛天的不確定因素，連神仙都無法預計，更何況人類呢？好在短途飛天，尚可自我掌控，特別是姿態問題。如何飛得優雅？這是一門藝術。同樣是飛，也有各種講究。像列子、呂洞賓這樣的夫子，御風而行時，一般需要保持正經肅穆的樣子。至於嫦娥、麻姑、何仙姑等女性神仙，肯定不能像男性神仙那般肅穆，還需有一些女性的仙氣與魅人。

對於飛翔的姿勢，佛祖門下也有特別的講究，此事在敦煌就有詳細的教案記錄。敦煌的飛天，飛翔姿勢便各有千秋。

首先，姿勢要對。坐有坐相，站有站相，飛也有飛相。佛祖家的飛天，個個呈現失重狀態，下半身必須彎曲，作漂浮狀，倒著飛更能呈現漂浮雲端的狀態。當然，裸飛也無大礙，只要裸得適當，更能表現佛法清淨，直抵本源。

其次，人靠衣冠馬靠鞍，飛天一樣要打扮。飛天的著裝，務必以輕盈、華貴為主打特徵。飛天的服裝也有講究，有的戴花鬘和冠冕，有的披長巾和彩帶。手上必須拈花或者散花。

再者，不能兩手空空飛上天，各種才藝表演隨身攜帶。有一類文藝飛天，專門攜帶各色樂器飛翔，主要有琵琶、腰鼓和笛子，一邊飛，一邊演奏。據說這種飛天伎樂，曾經讓佛祖都陶醉過。

飛天的原型就來自佛家的乾闥婆、緊那羅。乾闥婆雖然長相欠佳，但品性高雅，以香氣為食物，以彈琴為特長，曾經到佛祖面前彈奏，引發三界熱烈反響，摩訶迦葉聽了甚至坐立難安，沉浸其中，久久不能平靜。乾闥婆的搭檔緊那羅，能歌善舞。有一回，緊那羅在山谷泡澡，那山中住了五百位仙人正在禪定中。緊那羅泡澡時，身心舒暢，歌喉一開，就唱起來了。沒想到，這五百位禪定中的仙人，立馬出離禪定狀態，沉醉於歌聲裡，久久不能自拔，以至於從樹上掉下來，好像大風颳過樹林一般。

當然，自帶完美歌喉，並非人人皆能如此。更多人需要借助樂器來表現才華，飛天也不例外。這件事終究說明了一個道理——即使先天條件再好，後天也得勤奮練習，飛天不負有心人，勤修終會飛優雅。

神叨至此，徐子偈曰：

飛天是生活方式，列子傳中記述詳。
身心凝滯飛不動，物我不分飄飄然。
欲求優雅有門道，敦煌當作教學案。
姿勢衣冠加表演，佛祖迦葉也陶醉。

7 祖師爺定了那些規矩？

「三百六十行，行行出狀元」。在每個行業的狀元頭上，還有他們行業的保護神——祖師爺。祖師爺大部分是歷史上出現過的人，死後被奉上神位，享受後代徒孫們的香火和禮物。在這些祖師爺中，有的是神，有的本是人，但都有一技之長，或者天賦異稟，並且實質性帶動了相關行業的長足發展。要是沒有這些祖師爺，古代中國可能就少了很多GDP。不過，祖師爺並非有求必應，徒子徒孫也要恪守行業規矩。入行之前，必須認真學習。

葛洪道長，也是染布業的祖師爺

染布業的源頭，要從一次失敗的升天行動說起，這事跟葛洪有關。葛洪是東晉著名的道士，擅長煉丹，著作等身，被譽為「小仙翁」。

就是這樣一位仙氣飄飄的大師，竟然被傳為染布行業的祖師爺。葛洪之前的人們，據說都是穿沒有顏色的素衣。但是，有一回正值炎熱的夏日，人們突然看到一位身穿彩色衣服的神仙，從天而降，那位神仙便是葛洪。鄉親們圍攏過來看熱鬧，好奇者紛紛詢問，怎麼才能成仙升天。葛洪沒有難為大家，沒讓鄉親們進山煉丹十年，而是給了大家方便法門。葛洪讓鄉親們拽住自己的衣角，然後閉上眼睛，吩咐大家千萬不能睜開眼睛，不然升天就會失敗。眾人點頭如搗蒜，一致表態答應。

終於升天了，腳上輕飄飄，天風吹拂衣角和頭髮。有幾位鄉親終於按捺不住激動的內心，又不敢完全張開眼睛。於是，便瞇縫著眼，偷偷看飛到天上的樣子。不料，他們一下子失去了平衡，整個飛天團隊都掉了下來。他們手中還拽著葛洪的彩衣，有的彩衣被撕碎了，飄進泉眼裡，泉水因而變色。他們看著彩色的泉水，望著寂靜的天空，葛洪已不見身影，唯有虛驚未定的群眾們躺在地上。他們從泉眼裡打水，將素衣染色，還為葛洪建了小廟。從此，染布業代代相傳，直到今天。

這群染布業鼻祖，竟是因為沒有正確遵守祖師爺的規矩，反而最早開始從事染布業，可謂「失之成仙，收之染布」，也不算是全然失敗了。

作為鐵匠祖師爺的老子

染布的拜葛洪，裁衣的拜女媧，紡織的拜黃道婆，刺繡的拜冬絲娘。單單一件衣服，從源頭到成品，就要拜多位祖師爺。其實，這也可以看出古代相關產業的完整度。畢竟，衣服不是神明突然送給凡人的，而是人們一針一線製作出來的，少了哪個環節，缺了那位祖師爺的保佑，都做不成完整的成品。

有了相對獨立的產業分工，各行各業欣欣向榮。不過，不同行業的人，對各自的祖師爺卻有著很不一樣的理解。

打鐵行業把老子當作祖師爺，跟老子的本行——修道、寫《道德經》、成仙等關係都不大，反倒是跟八卦爐有關。《西遊記》裡說孫悟空進了太上老君的八卦爐，煉出了火眼金睛。可見，這八卦爐是有品質保障的高品質爐子，值得鐵匠們信賴。在打鐵行業還流傳著一首〈鐵匠祖師爺歌〉，把老子說成曾經在昆侖山學習打鐵三年半。原本老子道具簡陋，把嘴巴當作風箱來助燃，用手當作鉗子。正好有位神明看見，發現老子如此辛苦，於心不忍，就把鐵錘和鐵砧送給了他。

鐵錘就是番天印，在《封神演義》裡便是廣成子的利器，鐵砧便是定海神針。後來，眾所周知，老君把定海神針借給了大禹去治水，被放在東海裡。孫悟空大鬧龍宮時，又拔走了定海神針，變作了如意金箍棒。不過，這些都是後話了。

那時，老君得到了番天印和定海神針兩樣利器，打鐵進程極大加速，很快就打好了鐵，修成了仙，並把打鐵技術傳給了千萬名徒弟。至於打鐵和修仙之間的關聯，歌中尚未提及。不過，應該與打鐵造八卦爐有關。有了品質靠譜的八卦爐，老子才能煉丹成功，進而成仙升天。

這則〈鐵匠祖師爺歌〉曾在古代的江南地區流傳，是鐵匠們的職業歌曲。這首歌裡，為老子主動賦予了鐵匠祖師爺的地位。

不入流的行業，卻是盜亦有道

染布、打鐵尚且為正當行業，有行規，有祖師爺，一切按照規矩行事。但是，從古至今，不分西東，任何社會都有灰色空間或者黑色行當。那些妓院青樓、賭博摸彩、挑糞盜匪，畢竟都是存在的工作，而且有時勢力也不小。又有哪些祖師爺，願意成為這些行業的保護神？

青樓分很多種類和級別，賣藝、賣身、賣美食，參差多樣。從高檔的教坊司，到基層的寮舍，級別和主角都不一樣，但拜的可能是同一位祖師爺。青樓從業人士拜的祖師爺，並不固定單一，有管仲、武則天、五大仙等。

根據《管子》和《戰國策》的說法，管仲輔佐齊桓公時，為了富國強兵，想盡辦法來徵收更多稅賦。為此，齊國規定，不但山裡的鐵礦、海邊的鹽巴要徵稅，就連妓女也不例外。

為此，管仲在齊國的宮中設立了七百個「女閭」，也就是官方妓院，裡面有性工作者不下萬人。管仲的這個做法，極大推動了當時妓女行業的發展，讓原本比較混亂的娼妓市場得到了規範化與合法化。與此同時，齊國政府也可以師出有名，對妓女行業進行合法的徵稅。管仲可以說是首位推動青樓行業規範化的大人物，也被青樓視為祖師爺，敬之如敬神。

此時的青樓行業尚且是國家正大光明開辦的，已不能說成是「不入流」的。而那些真正被鄙視的行業，像是挑糞清潔的，又該如何選擇祖師爺？

即便慈悲大度如神明，也不大願意主動報名成為挑糞行業的祖師爺。但是，這個行業卻又是必須存在的。自古以來，倒夜香便是城市裡必不可少的職業，這個行業也不容易，需要綜合素養，比如高強度的體力勞動、清潔、運輸，還要頂著社會地位低下的名聲。所以，一般是平民裡的貧困家庭或者單身的老漢，才會選擇這個行業。不過，他們也需要祖師爺，後來就附會了觀音菩薩身邊的善財童子。

善財童子自然是招財進寶的同義詞，又是大慈大悲觀世音的貼身侍衛，兼具發財與慈悲兩種品格。但不管是否徵得善財童子本人的同意，挑糞工主動拜他為祖師爺，也不失為一樁趣事。

至於名聲更糟糕的盜匪行業，為自己選擇祖師爺，更是一道難題。這門職業，見不得天光，聽不得人聲，一切都要在鬼鬼祟祟、偷偷摸摸、黑燈瞎火裡進行，選擇什麼樣的祖師爺作為人身保險，可是關乎身家性命的大事。

地上的小偷小摸，既要講究技術，也講究膽量，視天時地利人和而動，不能意氣用事。稍不留意，後半生便在牢獄度過。他們尊奉的祖師爺，便有上天偷桃的東方朔。這件不光彩的事，本來東方朔的上司漢武帝也不知道。在一次漢武帝會見西王母時，西王母帶來了瑤池特產仙桃，眼看漢武帝不捨得吃，還留下桃核，打算栽種人間。西王母一不留神就說漏了嘴，供出了東方朔偷仙桃的往事。

當然，至於東方朔的盜術，以及偷盜時的情景，西王母並未詳細透露，也沒必要在皇家宴會上細數。不過，在《水滸傳》裡，時遷的盜術就有詳細的記載，書裡說他「軟骨身軀健，濃眉眼目鮮。形容如怪族，行走似飛仙。夜靜穿牆過，更深繞梁懸。偷營高手客，鼓上蚤時遷」。一個腿腳迅捷、雙手靈活的大盜，倒數第二位梁山好漢，就這樣走進歷史舞臺，成為後世無數小偷爭相效法的榜樣。

盜有盜術，也要講「盜德」，所謂「盜亦有道」。《莊子》裡說，那位「從卒九千人，橫行天下，侵暴諸侯，穴室樞戶，驅人牛馬，取人婦女，貪得忘親，不顧父母兄弟，不祭先祖」的盜跖，在遇到門徒請教盜術時，講了一通盜賊的行為規範。他說：「還沒進屋之前，就猜到了裡面有多少財寶，這是聖明。打頭陣進屋，這是勇敢。等到大家偷完，自己最後一個離開，這是講義氣。知道在什麼時候、地方、環境可以開展行動，這是有智慧。結束以後，回來公平分贓，保證各方滿意，這是有仁愛！要是能具備這五點品格，便是天下大盜。」看來，如果沒做到上述五點偷盜品質，即便在偷盜界，也是會被同行看不起的。

當然，犀利的莊子還指出，那些盜竊國家的人，往往又被人們視而不見。所謂「彼竊鉤者誅，竊國者為諸侯」。這種評價顯然不公平，畢竟按照孔乙己的說法：「竊書不能算偷！讀書人的事，能算偷麼？」既然如此，那些竊國的人，也可以堂而皇之地說：「竊國不能算偷！政治家的事，能算偷麼？」

神叨至此，徐子偈曰：

三百六十行狀元，頂上都有祖師爺。
葛洪飛天卻染布，老子打鐵造丹爐。
青樓且要拜管仲，偷桃要數東方朔。
盜跖時遷亦有道，竊國勝過竊帶鉤。

8 埃及人死後有多努力？

古埃及，堂堂世界四大古文明之一，自帶古老底氣。

當別的民族還在茹毛飲血時，九千多年前，埃及人就在尼羅河岸邊定居勞動，古埃及文明就開始萌芽開花。五千多年前，古埃及完成統一，建立王朝，迎來了經濟、政治、宗教、藝術一片繁華的黃金時代。迄今為止，埃及境內還保留了近百座金字塔。在西方的大學裡，埃及學至今還是一門「顯學」，吸引著很多人的神往。

在繁華的背後，是古埃及人的勤勞。埃及人的勞動是出了名的，他們不但生前勤勞，死後也很勤奮。他們不但創造了成熟的人間文明，他們的幽冥世界也很精彩，簡直是另一個看不見的繁華人間。

幽冥世界亦繁華

埃及人的勤勞，著實事出有因。正是為了在另一個幽冥世界也能過上好日子，他們建造了金字塔，發明了木乃伊和象形文字，繪製了陵墓壁畫，進行一系列喪葬習俗，寫出了大量銘文、碑刻、咒語。這些文化遺產看似紛繁複雜，其實初心很單純，就是為了讓逝者在幽冥世界也能過上好日子，直到復活返回人間。

在古埃及人看來，因為人的靈魂不滅，所以死後也可以復活。古埃及人把不滅的靈魂稱為「卡」，把不滅的心靈叫作「巴」。當人死亡，意味著肉身的死亡，「卡」和「巴」並沒有跟著消失，而是會繼續存在，甚至還可以自由地上天入地、自由穿行。

為此，有錢的古埃及王室和富人，會把墓地造得很豪華，會繼續好好伺候死者，給他吃好的、喝好的。有時，甚至會擔心他們吃不飽，就會請好專門的僕人和祭司，準備好永久的祭品，一直供養著。

建造於西元前一千三百多年的圖坦卡門陵墓極盡奢華，墓中藏有幾乎全套皇宮生活用品，大到金葉包裝、寶石鑲嵌的座椅，貼滿黃金的四層棺槨，小到精美的地毯和坐墊，細節裡都透露出皇家氣派。除了圖坦卡門沉默不語，其他一概生前死後都無差異。這就是古埃及人對幽冥生活的理解。

所以，為什麼古埃及盛行將屍體做成木乃伊，讓身體不朽壞？為什麼有那麼多巨大的金字塔和豪華的墳墓？為什麼墓地裡有五花八門的壁畫和碑刻？在這個幽冥世界裡，有些規則和人間差不多，死去的人同樣餓了要吃、渴了要喝，居家生活所需的物品一律不少，墓地裡擺著各式各樣的祭品——衣服、珠寶，甚至武器等等。

其實，這些文化現象的背後，無不體現出他們獨特的世界觀，以及對死後生活的安排。在古埃及人看來，幽冥和現世並不是割裂的，幽冥是另一個版本的現世，死去的人依舊住在墳墓裡，等候復活的時機，活人必須好好伺候，怠慢不得。

不過，死者要到什麼時候才復活呢？這得從他們的死後旅程說起。

幽冥世界的「通關寶典」

在古埃及人看來，人咽氣後，靈魂會經過一系列旅程。不少壁畫和《亡靈書》就描繪了這個過程。在這個幽冥世界，並不都肖似人間，還是有不少規則是很特別的。所以在墓裡邊的壁畫上，在祭祀用書上都反覆提醒人們多加留意，以免一步走錯、步步走錯，最後無緣復活。

有哪些規則是不一樣的呢？這些都寫在了很多經文、咒文、禱詞、銘文裡。從古埃及的新王國時期到托勒密王朝，大概西元前約一五五〇年到西元前五〇年期間，逐漸彙編成《亡靈書》。

《亡靈書》又稱作《死者之書》。作為一部古埃及的宗教文獻彙編，《亡靈書》對埃及人生前、死後的生活，做了非常詳細的描寫，雖然很多描寫是充滿想像的，但也能反映出他們的期待和嚮往。對不可見的死後世界的想像，其實就是現實世界的某種倒影。

《亡靈書》名片

腰封：埃及人死後最重要也最有用的一本書
性質：古埃及人幽冥通關寶典
材質：一般寫於紙草，部分寫在木棺、陶片上
作者：國王、王子、祭司等集體彙編
時間：西元前約一五五〇年到西元前五〇年
用戶：死者、死者家屬、祭司、木乃伊工匠、死者偶遇的所有鬼神
使命：本書旨在幫助死者順利通關，有效提高復活概率

《亡靈書》從古埃及原文直譯過來的意思是「通往光明」、「重見天日」，就是說古埃及人認為，死人可以復活，像活人一樣重新回到現實世界來過日子。但是，從死後

到復活這個期間，人又要經歷一系列的考驗，要過五關、斬六將，那麼人們生前必須接受過系統培訓，才有相關知識和技能，去面對死後的種種考驗，如此才可以重見天日。其實，《亡靈書》說起來，就是一部人死後的「考試指南」、「高分大全」和「通關寶典」。

作為一本指導亡者正確復活的嚴肅類讀物，《亡靈書》將死後的注意事項寫得細緻入微，大到祭祀亡者時的咒語和祭品，小到提醒死者不要踩到便便，都有及時而詳細的溫馨提示。有那麼誇張嗎？

靈魂復活無小事

靈魂復活無小事，《亡靈書》裡的注意事項攸關性命和復活大業。

比如，它不斷提醒死者積極為自己辯護。就在第一二五篇裡，它教死者在進行判決時，面對四十二位審判神，要一口氣理直氣壯地否認八十項罪名。

死者只有提出充分的論據，否認審判神拋出的罪名，才能順利通關。但難就難在審判神給出的罪名，有時非常奇怪。如果是殺人放火、犯上作亂，這些罪名尚且好理解。但有些罪名，諸如「生前大聲尖叫」，實在令凡人費解。不過，《亡靈書》一再提醒，面對這類指控，死者必須反覆強調自己沒做過。至於「生前大聲尖叫」，還得否認三次這項指控。為什麼會有這項罪名目前尚不得知，或許跟當時古埃及的生活禮節有關。

當然，我們還可以從死者的辯稱看出當時古埃及的社會規則。比如，死者說自己「未曾大斗進、小斗出」，「未曾改動容器的尺寸」，「未曾衝破我所屬的社會等級」，稍加推論，便能知道古埃及人特別重視這些社會規則。

對於幽冥世界裡的突發狀況，《亡靈書》也有溫馨提示。比如，在第一八九篇，《亡靈書》用嚴肅的口吻，提醒死者不要踩到便便，更不要吃糞便，免得被屎尿玷汙了靈魂，無法復活。看來，埃及人畢竟不像莊子那樣認為「道在屎溺」。

此外，古埃及人還很重視正確地喊出對方的名字，不管是死者的名字，還是神明的名字。喊出名字，意味著能夠掌控對方。

在《亡靈書》裡，死者對各種各樣神明的稱呼五花八門，經常一連串排比說下來，氣勢磅礴。比如，在第一四一篇，它教死者一口氣叫出東西南北上下左右的各路神聖：

為冥界之主奧西里斯和拉—哈拉赫特，

為努恩、瑪阿特和太陽船，
為阿吞、大九神會和小九神會，
為雙冠王的擁有者荷魯斯，
為舒、泰芙努特、蓋伯、努特、伊西斯和涅芙狄斯，
為七頭神聖母牛和她們的牛犢，
為四只天上聖船的船槳，
為伊姆塞特、哈彼、杜阿木特和庫波思乃夫，
為上埃及的神龕和下埃及的神龕，
為日行船和夜行船……

這還沒完，下面還有更多。這篇經文詳細點名與來世復活沾邊的各路神明，羅列排下來，不漏掉一個，可見他們對於死後之事的極端重視。那麼多名字，要是祭司念漏了一個，就怕死者通不了關。

為了復活，古埃及人生前死後都拼了老命。他們不但修建了豪華的墳墓，製造了美輪美奐的木乃伊，更有專門的冥界通關寶典《亡靈書》，指導死者順利過關。

《亡靈書》除了那些「通關密語」以外，也詳細指導了如何製作木乃伊，如何安放棺槨，對於這些事，還有不少注意事項。畢竟，木乃伊裡包裹的可不是屍體，而是不羈的靈魂。

製作木乃伊可不是目的，目的更在於讓人體在死後，可以在神明的審判庭上散發好聞的氣味，這樣或許可以給審判官留下好印象吧。

神叨至此，徐子偈曰：

君看巍巍金字塔，內有精緻木乃伊。
埃及人並非多事，古今眾皆求永生。
《亡靈書》乃通關寶，審判時可證清白。
待到將來復活時，祭祀無望告子孫。

第二章

既入天堂地府後，不辭長作觀光遊

1 神明也有醜聞

人間的醜聞，例如賄賂與騙術等，對於古今中外的各國政府和老百姓而言，向來都是一個讓人頭疼的問題。當然，許多大貪官終究難逃命運的安排。

明代的內閣高官嚴嵩，壟斷吏部和兵部，貪了兩萬兩金子、兩百多萬兩銀子，一時權傾朝野，但後來失勢，晚年落得乞討為生。曾經的世界首富，清代的大貪官和珅，家庭財產是朝廷年收入的十幾倍。和珅曾經也是一人之下，萬人之上，最後被嘉慶皇帝抄家，自盡而亡。

凡人看貪官的熱鬧，總是要到抄家判刑這個地步才解氣。人間雖然如此，神明界卻要寬大得多，犯了法的神明有時還可得到豁免。修佛成仙也賄賂，又施騙，更是缺乏問責機制，無人追究。有時還上下聯手，沆瀣一氣，方式更具神明特色。有的明著來，出其不備、攻其不意、直接賄賂、乾脆俐落。有的暗通款曲，變著技法，峰迴路轉、柳暗花明，猶如仙術千變萬化，卻萬變不離其宗，終歸還是為著行賄獲利。不過，佛家的賄賂方式卻別具特色。

成佛以後，也要「人事」

在《西遊記》第九十九回，唐僧團隊終於抵達西天，來到經庫前。不料，傳經人阿難和大迦葉竟然公開索要「人事」，也就是要錢才能取經。在佛祖的大本營，竟然發生了索賄的事，讓孫悟空都沒法理解。唐僧吐露難處，說前來西天，路途遙遠，不曾準備禮物。兩位尊者頗有些冷嘲熱諷地抱怨：「要是每次都白手取經，以後大家都要餓死了。」

看來，佛家傳經之事，雖是為了利益眾生、普渡人類，但也涉及成本問題。一本經書的誕生，從佛祖講法，弟子抄錄，刊刻印製，書刊保存，都涉及大量費用。而佛家向來靠施捨奉獻為主要收入來源，卻要花大量資財在經書流布上。更何況，唐僧取經也是唐代的半官方行為，一開始就有唐太宗的資助和支持，唐僧取回經書更是屬於唐代百姓的精神財富。如此看來，阿難和大迦葉兩位尊者的「人事」費用，不僅非常必要，更是義不容辭。

佛祖知不知道阿難和大迦葉索賄了？當然知道。且不說阿難和大迦葉是何等人也？

佛前的貼身侍奉、十大弟子。更何況，等到唐僧團隊返回告狀時，佛祖都明說了：「佛經不可隨便傳，也不可隨便取，曾經比丘尼下山，到舍衛國趙家說法，只是念誦了一遍經書，換回三斗三升米粒黃金，我還嫌他們賤賣了。再這樣下去，後世子孫都沒錢用。你們東土的老百姓都執迷不悟，你們還兩手空空前來，所以才傳了白本。其實，白本才是無字真經。」

一通教訓後，佛祖吩咐弟子們再把有字的經書傳給唐僧團隊。佛祖此話，真是得了理又不饒人，還把空白的經文說成無字真經，以東土百姓德行不夠，配不上讀白本而收語。這樣以後，唐僧才明白過來，最終把唐太宗賜的紫金缽交給了阿難、大迦葉，取回三十五部經，總計五千零四十八卷。

人事交了，經也取到了，取經終得無字經，修佛才知佛亦貪。只有過後遇到第八十一劫，有字真經也掉進水中，事後需要小心曬乾。此時，孫悟空說出了修佛的真意：「天地本就不完全，這經書本來完全，現在沾水紙破，就呼應了不完全的奧妙，豈是人力所能及呢？」

成仙以前，坑蒙拐騙

佛祖眼皮底下，尚且存在索賄的黑幕，魏伯陽成仙之前，更是充斥著瞞和騙。被譽為「萬古丹經之王」的《周易參同契》，它的作者便是魏伯陽，是史上第一位有作品流傳的煉丹大師。為了煉丹成仙，魏伯陽的手段，卻有點不那麼符合神仙段位。

根據葛洪《神仙傳》的透露，出身名門望族的魏伯陽，性情高雅，不肯當官，平時經常獨處修身養性，嘗試各種道家法術。有一天，他帶了三位弟子、一條白狗進山煉丹，費盡苦心以後，魏伯陽心裡動念默想：「不知道這些人是否為人正直、真心求道，如果讓心術不正者吃了，然後成仙，既浪費仙丹，又後患無窮。且讓我使個妙招，來試煉一番。」

於是，魏伯陽走到弟子跟前說：「我們現在雖然已經煉好了丹，但為了確保萬無一失，還是應該先試下，就讓這條白狗先吃吧，如果牠吃了以後就飛升，那說明丹藥無毒無害，我們也可以吃。如果白狗吃了就死，那我們肯定也沒法吃了。」魏伯陽說完，就把還沒煉好的丹拿來給白狗吃。因為這顆丹還沒煉好，服下去以後會暫時死去，但還能救活回來。果然，白狗吃了就倒地死了。

魏伯陽見狀，假戲真做，連連直呼，哀嘆道：「哎呀，我這輩子違逆世俗潮流，告別家人，遠離榮華富貴，一心煉丹，沒想到現在還不能得道成仙，那我活著還有什麼價值？我不活了，死就死吧！」說完，魏伯陽就服下毒丹，然後死了。

弟子見狀，垂頭頓足，驚慌失措。弟子們紛紛議論：「現在什麼情況？咱們煉丹是為了長生不老，可不是加快死亡的啊！怎麼會這樣？師父都走了！」等到平靜下來後，有位姓虞的弟子仔細思量了一番，說：「師父並不是平常之人，難道這麼做是有意為之嗎？」於是，虞姓弟子也跟著吃下毒丹，死了。

還剩下兩位弟子，接連目睹這樁慘案後，都驚呆了。他們看看彼此吃驚的臉龐，又看看地上躺著的師父、師兄和白狗，嚇得說不出話來。只聽到他們哆嗦著聲音，這般說道：「我們煉丹，本意是為了長生。事到如此，吃了就死，還不如不吃呢！不吃還能多活幾十年。這是何苦呢？」兩位弟子決定不吃丹，下山去找棺材，打算好好埋葬師父和同門師兄。

見兩位徒弟下山了，魏伯陽趕緊起身，掏出仙丹給徒弟和白狗服下，二人一狗都吃下仙丹，一道成仙飛升了。後來碰到山中樵夫，就寫信讓樵夫捎到城裡，通知下山的兩位弟子。等他們讀到信後，這才後悔當初沒吃仙丹。

說到這裡，不管魏伯陽是否成仙飛升，單單「坑蒙拐騙」的成仙妙計，就讓人擊節叫好。不過，那下山的兩位弟子，著實也值得同情。人之本性，趨利避害，畏死向生，成仙確實為了長生，這事也無可厚非。只是，魏伯陽為了達到檢驗人性的目的而不擇手段，是否又有降低仙家身段之嫌呢？

下了地獄，照舊賄賂

在宋代的開封城裡，流傳著一句民諺：「關節不到，有閻羅包老」。大概是說，到閻王爺包拯那裡辦案，哪怕不用打通關係，也能公正辦案。包拯去世後，被老百姓傳言，去地獄當了閻王爺，主管判案。這句民諺雖然初心不錯，但是地獄也並非老百姓想得那般公正。

無論西天取經，還是成仙飛升，都少不了醜聞，到了地獄就更不用說了。地獄本是藏汙納垢之地，雖有嚴刑峻法、十殿閻羅，但主角畢竟是冤鬼魂魄、牛鬼蛇神，陰暗之氣過重，那些灰色乃至黑色的內幕，簡直濃得揭不開來。

《西遊記》第十回，就揭了崔判官幫唐太宗私改生死簿的內幕。

唐太宗夢到龍王索命，驚嚇而死。臨終之前，魏徵說：「陛下放心，地獄裡的那位崔判官，生前做過禮部侍郎，是我結拜過的好兄弟，時不時跟我在夢裡碰到。我這就寫封書信，跟他打個招呼，他就會放您回來。」

唐太宗聽了以後，這才安心駕崩。到了陰間，果不其然，崔判官早就等在地獄門口迎接唐太宗。只見崔判官頭戴烏紗帽，滿臉大鬍子，手中拿著上朝用的牙笏板，穿著粉色的靴子，懷揣一本生死簿。

見到唐太宗後，崔判官說：「陛下光臨地府，有失遠迎。我跟魏徵是多年好友，我去世後，承蒙魏徵照顧子孫，感激不盡。陛下放心，我待會兒就送您回去。」

說罷，崔判官到了司房裡，把唐太宗在位「一十三年」改為「三十三年」，直接加了二十年壽命。然後再走一遍十殿閻王的法定流程，最後順利通關，把唐太宗送回人間。

生前鐵面無私的崔判官，碰到了唐太宗，就不顧地獄法律，直接給皇帝加了二十年壽命。當然，地獄裡並沒有第三方的獨立監督機構。崔判官改了生死簿，十殿閻王也沒過問，直接就走完了法律流程。原本人們想像中鐵面無私的判官，也會在感情上通融一番，私改生死簿。除了人的問題，地獄也有待進一步完善法治。總之，這些神明仙佛到底都從人進化而來，總沾有數萬分之一的人類習性，積習難改矣！

神叨至此，徐子偈曰：

賄賂本是人間事，神界亦有大貪蟲。
阿難迦葉索人事，魏伯陽也瞞和騙。
成佛成仙藏醜聞，判官私改生死簿。
要問何處無黑幕，徐子遙遙無處指。

2 圍觀神仙打架的姿勢

俗話說：「神仙打架，百姓遭殃」。如何圍觀神仙打架，並避免自家遭殃，這不是小事，而是攸關性命之事。

何為神仙？仙，一般來自經過長期修煉而達到長生不老的人類。中國道教裡的修煉達人、印度的聖人，都屬於此列。神，則是先天即有神力，比如猶太人的至高神，希臘人的宙斯和眾神，都屬於這個體系。神與仙，有時也會混為一談，反正都是指那些長生不老、法力高超、超越於凡人的特殊存在。

既然位列仙班，就得有神仙的樣子。一般印象裡，仙衣飄飄、騰雲駕霧，來去自由。但神仙聚集之地，是非也不少。有了是非，道理說不清時，偶爾發生小摩擦乃至大動干戈。面對神仙打架，如何圍觀是好？

神仙打架的往事

圍觀之前，為了避免傷及自身，必須摸清來龍去脈，先了解神仙打架的諸多往事。

希臘人生於地中海區域，以商貿為業，哲學頭腦發達，伶牙俐齒，血氣充沛。希臘人的神明也不例外，喜歡談戀愛、喝酒、打架。

被宙斯封為「戰神」的阿瑞斯喜歡打架鬥毆，可是當遇到堤豐入侵奧林匹斯山，戰神阿瑞斯卻轉眼變成一條魚，逃之夭夭。只有雅典娜女神站出來和宙斯聯手抵抗堤豐。堤豐是龍怪，長著一百多個腦袋，跟宙斯又是宿敵。堤豐是大地女神和深淵之神的兒子，神格尊隆。當年宙斯打敗了深淵之神，如今輪到他們後代來報仇。堤豐因為體格巨大，擅長噴火，容易先發制人，打出了一片火海，還用蛇髮纏住宙斯，偷走了宙斯的手筋。好在赫爾墨斯又偷了回來，還給宙斯。第一回合，宙斯被打敗了。不過，宙斯卻有堤豐所沒有的優勢，就是行動靈活，而且可以乘坐飛馬車，迅速飛到天上，遠端隔空作戰，用他的閃電火，擊打在地上行動不靈活的巨無霸堤豐。最後，宙斯還用埃特納山壓住了堤豐，堤豐的「造反」最後以失敗告終。

古希臘神話素以巨大的戰爭場面稱奇，每位神明裝備精良，各有特色。宙斯有閃電

火，雅典娜有長矛，波塞頓有三叉戟，連小小的邱比特都有一把弓箭。

而中國的神仙，也有異曲同工之妙。二郎神有三尖刀，哪吒有混天綾，孫悟空有金箍棒，黃帝有軒轅劍。哪吒鬧海、孫悟空大鬧天宮，開始都以叛逆者獨自挑戰正統權威，但是都會遇到打得不可開交之時。此時，就不得不向別人求助了。哪吒死後，被仙鶴接到了太乙真人那裡，真人讓哪吒復活，教他使用風火輪和火尖槍，哪吒終於報仇成功，降伏了東海龍王。

同樣叛逆的孫悟空，卻遇到了堅不可破的敵人陣營。這回，李靖和哪吒卻聯起了手，率領十萬天兵前往捉拿孫悟空。之所以出現這等大規模的陣仗，是因為孫悟空一開始就是衝著玉帝發起挑戰，觸犯了天庭最高領袖的龍顏。此時，不論如來佛祖、觀音菩薩，還是太上老君，各界耆老聖賢都站在玉帝一邊，幫他降服孫悟空。

東方的神仙，雖然個頭和規格跟希臘的比起來，小巧許多，但是威力可不曾減去半分。不過，東方的神仙打起架來，又有另一番滋味。

神仙為何打架

中國人的處世方法常見一條法則，就是「事不關己，高高掛起」，但在看熱鬧時又不甘心，總想親眼捕捉不關己之事裡的精彩環節。總之，要既能免於打架波及傷己，又能親眼見證打架的精彩之處。不過，這種兩頭通吃的法則，在神仙界裡相當難找，畢竟神仙和人類不一樣，打架總是事出有因。

在這方面，「復仇者聯盟」裡的索爾，本是奧丁之子，因為性格過於自大，被要求下凡學習謙虛的品格。到人間以後，索爾發現地球將毀於一旦，而加入復仇者聯盟。這種打架，屬於正義型參與，對人類也有直接的利益。

有些打架則屬於兄弟幫忙。哪吒鬧海，掀了東海龍王的老巢，逼得東海龍王不得不找自己的夥伴，他找來南海、北海和西海的龍王，加上一群蝦兵蟹將，去找李靖算帳。對於這群龍王而言，兄弟落難，也會殃及自家，及時幫忙，更見情誼。

當然，有些神仙打架的原因卻不明確，而是稀里糊塗就開始了。當然，這也很有神仙縹緲的風格。這也很有神仙縹緲的風格。猶太人的祖先雅各，就曾經跟天使打過一次載入《聖經》的架。但是至今，人們也不明白他們為什麼打架。雅各，就是亞伯拉罕的孫子，以撒的兒子，在一次趕夜路時，與天使打起架來。打了一個晚上，天使眼看不能戰勝雅各，乾脆就來了一個小動作，摸了雅各的大腿窩，導致雅各扭倒變瘸。天使收手告別，雅各不肯罷休，直接討要祝福。天使見狀，難以拂袖而去，一走了之，直接幫雅各改名為「以色列」，意為「與神角力」。後世猶太人從此不吃動物的大腿窩部位，以此為事關先祖的禁忌。這次稀裡糊塗的架，終究沒找到原因，神仙的事，凡人終究無法猜出結果。結果也只有一個，以色列的官方命名，就此確立。

至於神仙打架時的圍觀群眾，最好是只圍觀、不出力，或者僅在不傷及自家安危的前提下，出點小力。要清楚，打架的主角、矛盾的中心是那些神仙，再怎麼打，打後又如何和解，都是神仙們自家的事。萬一參與打架，自身實力又不夠，傷亡成本最高的反倒成了自家。所以，不到萬不得已，千萬不能加入同盟。更關鍵的是，不論對輸家、贏家，還是幫忙家而言，在緊要關頭都要找到好的裁判。

如何找好裁判

要想成為好的裁判，首先要向玉皇大帝學習。玉帝曾有一個精彩判案，被清代才子袁枚記了下來。

根據《子不語》的前方報導，這件事發生在地獄裡。有位叫做鍾悟的大好人，一生行善但不得善終，膝下無子，窮困潦倒，病死了。他到了地獄，想找主管評評理。不料，主管賞善罰惡的李大王，早就碰到了難題。

很多冤死的鬼魂跑到他跟前喊冤訴苦，裡面還有些來頭不小，比如西周第四代天子周昭王，他的祖上是赫赫有名的周文王、周武王，到了周昭王第三次南巡時，卻在漢水溺死。幸虧有勇士救起屍體，避免了被魚蝦吞吃的悲慘命運。不過人終究是慘死了，對於這樣一位出身高貴的天子而言，如此命運未免顯得不公。於是，身處地獄的周昭王，終於攔住李大王喊冤平反。周昭王一喊冤，周圍群鬼圍攏過來，紛紛喊冤，訴苦此起彼伏，儼然成了訴苦大會。李大王對著群鬼說，他主管賞善罰惡，管不了生死問題，這事屬於素大王的職能範圍，不過他正好要去找素大王辦事，可以順便反映群眾訴求。

沒過多久，素大王路過此地，轎子停下，李大王上前迎接，坐進轎子，向素大王反映群鬼呼聲。一開始沒什麼動靜，和平交流，不一會兒，聲音越來越大，開始爭吵起來。再後來，只見兩位大神推搡著走出轎子，在地上打起架來。李大王一個拳頭直擊素大王肚子，素大王一個拳頭猛打李大王腦袋。你來我往幾回合後，李大王力氣漸漸弱下，顯出頹廢之勢。群鬼見狀趕緊上前助陣，素大王後面也有轎夫上前幫忙，兩個隊伍打成一團。最終，李大王這邊被打敗了。不過，李大王不服氣，說：「你們給我等著，我這就去稟告玉帝，聽候處分！」話音剛落，李大王、素大王都騰雲駕霧升上天去，留下一群怨鬼待在原地驚魂未定。

俗話說「神仙打架、小鬼遭殃」，但這次卻是因為小鬼遭殃，所以神仙才打了架。好在神仙和小鬼的背後，還有一位終極裁判玉皇大帝。

過了一會兒，兩位仙女下凡，拿著十杯酒，說：「玉帝事務繁忙，沒空聽這種小事。你們二位比比看，誰能喝下更多酒，就算誰贏。」李大王聽了很激動，自稱平時酒量不錯，有信心贏得比賽。不料，李大王喝了三杯就想吐出來，素大王倒是喝光了七杯。仙女見狀，讓大家稍安勿躁，待稟告玉帝後，再回來宣布最終裁決結果。

最終，李大王、素大王、一群怨鬼都等到了玉帝的最終裁決，玉帝的詔書大概是這麼說的：「李者，理也。素者，數也。自古以來，理不勝數，道理贏不了命數，看看兩位的喝酒比賽就知道了。不過，對於世上的生死劫難，七分看命數，三分看自己。命數常常顛倒，這沒辦法，我作為玉帝，也經常因為日食、彗星等問題而頭疼，這些事要看命數的概率，我自己尚且不能做主，更何況李大王呢？但是，李大王畢竟能喝下三杯酒，道理總是占了三分。不管人心天理，抑或是非善惡，總歸也有三分公理，並非命數所能改變。鐘悟這人，雖然命中陽數已盡，但本皇這次額外開恩，下不為例，姑且放他回陽間，跟老百姓們好好普及今天我講的道理，把七分命數、三分道理，都講給老百姓聽，不然以後此番告狀爭論會越來越多。」

詔書念罷，仙女打道回天庭。李大王、素大王雙方都認可玉帝裁決，鍾悟順利返回陽間。不過，那位溺亡的周昭王倒是沒有進一步的跟蹤報導。雖然冤枉，但他要是果真隔了兩千年再返陽，估計會引起人間動盪吧。

玉帝的這番道理，曉之以理，動之以情，客觀分析事實，又能主觀見證，以親身經歷說服之，是為平息打架的殺手鐧。加上玉帝的無上權威，詔書即是法律，打架中人和圍觀群眾都不得不服。即便沒道理，雖不見得必定平復人心，但也能一時穩定局面。這或許是圍觀神仙打架的最高境界了。

神叨至此，徐子偈曰：

神仙有理說不清，全憑打架來出氣。
希臘諸神忙會戰，雅各成為以色列。
哪吒悟空曾大鬧，地府兩神竟相毆。
幸有玉帝作裁判，命數七分理三分。

3 當神獸成為主角

在幾乎所有神話傳奇裡，都能見到神獸的身影。什麼樣的神，騎什麼樣的神獸，不然就德不配位。比如，太上老君騎青牛，黃帝升天要騎龍，西王母出門有青鳥開路，姜子牙還專門配有元始天尊送的四不像。這些神獸各有專長，各有特色，有時主人未到，人們看到神獸就知道背後的主人是誰。

當那些神仙妖魔、帝王將相大出風頭時，他們胯下的神獸坐騎卻未得到同等待遇。事實上，很多時候，這些神獸的貢獻遠遠大過主人，大概只是因為「歷史都是人類書寫的」，這才沒有得到應有的紀念。

神獸的種類繁多，有頂級的神獸，也有終身當坐騎的神獸，有法力無邊的神獸，也有行動不太自由的神獸。每個層級裡的神獸，擁有的自由度和「獸生待遇」都不一樣，甚至有天壤之別。但無論如何，凡人遇神獸，都會理讓三分，懂得如何與神獸相處，也是做人必備的生活知識。

頂級神獸的特權

頂級神獸，也就是天之四靈，用來正四方，也是道教裡的護法神。公認最知名的四大神獸，有青龍、白虎、朱雀、玄武，他們是用來正四方的，分別代表著東、西、南、北四大方位。除此以外，民間還有八大神獸、十大神獸的說法，額外把麒麟、騰蛇都歸入名下。

這類頂級神獸，地位尊隆、資格夠老，屬於創世的級別，位於人類和部分神靈之上。大概只有元始天尊、玉皇大帝、如來佛祖那般，才有與之相處的資格。

而那種飄然天外、與世無爭的神獸，也可算是頂級。他們已經達到精神自由的極高境界，來去自如，無人束縛，無神管治。比如莊子曾隆重推薦由鯤進化而成的「鵬」。他那巨大的翅膀像垂天的雲彩，伸展千里。一躍而起，飛天九萬多里，背負著遼闊浩瀚的青天，毫無阻擋地朝南飛翔。然而，像鯤鵬這樣的神獸，畢竟又沉默又高遠，凡人和小斑鳩都只能用有限的目光去想像他。

當然，此外還有一些頂級的神獸，雖不至於創世級別，也沒有達到鯤鵬那樣的自由境界。但也因為是神明的近親，而能榮登此榜。就像《西遊記》裡的金翅大鵬，他是佛教的護法神、如來佛祖的舅舅，以及孔雀明王的親兄弟，當然也有資格歸入頂級神獸。

無獨有偶，金翅大鵬的故事，不只出現在《西遊記》裡，在《封神演義》、《說唐全傳》、《說岳全傳》裡都有，甚至民間傳說岳飛前世還是大鵬，只是這些別處的大鵬，都比不上唐僧、孫悟空所面對的那隻大鵬。

金翅大鵬長相奇特，有金翅鯤頭豹眼，與青獅、白象義結金蘭，不但雄霸一方，吃光了獅駝國的老百姓，統治著興風作浪的妖魔鬼怪，他們還打算聯手捉拿唐僧。

即便是孫悟空，雖然能擊敗青獅白象，但也鬥不過金翅大鵬。最後，孫悟空只能去西天佛祖那裡搬救兵。佛祖親自出馬，還召集了五百位羅漢、三千位揭諦，還有文殊菩薩、普賢菩薩、大迦葉、阿難等貼身大神。除了揮大棒親自鬥妖，佛祖還祭出「胡蘿蔔」，許諾給金翅大鵬一條退路，成為護法，享受祭祀福利，最終成功和解。

其實，金翅大鵬之所以能成功逃過一死，也不全然是因其法力無邊。畢竟再怎麼法力無邊，也逃不出如來的手掌心，更何況他還揚言要把佛祖趕出雷音寺，簡直囂張跋扈到無以復加。

如來佛自個兒就說出了不殺金翅大鵬的關鍵原因。原來，金翅大鵬和孔雀明王菩薩，都是一個媽生的。以前佛祖在修行時，曾被孔雀吞下肚子，後來逃過一命，本想殺孔雀報仇，被眾位菩薩勸和，說這隻孔雀是孕育佛祖的母親，殺不得，還讓佛祖將孔雀封為佛母。這樣算來，佛祖還得叫大鵬一聲舅舅。

因著這層親戚關係，為非作歹、手中命案無數的金翅大鵬，最終非但沒被判死刑，竟然還成了護法，從魔獸變作神獸，洗白了身分，又拿到了免死令，成為佛界的大人物。不得不說，這件事道盡了世間荒誕。

不是所有神獸都處於創世級別和親戚級別的，更多的神獸沒有免死的特權，沒有成佛的待遇，而是被神明所用，或成為坐騎，或成為侍者，為人所用。這類神獸的自由度，也不過是這些。

反客為主的坐騎

頂級神獸之下，是第二梯度的神獸。他們一般是神仙的坐騎，主要職業有司機，充當出行工具，但也有的會兼任秘書，幫忙通風報信。「青鳥殷勤為探看」，說的就是西王母的青鳥，他既是西王母的出行坐騎，又是探路先鋒，曾經在西王母見漢武帝之前，為主人探路報信，並提前通知漢武帝準備好歡迎儀式和宴會。

這類神獸本是老老實實的坐騎，不出意外，一般都會終身在神的胯下。當然，有些坐騎神獸得了意外的機會，大放異彩，以至書中留名。

在《封神演義》裡，聞仲決定討伐西岐，派出了「九龍島四聖」王魔、楊森、高友乾、李興霸參戰。當他們來到姜子牙的陣前，根本沒有使出一件法寶，也沒有一兵一卒衝鋒陷陣，只是讓各自的坐騎出陣亮相，對方便大亂陣腳。只見狴犴、狻猊、花斑豹、猙獰四隻神獸衝出來，姜子牙這方的戰馬即刻驚嚇大跳，腿腳發軟，跌落了幾位大將，就連姜子牙也跌下了馬。一時之間，人心惶惶，姜子牙這方只好不戰而退。

「九龍島四聖」的坐騎個個都是上古奇獸，出身不凡，又實力超絕。王魔的坐騎狴犴，長得像老虎，是龍的兒子，出身名門，又實力不凡，自帶底氣。楊森的坐騎狻猊，長相如雄獅，威猛的百獸之王，還能吃虎豹，更不好惹。高友乾的花斑豹，體型巨大，有一對鋒利的獠牙，足夠威風。李興霸騎的猙獰，有人的形狀，又有獸的恐怖。常在行走時，用上肢掩面，走近人時，突然放下上肢，露出本來面目，直接嚇死人類。這一招，可謂出其不意、攻其不備、不費吹灰之力，制勝於無形。

正是有了這四大不凡的奇獸，九龍島四聖才在第一回合輕而易舉地獲勝，直到後來，元始天尊把他的坐騎四不像借給了姜子牙，姜子牙才有些反敗為勝的把握。

這樣的神獸，靠著天賦異稟和適當時機，最終從配角成為主角，在歷史上寫下了精彩的一筆。同樣的事，並不少見，在蜘蛛人、蟻人、忍者龜、蝙蝠俠等身上也發生過。「皇天不負有心獸」，只要努力，歷史也能為之改寫。

神獸的際遇

神獸界類似人類社會，是個「金字塔」的社會結構，處於頂尖地位的神獸精英，屈指可數。大多數是不知名的。當然，靠著勤勤懇懇的工作，若能盡忠職守，這類神獸雖不至於位列仙班，但也是可以在人類社會占有一席之地的。

在古代中國衙門裡工作的獬豸（ㄓˋ），是一種悟性極高的獨角獸，聽得懂人類說話，而且獸性正直，可以高效地辨認出誰是貪官、誰是清官。

早在春秋時期，齊國有兩位大臣打了三年官司，糾纏不清，法官也難以斷案，只能請一國之君齊莊公出面裁決。齊莊公叫人牽出獬豸，又讓兩位大臣當著獬豸的面，大聲讀訴狀。第一位大臣讀完後，獬豸毫無動靜。等到第二位大臣讀到一半時，獬豸站起來，用頭頂的角，觸倒了第二位大臣。齊莊公見狀，宣布第二位大臣敗訴。

而在有些場合，獬豸就不是禮貌地觸倒對方了，而是在觸倒貪官佞臣以後，直接一口吞掉，乾脆俐落，簡直就是辨佞忠、定是非的良器。因而，古代的法官常戴「獬豸冠」，以自我聲明判案裁決的公正。

比獬豸更嚴厲的是他的主人——中國司法的鼻祖皋陶。皋陶發明了五大刑罰——墨、劓、刖、宮、大辟，這些嚴刑酷法相當殘忍，以剝奪人身健全為目標。宋江和林沖就曾受過「刺配」的待遇，「刺配」的前身便是墨刑。在臉上刺字，餘生都洗不掉罪過，即便日後在梁山當了好漢的領袖，也對臉上的墨字耿耿於懷。這件罪過的事，就跟獬豸的主人有關。

不過，獬豸終究是在人間政務部門工作的神獸，雖有通曉人心的神通，但還不至於位列仙班。同樣作為獨角獸，西方獨角獸的角，尚且還具有解毒的神奇功能，而在中國，獬豸的角只有觸人的功能。

獬豸尚且有些靈性，更多的獸類都是地位低下的怪獸或者野獸、家禽。像魯迅先生說的「人面的獸，九頭的蛇，三腳的鳥，生著翅膀的人，沒有頭而以兩乳當作眼睛的怪物」，這些只能算是一般的怪物，雖也有行動的自由，但在獸界的地位相當低，飽受人與神獸的歧視與偏見。

一般的野獸或家禽更不用說了，一輩子都逃不了弱肉強食的叢林法則。不過，一旦因為某個機緣而搭了成仙的便車，那麼牠們的生命屬性和社會地位將會發生一百八十度的大翻轉。所謂「一人得道，雞犬升天」說的便是這個理。這個案例曾多次發生，如西漢的淮南王劉安、東漢的魏伯陽、晉代的許遜等等，可見成仙搭便車的效果何其真確。畢竟，人類曾經花了大力氣來馴化這些禽獸，早就結成了「生活共同體」。若是跟對了人和神，那些跟仙氣毫不沾邊的雞鴨羊狗之類的禽獸，不必如何努力，也能「朝為田舍禽，暮升天子堂」。

神叨至此，徐子偈曰：

鯤鵬展翅遨萬里，天之四靈守四方。
金翅大鵬成護法，龍島四獸敗子牙。
青鳥殷勤為探看，獬豸盡責辨佞奸。
一朝跟對帶路人，田舍雞犬俱升天。

4 印度主神的創業八卦

中國的道教有「三清」，猶太人有「三位一體」的上帝，印度也有三大主神，統治著南亞次大陸大約三千萬到三億的神明。

在佛祖的老家印度，鄉親們信仰最多的還不是佛祖，而是梵天、濕婆和毗濕奴等三大主神。佛祖畢竟是自我修煉而成的，而梵天卻是創世級別的神明，在印度的地位相當於開天闢地的盤古。濕婆作為毀滅之神，身負推動世界毀滅進而重生的使命。毗濕奴是主管維護世界的神，在梵天的創造與濕婆的毀滅之間，維持世界的運轉。

印度畢竟是個神明的大國，三位主神管理範圍極廣，業務繁忙。為了達到更好的管理效果，他們開展了多次創業合作，其中不乏飽受爭議的事情。

造物主梵天的亂倫事件

作為造物主，梵天是宇宙萬物的起源。但是，梵天自己又是怎麼來的？《聖經》裡那位「自有永有」的耶和華，梵天的出生也被傳為無父無母、自我誕生。但也有傳言描述，梵天其實來自一顆金蛋。當宇宙還是一片洪荒黑暗時，在水面上漂浮著一顆金色的巨蛋，有一天，梵天從這顆金蛋裡破殼而出，裂開的蛋殼變成了天地，給了梵天施展手腳的空間。他從心臟、手腳和拇指裡生出了很多兒子，他的兒子們又生出了人類和萬物，一個完整的世界由此誕生。

梵天雖為造物主，口碑卻不好，主要源自一次臭名昭著的亂倫事件。在希臘神話，宙斯從腦袋裡生出了雅典娜。梵天也類似，只是從大拇指裡生出了辯才天女。辯才天女的特長也類似雅典娜，她們都與知識、藝術、智慧有關。不同的是，宙斯未曾染指雅典娜，而梵天卻過度迷戀著美麗動人的辯才天女。

辯才天女有多美麗？只見她擁有玉石般光滑溫潤的臉蛋，有四隻曼妙修長的手臂，分別拿著琴、念珠、經書、蓮花，同時有音樂上的天賦、信仰的智慧和寫作的才華。梵天看著天女，目不轉睛，巴巴地望著。天女似乎有所領會，便決心遠離父親。但是，無論她跑向東南西北的哪個方向，都沒辦法避開長著四張臉的梵天。實在退無可退，她決定飛到空中，心想這肯定能躲開梵天。哪知梵天從頭頂又長出了第五張臉，依舊對著辯才天女含情脈脈。最終，梵天如願娶了辯才天女，由父女結為夫婦。

此事被濕婆得知，非常生氣，直罵梵天厚顏無恥，竟敢對親女兒下手。盛怒中的濕婆，一氣之下，連道理都懶得跟梵天說，就把梵天的第五個頭砍了下來，還咒詛他永世不被人類崇拜。因此在印度，巍巍造物主梵天的寺廟遠遠少於濕婆和毗濕奴。由此可見，印度人的確不太喜歡這位道德品質有些問題的神明，甚至還認為，既然世界已經造好，那麼梵天也頗顯多餘了。

濕婆：為了毀滅世界而想盡辦法

濕婆誕生的使命，就是為了毀滅世界。只有毀滅世界，才能推動世界的重生與更新。這種世界觀的確很有印度的特色。在印度人看來，世界肇始於梵天，終結於濕婆，正是因為兩位的默契合作，這個大千世界才不會像死水一般波瀾不驚，而是有動有靜、有始有終，在更新變化著的。

濕婆的前身是婆羅門教裡的樓陀羅。樓陀羅主管風暴、死亡和狩獵，野性十足，還不夠文明，故而到了吠陀時代的晚期，樓陀羅漸漸隱形，兼具野性與文明的濕婆登上歷史舞臺，在印度人的史詩裡頻繁出場。登上歷史舞臺的濕婆，可謂一人飾演多角，既有美男子相，有兇橫相，又有雌雄同體相；有時慈愛溫柔，樂於化身助人，有時又手抄武器、恐怖嚇人。既主管死亡與毀滅，又管理時間與繁衍。總之，濕婆的存在，簡直是一個複雜的矛盾綜合體，一如印度錯綜複雜的神明妖鬼和神話版本。

當然，在三位合夥的主神裡，濕婆雖然也旁及他人業務，但主要還是負責毀滅事宜。為了毀滅世界，他精心準備了五花八門的道具。這些道具，兵器倒是很常見的，比如斧頭、三叉戟、刺棒等冷兵器，又有碗、鏡子、瓶子、鈴鐺等家居用品，還有眼鏡蛇、骷髏頭、羽毛等等。每樣法器都有各自的含義，比較出名的是濕婆的標誌性武器——三叉戟，它象徵著宇宙的軸心，戟分為三叉，則寓意創造、維護、毀滅等三大神性。

神性複雜的濕婆，也擅長跳一種很複雜的舞蹈。濕婆之所以跳舞，當然不是為了審美和愉悅自我，還是為了毀滅世界。在宇宙這個大舞場中，只見濕婆的四隻手腳婉轉，頭髮飄散，手中那只沙漏形手鼓響出有節奏的鼓聲，那是宇宙的心跳。濕婆閉著眼睛，腳踩侏儒水魔，象徵著戰勝了無知。隨著濕婆跳舞，世界上的一切事物都湧現出來，又隨之寂滅。等到濕婆結束跳舞，宇宙因而毀滅。

故此，在印度五花八門的神譜裡，濕婆的地位最為尊隆，信徒最多，勢力也最廣。大概印度人骨子裡都敬畏這位帶來世界毀滅的主神吧。

毗濕奴與攪乳海

三大主神裡，還有一位做正經事的，就是主管維護世界運轉的毗濕奴。他原本睡在大蛇的背上，漂浮於浩渺無邊的海洋。每當毗濕奴醒來一次，便是宇宙循環了一劫，在毗濕奴的肚臍眼裡便長出一朵蓮花，蓮花裡又長出創造之神梵天，梵天由此開始創造世界。等經過一劫，毀滅之神濕婆降臨，開始摧毀梵天的工作。每一劫相當於人類的四十三億兩千萬年，創造和毀滅的神明分管兩頭，毗濕奴主管中間過程。

在毗濕奴的創業經歷中，攪乳海是避不過去的一個話題，他曾是其中的重要角色，並做出了巨大貢獻。這段精彩故事，也被載入了吳哥窟的石刻裡。

乳海是須彌山外的大洋，沉澱著豐富的寶物，特別是有可以讓神也長生不老的甘露。那時的印度諸神也跟人一樣，飽受生老病死的折磨，所以一直費心尋找生命的甘露。善神和惡神們協商後，就去找了毗濕奴。因為毗濕奴主管維護宇宙，向來性格不錯，也好商量。一番討論後，他們打算合作，事後平分甘露。毗濕奴讓大家把草藥丟進乳海裡，然後讓巨蛇纏住須彌山，將此作為攪拌棒，蛇神為攪繩，首尾兩端分別由善神、惡神拉扯。然後毗濕奴再化身為巨龜，潛到須彌山的底部，作為承重的支點。就

這樣，他們開工了。

一開始，當他們攪拌到千餘年時，乳海中湧現出了香潔牝牛、穀酒女神、三頭神象等等。但是巨蛇卻因為被過度拉扯，頭暈目眩，肚中翻江倒海，大口大口吐出毒液。眼看靠近巨蛇唇部的神明將被毒死，濕婆出現，親自喝了毒液，又被妻子雪山女神鎖住喉嚨，所幸毒液沒有入胃。但濕婆的喉嚨中了毒，變成綠色。好歹沒有人中毒身亡，大家重振軍心，繼續攪拌。

最終，甘露出現了。但是，由於甘露出現在惡神這一端，毗濕奴很擔心他們長生不老以後，會對善神和宇宙眾生不利。毗濕奴就把乳海裡的浪花變成妖媚動人的飛天女神，迷惑住惡神們。善神們趁機搶走甘露，一飲而盡，個個長生不老。

在古印度人看來，日食和月食的出現，也和攪乳海有關。當時在搶奪甘露時，有位惡神，叫做羅睺，沒有完全被飛天女神迷倒，他偷偷混進善神堆裡，也喝了一點甘露。然而，他的小動作卻被日神和月神發現，給毗濕奴打了小報告。毗濕奴一怒之下，砍了羅睺的頭。因為甘露只到羅睺的喉嚨，所以他頭部以下的身體，被砍了以後馬上死去，只有頭部長生不老。後來，羅睺經常追著太陽和月亮報仇，一口吞進他們，但太陽和月亮剛入口，又從羅睺的喉嚨裡逃出來。於是，日食月食，由此而來。

攪拌乳海，是一次神明之間合作開展的創業實踐，一開始大家都眾志成城、分工明確，但是到了最後分成時，卻出現了不可調和的矛盾。就在這驚心動魄的一刻，好在因為毗濕奴的智慧，讓善神們取勝，宇宙因而得以不被惡神統治。最終，攪乳海成了成功的創業傳奇。

幾千年來，這三大主神的創業故事，一直在印度流傳，也正是有了這三位主神，印度人的世界才變得如此歡樂多樣，又顯得如此空靈憂傷。宇宙終將毀滅，不如跟隨濕婆起舞。

神叨至此，徐子偈曰：

恆河之水天上來，印度三神忙創業。
梵天創造卻亂倫，濕婆起舞為毀滅。
毗濕奴辛苦經營，攪乳海足智多謀。
世界維艱多珍重，幾家歡樂幾家愁。

5 跨界戀愛的後果

世界廣大，同時含有人界、神界、冥界，有在家人，有出家人，也有無家可歸的人。眾生諸神，本來都是井水不犯河水，銀河不犯黃河。偶有跨界戀愛者，多半沒有好結果，這也是歷史的定論。不過，神與人、僧與俗、人與鬼，這些跨界戀愛的結果，有時錯在神仙，有時錯在凡人，有時又算不清帳，畢竟「情不知所起，一往而深」。

秀恩愛的牛郎織女

在空間上，人類與神明處於本質上的隔離狀態。但在七夕節這一天，人與神終於相會。七夕節的來源也有多種版本，常見的說法，歸責於牛郎的一次「犯罪」，看見七仙女下凡洗澡，便偷了織女的衣服，直到織女答應嫁給他再歸還衣物。後來才發生了玉帝召回織女，王母娘娘拔金釵成銀河的一幕。這齣版本，錯都在牛郎身上，玉帝和王母為了神界與人界不因通婚而造成混亂，才不得不拆散牛郎與織女。

但是，根據南朝殷芸《小說》裡的說法，錯全在織女身上。原來，這位玉帝的女兒由於太過勤快，全身心投入工作，只知織布，無暇打扮自己，儼然是一位只知工作、不知生活的職業女性。玉帝實在愛女心切，不忍女兒終身難嫁，便把她許配給銀河對岸的牛郎星。

但是，自從嫁給了牛郎，織女又變了一個人似的，搖身一變成為家庭主婦，終日忙於戀愛和家務。因為織女無心織布，荒廢了職業，這讓玉帝他老人家又開始不高興了，他想了想，也沒別的辦法，就直接召回織女，從銀河對岸回到此岸，每年只能在七夕與牛郎相會。他們的恩愛巔峰，便是七夕時烏鵲搭成的橋，跨越了浩瀚無邊的銀河，而讓有情人終於見面。因為二人踩著烏鵲，渡河過橋，烏鵲於是禿頂，情人因而相會。

這齣版本，雖然從頭到尾都是玉帝在背後指使，但是又把錯歸到了織女的身上。錯就錯在，織女無法協調好生活與職業的關係。

然而，儘管過程很坎坷，很是賺了一代代人的眼淚，也難以阻擋當事人的秀恩愛。每年的七夕節，不都是人類站在地上，仰望天上的他們秀恩愛嗎？

呼應天上的相會，人間也有了秀恩愛的種種玩意。牛郎織女的傳說早在西周便有，春秋時已經普及，而七夕乞巧的民俗，卻是從漢代才開始流傳。原本張揚神人戀愛的傳說，變為表彰婦德的節日。

如何表彰婦德？乞巧節，便通過一根針來表現這個觀念。同樣比賽穿針的速度，有的比賽穿七孔針，有的對月穿針，有的在碗裡投針看影子是否成圖。凡是取勝者，便是取巧。「巧」便是古人對婦女的最高讚美。

至此，七夕節已從銀河那頭的遙遠傳說，落實為極具生活煙火氣，卻又不至於爛俗，還留有些許靈巧的大眾節日。

誘惑佛祖堂弟的摩登伽女

唐代翻譯的《楞嚴經》是一部頗有美譽的佛經，明清之際的人們曾說「自從一讀《楞嚴》後，不看人間糟粕書」。一般人讀這部經，是因為阿難是釋迦牟尼的堂弟，後來皈依成了佛祖的十大弟子之一，以博學多聞出名，很多佛經就是由他口述整理而成的。佛經裡常出現「如是我聞」，背後轉述佛祖說法的人便是阿難。

但即便是在佛前貼身侍奉的阿難，遇到美色誘惑時，也會暴露男人的本性。這事跟摩登伽女鉢吉蒂有關。摩登伽女一點也不「摩登」，她屬於賤民階層，終生不能與上層階級通婚，更不用說嫁給阿難這種皇室出身的僧人了。

在一次外出化緣的時候，阿難路過摩登伽女的家，摩登伽女見阿難法相莊嚴、面目清秀、氣質文雅，遂生起邪念，想勾引眼前的這位出家人。她請母親幫助，用幻術迷惑阿難，一步步引進內室。正當阿難快要犯戒時，佛祖其實早有感應，派了文殊師利菩薩前來幫忙，宣說楞嚴咒。阿難及時醒悟，被帶到佛前懺悔。

阿難說：「佛祖，請原諒我。雖然我多聞多記，但沒有修行實證，遇到事情還是被迷惑了。」

佛祖回答：「多聞的阿難，雖然博學，但是還要多修行。」

當然，摩登伽女也被帶到了佛前，她自己也趕忙辯解：「佛祖，我太愛阿難了，我想嫁給他。」

佛祖問她：「摩登伽女，你究竟愛阿難的什麼？你每天跟著阿難，又引誘他進你家。你可知道阿難是出家人？」

摩登伽女為愛醉狂，毫不示弱：「佛祖，我愛阿難的眼睛，愛阿難的嘴巴，愛阿難的耳朵，總之，我愛阿難的一切。佛祖，請成全我。」

佛祖聽到這裡，平靜地說：「摩登伽女啊，你可知道人的眼睛裡有淚水，嘴巴裡有唾沫，耳朵裡有耳垢，身體裡有屎尿。一個人尚且如此骯髒，要是結婚有了孩子，孩子來到世上還得繼續生老病死，如此因緣循環，沒有盡頭。難道你也愛這些嗎？」

摩登伽女聽了，恍然大悟，原來自己深愛的阿難，不過是人的一種表象，自己以前從來沒看到表象深處的苦難輪迴。如今覺醒，摩登伽女深受震撼，皈依佛祖。

這便是《楞嚴經》開篇的故事，經文本身當然是為了宣揚佛法。但摩登伽女無論如何都不能被說成勾引出家人的蕩婦，她對愛情的全身心投入，跟她後來聽聞佛法後的完全投入，一樣都是可貴的。畢竟是佛法，摩登伽女事件的結局還算圓滿，各自成佛，不亦快哉。

女追男的冥婚

不同於天上神仙、佛家子弟和凡人的戀愛，在冥界的戀愛常出現冥婚的現象，而且常常是女追男。如此一來，跨界戀愛更是驚神泣鬼。

三國時期，曹丕寫了一部《列異傳》，裡面提到有位叫做談生的老男人。已經四十歲的談生，還沒有結過婚，終日以讀書為生活重心。有一回，從室外忽然走進來一位十五六歲的年輕女子。談生大吃一驚、驚魂未定，仔細端詳眼前的女子。只見她面容姣好、穿著華麗，一看就知道是大戶人家出身的。談生還在發懵，女子倒是先開口說話：

「我見你日夜飽讀詩書，願意與你結為夫婦，永結同心。」談生更加懵了，畢竟從來沒有婚戀經驗，又聽見女子繼續說：「只是我跟別人不一樣，千萬不要用燭火照我，等三年以後，才可以用燭火照我。」談生想都沒想，點頭答應。

他們順利結婚，還生了一個兒子。等到兒子兩歲時，談生實在忍不住，等夫人晚上睡著後，拿出燭火，看看究竟為何不能照夫人。燭光一亮，可了不得，只見他夫人腰部以上是正常的人身，腰部以下都是枯骨。談生又嚇懵了，激動地喊了出來。他夫人被吵醒了，發現了談生手中的燭火，生氣地說：「我早就跟你說過，不要用燭光照我，只要等三年。現在還差一年，你就忍不住了，實在太辜負我了，我們就此恩斷義絕吧！」

談生實在追悔莫及，但也沒有任何辦法。他夫人說：「雖然我跟你恩斷義絕，但念及我的兒子還小，你如果生活拮据，那也沒辦法照顧好我兒子。你跟我來，我送你一些東西。」說完，她帶談生進了一座華麗的殿堂，裡面擺滿了寶物和器具。只見那女子把一件華貴的珠袍送給談生，讓他去典賣換錢。在談生臨走前，還割下談生的一塊衣角，留了下來。

談生拿著珠袍，來到街市上典賣。當地的睢陽王家看到後，花巨款買了下來，後來發現竟然是王家大小姐的衣服，以為是盜墓人幹的壞事，就去拷問談生。談生如實相告，王家根本不相信他的話。只好帶著談生，前往王小姐的墓地查看。來到墓地後，發現完好如初，根本沒有盜墓的痕跡，打開墳墓一看，發現棺材下面還有一塊衣角，正是談生身上的，還發現談生的兒子長得就像王小姐。王家人恍然大悟，於是就把珠袍還給談生，承認他是王家的女婿。

這類女鬼追男人的報導，在古代並不少見。六朝時的志怪，明清時的小說，都津津樂道這類人設和故事邏輯。不過，倒是不多見男鬼追良家婦女的報導，若有則大犯人間倫理禁忌。女追男，也不常見成功的範例。要不是這類男性性格不合、身體殘缺或者科舉不中，大多在人間還是有個圓滿婚姻的。當然，古人還是願意為孤身下葬的妙齡女子，為半生不婚的青壯年安排合適的婚姻。男有分，女有歸，人與鬼各走各路，是謂大同。

人類在秀恩愛這件事上，能超出神仙的地方並不多。畢竟，神仙秀恩愛的方法超絕、形式多樣，而且境界高到人所不能及。當然，人類可欣慰的是，神仙的戀愛通常沒有什麼好結果。

有得必有失，人類失去了秀恩愛的超絕技能，卻也能收穫神仙渴慕的「白頭偕老，共赴黃泉」。

神叨至此，徐子偈曰：

情不知如何生起，愛何分神人聖俗。
牛郎織女鵲橋會，摩登伽女愛阿難。
愛情非人類專利，戀愛乃普世價值。
白頭偕老赴黃泉，不羨神仙不羨佛。

6 地獄的往事

地獄見過無數人，卻沒有人見過地獄。這主要歸功於地獄盡頭的那碗孟婆湯。因為有了這碗湯，凡人投胎轉世，一般都不會記得地獄的往事，還有上輩子的愛恨情仇。

不過，也有一種例外，就是死而復生者。他們從地獄遊歷了一遭，最後因為種種原因，沒有喝下孟婆湯，就直接返回陽間，自然也就躲過了記憶的全盤格式化。只有這種人，還能對地獄的見聞歷歷在目。

根據清代文人袁枚的說法，常州有位熱心做善事的人，叫做鐘悟，生活過得並不如意，最後抑鬱而終。在去世之前，他特地囑咐夫人不要把他入殮，因為他還咽不下這口氣，覺得到了陰間，一定會去跟閻王爺喊冤，憑什麼好人生前不如意又短命呢？

說不定閻王明察秋毫，冤民也會善有善報。好在陰間還有一位主持公道的閻王，讓在陽間受委屈的人，得到了補償。三天過後，鐘悟果真復活了。醒來後，鐘悟一五一十地把地獄裡的經歷說了出來。這些死而復活的人，用親身經歷為老百姓普及地獄的常識。地獄很複雜，但也跟人間一樣，死後的世界並非隨意想像。

地獄是個大集團

活人看不見的地獄，在人間卻有辦事處，總部在重慶豐都，也就是鬼城，各大分部就是東嶽廟、城隍廟。

閻羅王這個名字其實是佛教裡的說法，原先中國人死後都要去泰山神東嶽大帝那裡報到，就是在東嶽廟坐著的那位。

等佛教流行起來後，在人間和陰間的影響力都越來越大，人們也就把東嶽廟裡的那位叫成了閻羅王、閻王爺。東嶽大帝也沒生氣，自個兒就變成了閻羅王。東嶽廟的領導，就這樣成了閻羅王。除此以外，多事的活人們，還給閻羅王加了很多下級的主管和員工，還有女性員工——孟婆，最終成了一個大型地下集團。

地獄的最高長官便是閻羅王，閻羅王的直接下屬，相當於公司的各大主管們，分別是十殿閻王，分別主管地獄裡的十個辦公室，這十個辦公室，根據《閻王經》裡的辦公紀要，是這樣分工的。

地獄第一殿，殿長：秦廣王蔣，主管人類生死時間
地獄第二殿，殿長：楚江王厲，主管刑事案件
地獄第三殿，殿長：宋帝王余，主管違背尊老愛幼
地獄第四殿，殿長：五官王呂，主管偷稅漏稅
地獄第五殿，殿長：閻羅王閻羅天子，主管報仇雪恨
地獄第六殿，殿長：卞城王畢，主管隨地大小便
地獄第七殿，殿長：泰山王董，主管偷盜屍體、謀財害命
地獄第八殿，殿長：都市王黃，主管不孝順父母
地獄第九殿，殿長：平等王陸，主管殺人放火
地獄第十殿，殿長：轉輪王薛，主管核罪判刑

地獄裡的十個辦公室，各司其職，業務基本囊括人間一切罪過。特別是第十殿，職務最重，需要匯總前九殿的判案，做出終審，要麼判刑投胎為畜生，要麼交給孟婆喝孟婆湯，再投胎陽間，重新做人。

十殿閻王的分工，基本在唐代確立。因為唐代有十個道，也就是全國有十個大行政

區，地獄裡也相應出現了十大辦公室。唐代以後，到了宋代，地上的領土疆域減少了，地底下閻王的辦公室也相應有所精簡，演變為四大閻王。

宋代的地獄減員裁人，但是增加了新員工。在四大閻王裡，有三位是宋代有名的官員，包括寇準、范仲淹和包拯，再加一個隋朝的韓擒虎。因為發達的商品經濟，宋代不僅夜生活豐富，地獄生活也不蕭條。人間過得好了，地獄裡的閻羅王辦案也清明很多。

包拯生前清廉，斷案公正。去世以後，老百姓傳著傳著，就把他當作了閻王爺，單向宣布由包拯主管陰間，這也反映出人民群眾對於美好地獄的由衷嚮往吧。誰不想讓先人們到了陰間也能受到公平對待呢？

早在北魏，還真有經書這樣記載，說是某某和尚死後七日又活過來了，是因為經過閻王爺檢查，發現沒什麼大礙，就送回了人間。而到了宋代，由包青天主管的地獄，想必會更加清明公平吧。老百姓圖的不就是公平正義嗎。

地獄裡的老夥計

地獄裡最可愛的角色是牛頭馬面，最恐怖的是黑白無常，最無情的是孟婆。

中國人的本土文化裡，本來很少地獄生活，更沒有牛頭馬面這樣的怪物。佛教傳進

來後，不但帶來了閻羅王，也送來了牛頭馬面。這對老搭檔主要負責押送亡魂事宜，把人從人間帶到陰間，在陰間又從崔判官判案後帶到孟婆處喝湯，都有得他們忙。

另一對老搭檔——黑白無常，則主要聽從閻王爺的安排，負責到人間勾魂，然後帶回到地獄，充分扮演了「鬼使神差」的一半作用。

地獄裡最無情的角色應該是孟婆。孟婆前身是漢代有名的獨身女性，年輕時常做善事，晚年進山修煉，死後成為孟婆，主管人類的遺忘。

孟婆湯的味道很衝很刺鼻，集合了八種味道，有酸、甜、苦、辣、鹹、澀、腥、沖，直接打翻味蕾的前世記憶。孟婆湯的發明者——孟婆，利用忘川水熬製中草藥，讓人喝了好忘記前世因緣，來世重新做人。

地獄裡最讓人回味無窮的，大概就是這碗孟婆湯，它讓人遺忘。人類的痛苦，多數因為心靈的糾葛和回憶的重擔，大概上天也不想讓人太辛苦，專門設立了遺忘的這道關卡。喝了，也便過去了。

判官的交情

除了閻王爺和老夥計們，地獄裡還有個關鍵職位，就是首席助理——判官。判官是幫助閻羅王的首席助手，手裡握有生死簿，掌管著人類的生死命數。在民間傳說中，一般叫做崔判官。到了《聊齋誌異》裡，同等角色的判官叫做陸判。這位陸判在人間有個好哥們，叫做朱爾旦。他倆的結緣，源自朱爾旦的一次酒局賭博。

朱爾旦是個書生，讀書用功，但還沒考取功名。有一回，他的狐朋狗友慫恿他說：「朱爾旦，你不是因為性格豪爽大膽出名嗎？敢不敢深更半夜去十王殿，去搬那個陸判過來。你真要敢搬的話，我們就請你喝酒。」

朱爾旦聽了，心裡默想，這頓酒喝定了，有什麼不敢的。不一會兒，就把判官雕像給搬進來了。大家一看這陣仗，嚇懵了。朱爾旦笑了笑，有模有樣地擺起了酒局，一邊對著判官像說：「大宗師請多見諒，這回臨時請您出門喝酒，要是不嫌棄的話，下次您就去我家裡喝。」說完，就把判官像搬回了十王殿。

沒想到隔天晚上，等朱爾旦進房睡覺時，陸判掀開簾子，探頭進來。這下把朱爾旦嚇得半死，忙著問陸判自己是不是已經死了。陸判安慰他，笑著說：「別緊張，昨晚你不是邀請我來你家裡做客嗎？我這就準時赴會，你倒好，怎麼還在睡呢？」朱爾旦聽後，喏喏稱是，就在家裡擺起了酒局，跟陸判喝上了。於是，他們就成了好朋友。

朱爾旦與陸判的交情，日勝一日，有時竟然還睡在同一張床上。有一回，朱爾旦睡著覺，朦朧中感到疼痛，醒後竟然發現自己的胸膛被剖開了，陸判正在整理他的腸胃。朱爾旦嚇得驚呆了，又氣又慌張，罵著說：「我對你那麼好，你竟然要殺我！這是為什麼？」陸判聽了，不急不忙地說：「別緊張，我看你寫八股文不流暢，應該是心竅堵塞了，我剛好在地獄找到一個聰明的心臟，這就給你安上去，日後一定文思敏捷。」

朱爾旦聽了，將信將疑，在手術中又慢慢昏睡過去。隔天醒來，發現胸膛上還留著一道傷疤。不過，毫無大礙。朱爾旦還發現，此後寫八股文，有如神助，文思泉湧。可見，這位陸判非常可靠，值得來往。

在蒲松齡筆下，妖魔鬼怪皆可為友，可見幽冥世界之親近煙火、通融感情，完全不像古埃及幽冥裡那法度嚴苛的死神們。中國人的有情懷抱，足以從幽冥世界看出。

不過，遊歷地獄、死而復生、閻王求情、陸判交遊，這樣的事並不常見，地獄的轉世流程照舊運轉，該投胎為牲畜還是人類，各有各的命。在進入下輩子之前，一碗孟婆湯，辛酸苦辣、乾脆俐落、一飲而盡、前塵清零、新生重啟。

神叨至此，徐子偈曰：

投胎為人之前，地獄歷歷在目。
一朝喝孟婆湯，來生又是好漢。
陰間人間無異，大鬼小鬼有別。
假使君走一遭，千萬記得規矩。

7 中元節的狂歡基因

素以鬼而聞名人間的中元節，主調沉重哀婉，背後卻擁有被人遺忘的歡樂基因。那是因為人類忘記了，卻並不代表它不存在。

中元節本來不是鬼節，雖然早在漢代便有了雛形，不過那時的中元節，跟「鬼」沒多大關係，跟「地」的關係倒是更密切。

陰曆七月十五，差不多也就是陽曆八月中旬，第一季早稻和春小麥相繼成熟，每家每戶進了新米，就要感恩大地的哺育，用新米、豬蹄、酒還有其他食物來祭祀，中元節由是成形。中元節的伊始，便是對大地的禮敬。除了大地，物候氣象也是關鍵。此時正是由夏轉秋之際，先秦已經有專門的秋祭。不過，此時還非今日流行的中元節，只能說每年陰曆七月十五的祭祀，古已有之，後來又有了新因素的融入，特別是它的歡樂基因。

地官的赦罪

及至道教形成後，有了更加系統的理論。古人才慢慢知道，大地也有它的上司，有位專門的神明管理大地，他就是地官。

在宇宙最高主宰玉皇大帝之下，有三位分管具體事務的高級官員，他們主要管理天界、地界、水界，官銜分別為天官、地官、水官，合稱三官大帝。

這三位高級官員管的範圍都不一樣，而且每年都要過生日。天官的主要職責是賞賜福氣，生日便是正月十五元宵節，也稱為上元節。地官負責赦免罪孽，生日在七月十五，便是中元節。水官喜歡排憂解難，生日在十月十五，亦即下元節。

根據兩本道教經典《太上洞玄靈寶業報因緣經》、《太上三元賜福赦罪解厄消災延生保命妙經》的詳細報導，家住在北都宮中的地官大人，同時也被叫作「中元二品七炁赦罪地官，洞靈清虛大帝，青靈帝君」，他管的範圍極大，主宰三界十方九地，掌管五嶽八極四維，主要職責是考核男女老少的災禍和福氣等人生問題。每年七月十五，地官大人都會率領成千上萬的神仙、侍衛和士兵，千軍萬馬奔騰浩蕩下人間，考核人們的福禍和赦罪等問題。

老百姓們在這一天自然要恭敬等候，職業的道士還會參與幫忙。由於人類無法肉眼看見仙界人馬，道長們就把背後無形的故事表演出來，就變成了人們可以看見的法事，一代代傳承表演。

《太乙救苦天尊接引浮生法事》透露，道長們在這一天，就會扮成太乙救苦天尊，正坐臺上，其他仙界人員，恭候兩側。只見那太乙救苦天尊用寶劍敲打三次，象徵著破除地獄的大門，放無數鬼魂離開地獄的捆索，到外邊天地自由活動。然後，太乙救苦天尊開始念誦經文，為鬼魂說法。原本在兩側侍候的眾仙弟子，開始在臺上蹦蹦跳跳，象徵著拯救游離的鬼魂。過一會以後，太乙救苦天尊起身，站在臺上，用柳枝條灑水，這象徵著超度遊魂，讓它們獲得救贖。

於是，在道長們的帶領下，中元節成了一個轉危為安、脫苦得樂的日子。

地獄的解脫

原本祭祀大地的中元節，何時變成了我們今日熟知的鬼節？這要從佛教入華說起。佛教自漢代進入中原地區以後，也把一些新的觀念融進了中華文化，比如「十八層地獄」的觀念。地獄系統的進口，連帶著閻羅王、魔鬼、餓鬼、孤魂野鬼一起進口到中土。

在佛教進口以前，《禮記》說，魂氣歸天，形魄歸地。漢人傳統上認為人死後，會前往那個叫做「黃泉」、「陰間」的地下世界，那便是人死後形魄集中居住的聚居地。

佛教在漢代傳進來以後，給中國人普及了更成體系的地獄觀念，人死後到地獄報到，根據業報接受不同的吃苦待遇。

當然，佛法的確慈悲，即便是在地獄裡吃苦的鬼魂，它們也有權利出來享受短暫休假。每年的七月十五，在佛教裡便是鬼魂離開地獄，出來放風、探親、休假的時間。最開始，這得感謝目犍連尊者。

目犍連尊者是佛陀門下的弟子，他的母親在生前為富不仁，又濫殺牲畜，每天吃肉，死後自然去了地獄，還獲得了餓鬼道的待遇，經常飢渴難耐。目犍連尊者在神通中發現老母親的生活艱難，特地去送飯，不料飯剛碰到嘴巴，就化成煙霧消散於無形。尊者當然很傷心，於心不忍，就跑到佛陀跟前，諮詢解救母親的辦法。

佛祖聽了尊者的訴苦以後，便仔細跟尊者分析。根據佛教的觀念，餓鬼道的待遇，是出於因緣報應的客觀規律，單憑個人力量是很難改變的。除非到了七月十五這天，剛好是出家人的「解夏日」，也就是出家人結束夏天階段的修行，出關休息聚會的時候。在這天，師父們結束閉關，心情放鬆、時間充裕，順便反省檢討自己的過錯。「撞日不如擇日」，這天正好可以召集大德高僧，為墮入餓鬼道的老母親念經祈福。目犍連尊者聽後照辦，邀請高僧大德在這天集中祈福，還專門放了幾個大盆，用來盛裝宴請與會高僧的水果和食物。最後，目犍連尊者的亡母終於順利解脫。七月十五，於是成了佛教的盂蘭盆節。在梵語裡，盂蘭盆的意思便是解救倒懸的鬼魂。在這天，祖先的亡魂有了安妥，高僧大德得到供養，人、鬼、僧俱開顏，可謂一舉三得。

鬼道與人道

人有人道，鬼有鬼道。只有在清明節、中元節等節日，主角才從人輪到了鬼。不過，人有群分、物以類聚，鬼也有分別。清明節主要是祭祖，每家每戶都有先輩，定期祭祀，供養食物乃至 BMW、別墅（這當然已是現代人的特別關愛了）。中元節當然也懷念先祖，但更兼容並包沒有專人祭祀的鬼。從個人的小家顧及別人家，不得不說是更廣闊的人道了。

如果說，定居在陰曹地府的鬼魂，雖然日子辛苦，還不至於飽受居無定所的勞累。那麼，飄無定所的孤魂野鬼，雖然免去了地獄的刑罰，但孤獨遊蕩，又無子孫惦念，做鬼生活也毫無歡樂可言。

《聊齋誌異》裡有位著名的孤魂野鬼，叫做公孫九娘。主人公的故事並非瞎編胡造，而是來自「于七之亂」，當時滿清軍人濫殺無辜，山東境內橫屍遍野，儼如地獄。公孫九娘便是當時被殺而成冤魂的。因為偶遇前往濟南城辦事的萊陽生，便囑咐他收拾屍骨，葬回祖地。但沒想到，等萊陽生到了以後，才後知後覺——亂墳崗上野草叢生，根本就找不到九娘的屍骨。於是悻悻返回，公孫九娘對此無法原諒，即便做過幾日夫妻，但一氣之下再也不與他見面。

像公孫九娘這樣的孤魂野鬼，最大的願望可能就是擁有自己的合法住宅和良好的居住環境，最好莫過於回歸故鄉祖地，享受子孫親戚的定期祭祀。中國人葉落歸根的傳統向來如此，鬼也不例外。

除了這類因為大屠殺而造成的冤鬼以外，其他的孤魂野鬼，更多的是意外掉進水裡的，落入虎口狼胃的，誤入深山老林的。佛家放焰口[1]時便有文章細數，那些命喪異鄉的清官、屍首不全的將士、難產雙亡的母子、香消玉殞的宮女，甚至那些天庭無名、地府難容的修道人，都有可能成為孤魂。總之，孤魂野鬼生前職業不一，來源多樣，遍布士農工商僧道。舉凡因為天災人禍而意外身亡，並且無人收屍、無人祭祀的，皆有極大概

1　放焰口，是佛教和道教的超度儀式，為的是救助惡鬼。「焰口」指的是地獄裡口吐火焰的餓鬼。

率成為孤魂野鬼。

為了解救這些孤魂野鬼，中元節變成了各路和尚和道士的主場。中元節把這群孤魂野鬼也納入關懷計劃，專門為它們這個特殊群體發明了一些習俗，比如放河燈，任其飄蕩，引領掉進水中的怨鬼，從幽暗進入光明。又如燒街衣，捎給遊蕩在街角巷陌的遊魂，讓它們也能禦寒。

當然，老百姓也不管佛道兩家的各自理論，也不管中元節和盂蘭盆節的不同淵源，過著過著就混作一團。反正在這一天，主角都是鬼魂，人類都是配角，不管佛祖的信徒還是老君的門下，都會在這天幫助落難的鬼魂，找回安定和歡樂。一個節日，各自表述，終歸歡樂。

神叨至此，徐子偈曰：

七月十五敬大地，中元本為祭地官。
佛教地獄進口後，目連法會救餓母。
高僧道士忙普渡，善男信女競燒紙。
唯有魔鬼搶時機，出得鬼門來透氣。

8 灶王爺的年度述職報告

談灶王爺，要從魯迅先生談起。

「坐聽著遠遠近近的爆竹聲，知道灶君先生們都在陸續上天，向玉皇大帝講他的東家的壞話去了，但是他大概終於沒有講，否則，中國人一定比現在要更倒霉。」

一九二六年二月，魯迅在《國民新報》的副刊發表了〈送灶日漫筆〉。在這篇隨筆裡，魯迅提到灶君先生會向玉皇大帝說東家的壞話，然後又說應該沒講過壞話，不然老百姓會更加倒霉。

魯迅提到的「灶君先生」，就是俗話說的灶神、灶王爺。即使在今天的部分邊遠農村地區，也還有很多人家的灶臺上貼著灶王爺。更不用說在古代中國，幾乎每家每戶都會供奉這尊神明。灶王爺，可以說是跟老百姓的日常生活距離最近、也影響最大的神明了。因為，灶王爺直接就管人們的吃飯問題。有灶臺的地方，就有灶王爺。

不過，為什麼魯迅提到灶王爺講壞話呢？講什麼壞話？誰家的神明那麼缺德？老百姓又要怎樣「對付」這個神明？不妨來了解下這件事背後的灶神信仰。

灶王爺的來頭

幾乎每家每戶都有灶王爺，有灶臺就有灶王爺。灶臺可以說是一個家庭的核心之一，吃飯問題是首要的生存問題。灶王爺就是守護這個首要生存問題的神明，直接管到人的肚子。

祭灶的民俗，起源於遠古時期先民對灶臺的敬重。在遠古，火的發現與使用，可是一件具有歷史轉折性作用的大事。它使人類走出了茹毛飲血的時代，邁進了文明時代。用火燒灶不易，老百姓自然非常敬畏和珍惜，灶神信仰在這樣的背景裡逐漸形成。

不過，遠古時期的人們，通常從神話思維來理解這件事。所以對於灶王爺的來源，有相當豐富的說法。有說灶神的前身是黃帝，也有說是炎帝，還有說是顓頊的兒子。在《禮記》、《淮南子》裡，就有好幾種天差地別的說法。雖然種種說法不一，但這些灶王爺的原型都是「帝級」大人物，可見分量極為重要。

雖然灶王爺的來源沒有固定說法，但不管什麼來頭，他總有一身豪華的裝備和家當。我們經常可以在「紙馬」上看到灶王爺。「紙馬」就是繪製神像的紙，祭灶時會用來焚燒。在紙馬上，原來灶王爺也有老婆，就是灶王奶奶，又叫灶神奶。兩邊分別站著侍奉的童子，前方有灶火燒著，有時還有白馬趴著。這匹白馬，就是臘月二十三或二十四那天，灶王爺升天向玉皇大帝述職時的交通工具。侍童前面，有時會站著文武兩位財神，或者廁神、井神和門神。這些神明共同構成了一家子的守護體系，在冥冥中保衛著全家的起居日用。

在紙馬上，有時也會有對聯——「上天言好事，回府降吉祥」，就說出了老百姓對灶王爺的由衷期待。不少地方的「祭灶歌」也唱出了人們對灶王爺又愛又恨的心聲。

寧波的祭灶歌如此唱到：

又到臘月二十三，老灶爺爺要上天。
剪好草，拌香料，壯馬餵得咴咴叫。
走大道，過小橋，一路順風平安到。
別忘人間糖瓜甜，玉皇面前添好言。
多說好，不說壞，五穀雜糧多多帶。
大胖小子抱個來，家家敬仰人人愛。

祭灶果，供小菜，除夕夜晚迎您來。
多施恩，別作怪，老少早晚把您拜。

寧波的祭灶歌看起來言淺易懂，連孩子都能學唱。類似的還有福建長樂的祭灶歌。

尾梨[2]尖尖，灶君上天。
灶君上天言好事，灶媽下地保護儂。
庇佑儂爹有錢賺，庇佑儂奶福壽長。
庇佑儂哥娶哥嫂，庇佑儂弟討弟人[3]。

相比而言，四川的祭灶歌卻顯得非常潑辣。

這個時歲愁又愁，想敬灶神沒刀頭[4]。
年年敬你雞肉酒，你不靈應敬個球！

不管是敬畏灶王爺，還是嘲罵灶王爺，可見在老百姓的心目中，灶王爺的分量是很重的，足以影響一家人的生活品質。當然，他也是最難伺候的。這些祭灶歌裡都提到了「玉皇面前添好言」、「灶君上天言好事」，指的是灶王爺上天打小報告的事。在民間，大家都如此傳言，到底是怎麼回事？

為什麼灶王爺會打小報告？

魯迅說灶王爺愛打小報告，這事並非他個人編造。自古以來，在民間社會就廣泛流傳著灶王爺的這個傳說。

在漢代，鄭玄在《禮記．祭法》提到灶神「居人間，司察小過，作譴告者也」。在晉代，有位著名的道長葛洪，也提到了這件事。在他的「成仙大全」——《抱朴子》裡，有一篇《微旨》，裡邊說：「月晦之夜，灶神亦上天白人罪狀」。可見，至少在漢代，人們就知道了灶王爺有告狀的「不良習慣」。

---

2 方言，指的是荸薺。

3 方言，指的是弟媳。

4 方言，指的是臘肉。

有趣的是，在道教裡也有個類似說法。道教認為，人體內分為三部分——上尸、中尸、下尸，這個「尸」不是屍體的意思，而是主管身體的魂魄，也稱作「三彭」或者「三蟲」。這三個部位分別位於上丹田、中丹田、下丹田，合稱「三尸神」。每當人們熟睡時，三尸神就會升天去報告人們的功過罪惡。

其實，不管是人體內的三尸神上天告狀，還是家裡的灶王爺升天打小報告，都反映出古人對自我和宇宙的理解。天地人並不是互相獨立分離的，而是息息相關、互相影響的。

話說回來，不管關於灶王爺的說法有多五花八門，但都有相同的地方，那就是這些說法，恰恰都體現了人們對灶王爺的畏懼心理和重視程度——大家都不敢怠慢灶王爺。同在一個屋簷下的其他神明，比如門神、廁神、井神，都還得不到這種待遇呢。就是灶王爺讓人又愛又怕，愛的是他能保佑一家人的吃飯問題，怕的也是他向玉皇大帝告狀，導致全家人陷入災禍，最後吃不飽飯。

畢竟，就連孔子都說：「與其媚於奧，寧媚於竈」。灶王爺對老百姓的重要影響，可見一斑。為了對付這位不好惹的灶王爺，人們想出五花八門的辦法，但歸根結底，還是從俘獲灶王爺的胃口開始。

如何應對愛打小報告的灶王爺？

為了應付灶王爺愛打小報告這事，老百姓通常會在他升天之前，開始祭灶，討好灶王爺，好使他上天後多說好話或者乾脆閉嘴。

每年臘月二十三到二十四，就是灶王爺升天述職的日子，也是人間的祭灶節。通常，臘月二十三開始祭灶，灶王爺吃完了以後上天述職，到隔天打道回府。這兩天都要擺放好祭品。

在古代，不同朝代用來討好灶王爺的禮物，都是不一樣的。

在北宋，老百姓用酒和水果來對付。北宋的《東京夢華錄》記載：「都人至夜請僧看經，備果酒送神，燒合家替代錢紙，帖灶馬於灶上。以酒糟塗抹於灶門，謂之『醉司命』。」灌醉灶王爺，讓他升天後沒法正常說話，可以說這種辦法相當高明。

到了南宋，隨著商業的繁榮與發展，人們的飲食也更加多樣，用來「對付」或者「討好」灶王爺的食物也更多了。

南宋詩人范成大事無巨細地寫了一個南宋人家，在臘月二十四這天，準備了滿桌好酒好菜，好好招待灶王爺，讓他吃好喝好，最好還能醉醺醺地去天庭，這樣的話，打小報告的機率就大大降低了。

范成大在〈祭灶詩〉裡說：

古傳臘月二十四，灶君朝天欲言事。雲車風馬小留連，家有杯盤豐典祀。豬頭爛熟雙魚鮮，豆沙甘松粉餌團。男兒酌獻女兒避，酹酒燒錢灶君喜。婢子鬥爭君莫聞，貓犬觸穢君莫嗔。送君醉飽登天門，杓長杓短勿復云，乞取利市歸來分。

范成大在詩中提到的「豆沙甘松粉餌團」，這些食物通常很黏牙。在明代也差不多，人們討好灶王爺的禮物有糖、黍、餅、棗、糕、胡桃、栗、沙豆。（劉侗《帝京景物略》）還有其他文獻記載，老百姓會做餳、粉團、米餌等，反正都是想讓灶王爺吃了這些祭品以後，嘴巴和牙齒就都被黏住了，到了玉皇大帝面前，自然說不出話來。

因此，在民間社會，老百姓還流傳這樣一首民歌：「臘月二十三，灶君爺爺您上天，嘴裡吃了糖餳板，玉皇面前免開言，回到咱家過大年，有米有麵有衣穿。」這種半說好話半帶威脅的民歌，可以說唱出了老百姓幽默甚至狡黠的心態。人與神竟然如此和諧地生活在同一個屋簷下，也算是人間的趣味吧。

我們也不知道，當看到趕來述職卻說不出話的灶王爺時，玉皇大帝到底是怒氣衝天，還是哭笑不得？很有可能玉皇大帝因此喜笑顏開，賜福給地上的人家，讓灶王爺下凡繼續守護這群聰明可愛的老百姓。

神叨至此，徐子偈曰：

每逢臘月廿三四，灶王升天述職去。
一年好壞若供出，全家上下無和平。
為求日子繼續好，祭灶多擺糖與酒。
灶王享後醉醺醺，玉帝面前獻美言。

第三章

何方借來大神力，卡里斯瑪[1]危坐前

1 「洋氣」的媽祖

在文化中國的時空裡，陸地上有五花八門的神明，水上也有很多神明。管河流的，有河伯、水君、水母、李冰父子。管大海的，有伏波神、南海觀世音、媽祖、南海神。此外，還有一些「落寘海神」，可能一般人不太熟悉。《山海經》裡記載了南海神不廷胡余、西海神弇兹，今天很少人知道這些神明。《元史》曾親切地稱呼觀世音菩薩為「南海大士」，稱呼媽祖為「南海女神」，聽上去非常「洋氣」。其中，觀世音菩薩算是海陸兩棲的神明。真正影響力排第一的還要數媽祖。

在那麼多神通廣大的神明裡，為什麼只有媽祖在海上最有名、影響力最大，甚至引領了中國東南沿海一帶的神明界？

當然，除了因為媽祖長得好、心地好等「庸俗原因」以外，更是因為在她的背後，

---

1 卡里斯瑪，英文為Charisma，被德國宗教社會學家韋伯用來描述具有超凡魅力、神聖權威的宗教領袖。

也寄託著一段歷史演進的輝煌。

媽祖的進擊

媽祖原本是個人，不過是個帶有「特異功能」的人。她俗名林默，小名叫作默娘，之所以叫作「默」，據說是因為她生出來後就不哭鬧，有些地方志裡還說帶有祥光和體香，頗顯得大有來頭。

林默娘出生在福建莆田的湄洲島，在這座福建第三大島上，林家是個官宦之家。林默娘的父親是林愿，往前數上九代，先祖是唐代的州刺史。

相傳在林默娘小時候，發生了這麼一件事。有一次，林默娘閉著眼睛很久，以至於嚇到了她的父母親。他們趕緊叫醒默娘，不料默娘卻大哭起來。原來，她閉眼正是因為元神離身，在海上搭救遭遇風暴的兄弟。正當生死危亡的關鍵時刻，眼看默娘快救下兄弟時，突然被父母親叫醒了。林默娘醒來後淚流不止，卻又沉默不發一語。然而她父母詢問無果，便留下林默娘在屋中獨坐，雙雙離開閨閣。不久後，兄弟的死訊傳來，林氏雙親這才恍然大悟，林家都知道了默娘的特異功能。

類似這樣的神話故事，在民間流傳很多，版本也是各種各樣。但這些只能體現媽祖在小範圍裡的小名氣，還不能與後來跨越國界的大名氣相比。

林默娘在世上只生活了二十八年，有傳說在湄山飛升的，也有說在一次救助落難海船時，被傷到了性命。林默娘離開人世的傳聞版本很多，但自此以後，她開始了神奇的進擊之旅。

在林默娘去世後，湄洲當地人先是蓋了一座廟紀念她。人們紛紛開始尊稱她為媽祖。後來，宋徽宗賜下「順濟廟額」，過了三十多年，又受到了宋高宗的冊封，被封為「靈惠夫人」。

此後，雖然每過幾百年就改朝換代，但是一發不可收拾，朝廷動不動就喜歡冊封媽祖，各種頭銜名號五花八門。到了元代，媽祖被封為天妃。到了清代康熙年間，又被封為聖母、天后，這已經達到冊封女神的最高等級天花板，康熙給媽祖頒發的獎狀上赫然寫著——「護國庇民妙靈昭應弘仁普濟天妃」、「護國庇民妙靈昭應仁慈天后」。最誇張的還是咸豐年間的封號，已經達到了無以復加的地步：「護國庇民妙靈昭應弘仁普濟福佑群生誠感咸孚顯神贊順垂慈篤祐安瀾利運澤覃海宇恬波宣惠道流衍慶靖洋錫祉恩周德溥衛漕保泰振武綏疆天后之神」。

林默娘從人變為媽祖，總計三十六次冊封，經過夫人、妃、天妃、真君、聖母、太后、皇太后、天后等「八連跳」，在上千年的歷史演變中，又加入了「千里眼」、「順風耳」等神話元素，最終成為今天我們所看到的神通廣大的媽祖信仰。此時的媽祖，已經不是「媽祖娘娘」，而是「天上聖母」。

是海神，也是戰神

《天妃顯聖錄》裡記載了不少媽祖親自參與救助災民、抵禦外敵的豐功偉績。一一八三年，也就是宋孝宗淳熙十年，媽祖北上溫州、台州，助戰抵禦草寇，獲得勝利，捧回一個榮譽尊號「靈慈、昭應、崇善、福利夫人」。一二〇五年，媽祖又助威宋軍，在紫金山抵禦金軍，獲得加封「顯衛」兩個字。一二〇八年，抵禦草寇周六四。一二三七年，去錢塘江幫助築堤。一二五九年，幫助俘獲海盜集團陳長五兄弟。一四〇三年，在廣州大星洋救了下西洋的鄭和船隊。嘉靖年間，託夢御史，除了嚴嵩。

到了清代，媽祖的參戰記錄繼續保持。最有名的一次，莫過於發生在康熙年間的澎湖海戰。

康熙二十二年六月內，將軍侯奉命征剿臺灣。澎湖係臺灣中道之衝，萑苻竊踞，出沒要津，難以徑渡。侯於是整奮大師，嚴飭號令。士卒舟中，咸謂恍見神妃如在左右，遂皆賈勇前進。敵大發火炮，我舟中亦發大炮，喊聲震天，煙霧迷海。戰艦銜尾而進，左衝右突，凜凜神威震懾，一戰而殺傷彼眾，並淹沒者不計其數。其頭目尚踞別嶼，我舟放炮攻擊，遂伏小舟而遁。澎湖自是肅清。先是，未克澎湖之時，署左營千總劉春夢天妃告之曰：「二十一日必得澎湖，七月可得臺灣」。果於二十二日澎湖克捷，其應如響。又是日方進戰之頃，平海鄉人入天妃宮，咸見天妃衣袍透濕，其左右二神將兩手起泡，觀者如市。及報是日澎湖得捷，方知此時即神靈陰中默助之功。將軍侯因大感神力默相，奏請敕封，並議加封。奉旨：神妃已經敕封，即差禮部郎中雅虎等賫御香、御帛到湄，詣廟致祭。時將軍侯到湄陪祭，見佛殿僧房尚未克竣，隨即捐金二百兩湊起。

（《天妃顯聖錄》第二〇二／二〇四節）

康熙二十二年，也就是一六八三年，施琅率領軍隊攻打臺灣鄭氏政權。媽祖託夢軍中將領說「二十一日必得澎湖，七月可得臺灣」。於是，施琅大肆散布媽祖託夢。士兵們還看見了媽祖顯聖，軍心大振，奪得勝利。後來，施琅報告朝廷，給媽祖加封，於是就有了之前提到的天花板級尊號：「護國庇民妙靈昭應弘仁普濟天妃」、「護國庇民妙

靈昭應仁慈天后」。

《天妃顯聖錄》裡記載了大量有關媽祖的神跡奇事，至少包括窺井得符、機上救親、化草救商、掛席泛槎、鐵馬渡江、收伏晏公、伏高里鬼、奉旨鎖龍。在湄山飛升成聖以後，媽祖的助攻從莆田一帶擴展到江浙，又相繼發生了聖泉救疫、溫台剿寇、平大奚寇、紫金山助戰，最後到施琅攻臺等事件。

打仗，可不單單是人類的事情，神明也會來參加。更何況，發生在海上的戰爭，比陸地戰爭更加難有勝算的把握，充滿了各種不確定性。媽祖就在這樣的背景裡，從湄洲島上的一位女子，變成了庇佑當地百姓出海航行的海上女神，最後又變成了參與大型戰爭、衝鋒陷陣、飽受嘉獎的海上戰神。

當然，如果你在海上遇到危險，請記住一定要喊「媽祖」，而不是「天妃」。清代學者趙翼有一部讀書筆記——《陔餘叢考》，他這樣評論：「臺灣往來，神跡尤著。土人呼神為『媽祖』。倘遇風浪危急，呼『媽祖』，則神披髮而來，其效立應。若呼『天妃』，則神必冠帔而至，恐稽時刻。」意思就是說，海上漁民遇到大風大浪，喊媽祖媽祖就到，林默娘一番素顏、馬上趕到。要是隆重地喊一聲「天妃」，林默娘可能就得仔細打扮一番，戴著皇冠、穿著華服出場，等她趕到時，恐怕為時已晚了。雖然這在今天看來很像電影場景，但也很能反映古人對媽祖那種親愛又敬畏的心態。

海洋移民的鄉愁

在華人向海外移民、發表海洋貿易的過程中，媽祖也是不可或缺的重要角色，扮演著凝聚人心、整合社群、安慰鄉愁的角色。

在施琅攻臺前，鄭氏政權和臺灣民間以信奉「玄天上帝」為主流。施琅和清政府奪取臺灣以後，為了收復民心，一方面在臺灣大力推廣媽祖信仰，畢竟在施琅他們看來，是媽祖站在了清軍一邊。另一方面，清政府鼓勵福建百姓向臺灣移民、拓荒墾殖。

許多福建移民到了臺灣以後，都會帶上故鄉的媽祖信仰。而在臺灣的媽祖信眾，也重視從湄洲島祖廟分靈敬奉。在臺灣的媽祖，有各種有趣的稱呼，可謂爭奇鬥豔，有「開臺媽」（即首位來臺的媽祖）、「大甲媽」（即在臺中大甲鎮瀾宮供奉的媽祖），另外還有更加親昵的稱呼：媽祖婆、婆仔、姑婆祖等等。

除了臺灣，在香港、新加坡、日本、韓國、印尼，乃至美國、加拿大，有很多華人聚居的地方都有媽祖廟。媽祖信仰，已經成為海外華人與原鄉的文化紐帶，代代傳遞著一個海上中國的鄉愁。

媽祖由人變神，是地方文人、民間信仰和朝廷政治不斷參與、共同塑造的。媽祖由地方信仰演變為國家級信仰，是朝廷不斷冊封，以及媽祖不斷參與國家大事的結果。與此同時，被整個國家不斷「冊封」的媽祖，也「不負眾望」，率領人們征服大海。這些最終都共同構成了中華文化裡最具海洋氣息的媽祖文化。這樣說來，媽祖真的足夠「洋氣」。

神叨至此，徐子偈曰：

媽祖本是林默娘，長在閩南湄洲島。
平生最愛救孤弱，死後祀為大夫人。
遠渡重洋隨漁民，天妃天后次第升。
最後封為女戰神，海洋鄉愁永流傳。

2 觀音菩薩「變性」記

觀音菩薩，大概是中國觀眾最熟悉的「女神」之一。只要看過《西遊記》，都能記住觀音菩薩的長相。但對於觀音菩薩的身世，只怕多數人都是模棱兩可或者印象缺失。這事不難，可以先從觀音菩薩的身分證說起。

觀音菩薩：中國人最熟悉的佛教「女神」

觀音菩薩身分證上的正式名字很長——叫作「大慈大悲救苦救難觀世音菩薩」，有時也叫作「大慈大悲救苦救難廣大靈感觀世音菩薩」。菩薩是姓名，前面一串文字都是修飾語，用法類似「住在約克郡長橋村樂於助人的喬治先生」。像明末的嘉靖皇帝就稱自己是「九天弘教普濟生靈掌陰陽功過大道思仁紫極仙翁一陽真人元虛玄應開化伏魔忠孝帝君」。

凡人大概都擔不起這樣的名號，只有神明和皇帝可以，只要能顯示其無上功德，不管取多長的名字都行。不過，到底叫起來麻煩，老百姓們還是簡稱「觀音」為好。

人有戶籍，神明亦有道場，觀音菩薩又是來自何方的神聖？佛教在印度老家，大家朝聖的一般是供養佛祖的道場，比如四大聖地：佛祖出生地方——藍毗尼園，悟道的地方——菩提伽耶，首次講法的地方——鹿野苑，涅槃的地方——拘尸那揭羅。但在中國，連菩薩的道場也被供奉，大家朝聖的可是四大名山：文殊菩薩的五臺山、觀音菩薩的普陀山、地藏菩薩的九華山、普賢菩薩的峨眉山，都是很有名的道場，每年都有大批的朝聖信眾和遊客前往。

說到底，因為菩薩信仰在中國的影響力實在太大。在民間社會，甚至不誇張地說，菩薩的影響力可能並不下於佛祖。

其實，早在佛教傳入中國時，人們大多只供奉佛祖而已。但在歷史的進程中，菩薩的影響力卻越來越大。這事，還得從菩薩由男變女開始說起。

觀音菩薩如何由男變女？

從男神到女神，觀音菩薩的性別和長相，到底由誰說了算？鑑於菩薩的性別是一個嚴肅問題，這件事必須搞清楚。

「菩薩」在梵文裡的發音是「菩提薩埵」，簡稱「菩薩」，意思是覺悟的有情眾生。當佛祖傳揚佛法忙不過來時，就需要有專業人士來幫忙協助解救眾生，所以就有了菩薩。

如果把佛教比喻成一個創業團隊的話，佛祖當然就是創始人&CEO，菩薩就是總監級別的角色。不過，這個總監職位人員不少，相傳在佛祖的法會上就有八萬名菩薩，其中「首席總監」級別的菩薩大概有十幾位。

在佛教的印度老家，菩薩清一色是男性。佛經裡經常用「善男子」、「勇猛大丈夫」這樣的詞語來稱呼菩薩，用現在的話說，「善男子」就是品行和相貌都很美好的男子，通俗地稱呼菩薩為「美男子」，也不為過。

即使移居到東土，「美男子」觀音菩薩在南北朝之前，通常還是男性形象。唐代之前在中國流傳的菩薩形象，也都散發著濃濃的男人味——鬍渣、肌肉、厚嘴唇、高鼻梁，大概是當時佛教徒心目中的菩薩模樣。這些樣子今天還可以從敦煌壁畫裡看到。

到了唐代，菩薩已經由男變女，此後女相延續至今。唐代的道宣和尚曾在《釋氏要覽》裡提到了後來畫風的改變：「造像梵像，宋齊間皆唇厚鼻隆，目長頤豐，挺然丈夫相。自唐以來，筆工皆端嚴柔弱似妓女之貌，故今人誇宮娃如菩薩。」

在唐代，觀音形象開始由男轉女。《普門品》、觀音傳說與塑像的廣泛流傳，使得菩薩信仰深深融入當時的市井生活和家居日用。此外，還有一點原因就是妙善公主傳說的流傳。

妙善本是西峪國妙莊王的三女兒，生性良善，喜愛修仙生活，因為父親早早將她許配給鄰國的太子，妙善為逃婚而躲進白雀寺。她的國王父親一氣之下燒了寺廟，所幸妙善被人帶到香山。後來，國王生了重病，妙善親自前去獻上眼和手作為藥引。國王因而懺悔，妙善當場佛光普照，此後便是我們至今常見的觀音形象。

宋代的說唱文學《香山寶卷》、明代的白話小說《南海觀音全傳》，都記載了妙善成為觀音菩薩的傳說。這些書籍通常用白話寫作，易於傳唱，在民間的普及度很高。一傳十、十傳百，老百姓自然容易接受觀音的女性形象。更何況，作為女性的觀音，更能體現救苦救難的慈悲心。

不但如此，觀音菩薩的原型換做了妙善，印度老家也變成了普陀山。那個時候，人們不再覺得觀音菩薩住在印度最南邊的角上，莫科林岬角的補怛珞珈山。觀音就是中國人妙善公主，道場就在普陀山。

一位觀音，多種長相

在《西遊記》裡，每當孫悟空和取經團隊鬧翻時，常常跑到觀音菩薩那裡訴苦，觀音簡直就是悟空的心理醫師和智囊團。

觀音菩薩給我們的印象，一般都是長得雍容華貴、佛光普照，穿著長長的薄薄的白衣、手裡托著淨瓶，瓶中插著兩三根柳枝。出場時總是踩著蓮花和白雲，說話時還有點空靈的回音。

不過，這還只是大眾傳媒裡的形象。在佛經裡，菩薩還有更多樣的面貌。

在密宗裡有七位菩薩，裡邊還有一位長著馬頭、有三張臉和八個手臂的菩薩。在漢傳佛教裡，一般說法是觀音菩薩至少有三十二種面貌。《法華經》有這麼一句話：「三十二應身觀音」。《楞嚴經》也說觀音有三十二種變身，應對三十二種特殊狀況。《普門品》則說觀音有三十三種形象。

一般讀者耳熟能詳的觀音菩薩，有送子觀音（抱著孩子的）、白衣觀音（穿白衣服的）、魚籃觀音（提著魚籃的）、淨瓶觀音（拿著淨瓶、瓶中插著楊柳的）等等。

在民間社會，還有一些稍微有點「奇葩」的觀音雕像。有位叫作「蛤蜊觀音」，就是披著蛤蜊外殼的觀音。一看外表，就知道來自海邊，是為著保佑漁民的。

相傳唐文宗愛吃蛤蜊，官員們為此剝削漁民，大肆進貢。有一次，御廚們發現了一隻怎麼撬也撬不開的蛤蜊，都覺得稀奇，就獻給皇帝。到了皇帝面前，這隻蛤蜊才緩緩打開，裡面竟然出現一尊觀音。唐文宗被嚇到了，這才醒悟，知道進貢得罪了觀音菩薩，就命令官員趕緊停止進貢。於是，一尊「蛤蜊觀音」就這樣新添進中國的觀音榜單裡。

還有個叫作「遊戲觀音」的，可不是為了保佑愛打遊戲的小學生，而是說這尊觀音像，非常自由自在，很放鬆、很親切，並不是端著不能親近的模樣，而是能及時幫助人們的。

同樣，「魚籃觀音」也不是賣魚的，而是說觀音度化漁民的故事。有意思的是，很多觀音都是坐姿或站姿，唯獨這位「魚籃觀音」卻是正在走路的姿態，雙腳一前一後，提著魚籃，好像就在街市上行走，隨時普度眾生。

的確，「魚籃觀音」工作非常盡職，為了宣揚佛法甚至不惜以結婚為代價。相傳，「魚籃觀音」曾到某個沿海地區的小漁村宣揚佛法。因為長相美麗，引來一群單身漁民的圍觀，紛紛表示愛意。「魚籃觀音」不緊不慢地說：「你們那麼多人，但我只有一個，總不能每個人都嫁吧？不然，我教你們讀佛經，誰要是能背出來，我就嫁給誰。」

於是，觀音教給他們《普門品》。隔天，有一半人能背出。於是觀音又教這一半人念《金剛經》，因為難度問題，隔天只有三四個人才能完整背出來。觀音再次教他們《法華經》，最後只有一位叫做馬郎的漁民能夠順利背誦。可是觀音畢竟是神聖人物，不可能有婚喪嫁娶。在成婚那天，新娘觀音無故死去，屍體快速腐爛。新郎一頭霧水，繼而看破紅塵，終日念誦當初學會的《普門品》、《金剛經》和《法華經》。觀音看了非常感動，就化身去把實情告訴馬郎。馬郎聽後覺悟，把自家茅房改成佛堂，最終皈依我佛。這便是魚籃觀音與一群漁民的故事。看來，觀音為了普度眾生，真是想盡辦法，用不同的人設和外貌，貼近不同的群體。

總體觀之，這些觀音的外貌特徵不一樣，體現的使命和功能也不一樣。不同階層的人有不同的需要，相應地，觀音也就顯出不同的面相來。

如何辨認四大菩薩？

除了觀音菩薩，還有其他幾位著名的菩薩。這些菩薩都在善男信女的打扮下，紛紛在東土安家，四大道場陸續出現，四大菩薩安居樂業。

新的問題又來了——古有八萬菩薩迷亂眼，今有四大菩薩坐道場。如何有效辨認出長得差不多的菩薩，這是一個問題。

為此，此處特有以菩薩的體態、坐騎、道具等特點集合而成的菩薩名片，請仔細端詳，以免進錯道場、拜錯菩薩。

五臺山文殊菩薩

原名：「文殊師利」，意思是吉祥美妙

體態特徵：臉特別大。手持寶劍、書卷或花蔓不定

性格：以智慧出名

名言：五字真言——阿囉跛者曩

坐騎愛寵：青獅

峨眉山普賢菩薩

原名：「三曼多跋陀羅」，意思是普天同慶

體態特徵：戴著一頂很大的五佛冠，手持如意

性格：以實踐出名

坐騎愛寵：六根象牙的大白象

普陀山觀音菩薩

原名：「大慈大悲救苦救難觀世音菩薩」

體態特徵：長相特別好看的那個，愛穿白衣服、手托淨瓶

性格：以慈悲出名

名言：六字真言、六字大明咒——嗡嘛呢唄咪吽

主管範圍：全天下都管，特別是求孩子的

坐騎愛寵：騎過大象、獅子、水牛、東海蛟龍，也踩過蓮花、白雲

道具：蓮花、淨瓶、柳枝、念珠、竹葉

九華山地藏菩薩

原名：「乞叉低蘖沙」，意思是大地之神

體態特徵：左手持錫杖，右手拿寶珠

性格：以使命感出名

名言：「地獄不空，誓不成佛，眾生度盡，方證菩提」

主管範圍：陰間

坐騎愛寵：也是獅子，不過叫作「諦聽」，擁有讀心術、查戶口等超級功能。別忘了，這隻叫作「諦聽」的獅子曾經成功辨認出孫悟空和六耳獼猴

如果經由上述說明，仍然無法辨認的話，那實在只能誠心阿彌陀佛了。其實，菩薩形象如此紛繁複雜，恰恰反映了人類與神明之間的互動關係。

一方面，菩薩的本土化和女性化，正好體現出中國老百姓對外來宗教的強大改造力。畢竟，連性別都能變，還有什麼是不能變的呢？

另一方面，人類將自身的心靈期待和生活需求，投射到信仰裡，反映到觀音的塑像、圖像等物質載體上，這些載體又會反過來回應人類的期待，形成了一種彼此互動的關係。貴為菩薩，也可以送子、提魚籃、進蛤蜊。

正是在這種互動關係裡，各種各樣多元的人類精神文化和民俗現象，層出不窮，成為老百姓生活裡一代代延續的心靈寄託。

神叨至此，徐子偈曰：

菩薩本是印度男，移居東土變女相。
善男善女皆敬拜，四大菩薩成管家。
上天下海住地府，送子佑財保平安。
三十二種變身相，多變無非渡蒼生。

3 西王母的約會史

西王母，就是住在西崑崙的王母娘娘，她向來是催生經典神話的幕後主使。如果沒有她賜給后羿的兩顆不老藥，就沒有嫦娥偷吃，飛升奔月，住進廣寒宮的傳說。如果沒有她的蟠桃盛會，孫悟空也就不會偷吃蟠桃，大鬧天宮。天蓬元帥也不會喝醉酒，去調戲嫦娥，又轉世錯投豬胎，最後成了豬八戒。如果沒有她那支金釵變成的銀河，也就沒有牛郎織女的鵲橋相會。

多少人、獸、仙，因為她而改變了命運。多少經典神話，因為她而催生，成了老少皆知的笑談。不過，貴為天庭女神的她，自己卻是命途多舛、人生不順，尤其是她的感情問題。

《山海經》裡的「母老虎」

最早出現在人類文字記憶裡的西王母，是在《山海經》裡。但是，《山海經》卻根本沒把西王母當作人來寫。

在那個時候，西王母還是半人半獸的模樣，擁有豹子般的纖長尾巴、老虎般的鋒利牙齒，頭髮蓬鬆四散，戴一頂羽毛冠冕，平時住在山洞裡，常常在山谷裡咆哮。這幅「母老虎」一般的野性形象，讓諸多考古者推測，西王母大概就是西域某處大型原始部落的女首領。

西王母的領地就在崑崙山一帶，主要職務是負責管理上天用來人間的各種災難和凶星。作為天帝的女兒，西王母的人間駐地頗為豪華，排場也很講究。每當她準備吃飯時，總有三隻青鳥為她覓食。出門辦事，或是約會或見人，也是青鳥開路。此事讓後世的李商隱寫詩時也一直惦記著——「青鳥殷勤為探看」。作為西王母的貼身使者、情書信使，甚至外賣快遞人員，青鳥的貼身服務，讓西王母顯得尤為尊貴。當然，西王母還是像「母老虎」一般淩厲，給人一種陰風陣陣的印象。

《山海經》裡的西王母如此淩厲，同是成書於戰國時期的《穆天子傳》，西王母卻搖身一變，成了與周穆王酬酢甚歡的女神。

未竟情思：西王母和周穆王

作為中國史上最早的旅行大師，比西漢張騫出使西域早八百年前，周穆王就來了一次西行漫記。

或許是對西王母傾心已久，或許也是為了西巡尋求結盟，或許還是為了用東土的絲綢換取西土的特產，周穆王去見西王母的初衷，眾說紛紜。但可以肯定的是，兩漢兩晉時期的文人更願意相信，除了政治結盟以外，周穆王和西王母之間應該還存在著愛戀情愫，後來這個故事也成了「凡人求仙」、「英雄尋美」的一種淵源。

周穆王與西王母之間的曖曖情愫，似乎有史可稽，可作為上古的愛情故事。《穆天子傳》卷三記載：

乙丑，天子觴西王母於瑤池之上。西王母為天子謠，曰：「白雲在天，山　自出。道里悠遠，山川間之。將子無死，尚能復來？」天子答之，曰：「予歸東土，和治諸夏。萬民平均，吾顧見汝。比及三年，將復而野。」西王母又為天子吟曰：「比徂西土，爰居其野。虎豹為群，於鵲與處。嘉命不遷，我惟帝女，彼何世民，又將去子。吹笙鼓簧，中心翔翔。世民之子，唯天之望。」天子遂驅升於弇山，乃紀丌跡於弇山之石，而樹之槐。眉曰：西王母之山。

當時，周穆王坐著八匹馬拉動的大車，浩浩蕩蕩，從京城出發，向西而行。他翻山越嶺，歷經九個多月，跋涉一萬多里，終於來到西王母所在的崑崙山。周穆王帶來了東土的白圭玄璧、織花絲帶等，作為禮物送給西王母。接著，他們在瑤池一同出席了盛大的宴會。正當他們在席上喝酒，醉意微微之際，西王母詩興大發，伴著笙鼓的樂音，唱了一首短歌，後世名曰〈白雲謠〉：「天上飄著白雲，山陵隆起陰影。你我之間，路途遙遠，山川相隔。願君活百歲，何日能再來？」

聽完這位西方貴人的短歌，周穆王若有所思，心中淌著暖流，他接著唱道：「待我回到東土，和諧治理諸夏，等到百姓富裕，我會再來見你。不用等三年，我就會再來。」西王母聽了，心中感動，先前離別的憂傷，仿佛得到了些許安慰。她這樣應和：「自從我來到西土，和虎豹喜鵲同處。因為我是天帝之女，守土有責、不能移居。聽吧，那笙和鼓的聲音，我的心也隨之飛翔。你是天下的君王，也是上天的期望。」

顯然，西王母借景抒情，心中有不能明說的無限情愫，讓笙簫鼓聲代為言說。當然，智慧如周穆王，一定也理解西王母半遮半掩的那番話。「好事者」如兩晉時的郭璞，就曾猜測他倆的隱微關係，還專門在《山海經圖贊》裡提及「天帝之女，蓬髮虎顏。穆王執贄，賦詩交歡，韻外之事，難以具言」。看來，這件大事，給了後世的文學家足夠的想像空間。

在一唱一和之後，酒罷歌停，周穆王辭別西王母，返回東土。臨走之前，周穆王特地坐車登上弇山，也就是崦嵫山，在山上種下了槐樹，還豎立石碑，石碑上刻著「西王母之山」。從此，槐樹年年開花，石碑巍然聳立，周穆王卻再也沒有重返西土。同年，西王母回訪過周穆王，不過沒有留下詳細的記載。

周穆王與西王母之間是否存在真情，我們不得而知。對先民悠遠故事的附會，向來是人類的本能。漢代兩晉的遊仙詩，常將周穆王巡遊類比為求仙求愛之旅。但是文學的想像，尚不能替代真情的發生。所能確知的，就是周穆王急著返回東土，除了惦念諸夏百姓，體弱多病的盛姬，也常讓出門在外的周穆王朝思夜想。他這次急著回去，一定也渴望見他的愛人盛姬。

周穆王的離去，已成定局。西王母的情愫，何能安慰？到了漢代，西王母親自穿越時空，主動去見了漢武帝。

不老信物：西王母和漢武帝

東漢歷史學家班固的《漢武故事》，就記載了西王母會見漢武帝的故事。有一天，西王母派使者告訴漢武帝，七月七號會來造訪。漢武帝聽了又是戰兢又是驚喜，歷世歷代傳說裡的天界女神，如今終於可一睹芳容。於是，漢武帝吩咐把皇宮裡的角角落落都打掃乾淨，還點起了九華燈，精心布置了一番。

等到元封元年七月七號那天，西王母真的如約而至。當時，漢武帝正在承華殿吃飯，中午時分，忽然看到青鳥紛紛從西邊飛來，集合在殿前。漢武帝見此狀，就問東方朔發生了什麼事。東方朔說：「陛下，這是西王母的探路使者青鳥，看來傍晚的時候，西王母就會大駕光臨，現在應該盡早打掃，等候西王母。如此盛會，事不宜遲。」

漢武帝聽完，趕緊吩咐宮女們布置帷帳，點起兜渠國進獻的兜末香，並把宮門也塗上了香，香氣散發數百里，當時關中地區正在經歷一場疫病，死亡的人很多。自從那天聞到了兜末香，病人們都紛紛康癒。

當天晚上，雖然萬里無雲，卻隱約可聽到雷聲，整面天空都發紫。原來是西王母降臨了！且看西王母乘坐紫色的大車，車兩旁仙女列隊隨行，兩隻御用青鳥在西王母身邊侍奉。西王母走出車後，漢武帝上前迎接，邀請她進殿坐席。

進了宮殿，西王母拿出自家的仙桃送給漢武帝，並說：「這是蟠桃園出產的仙桃，是太上之藥，吃了以後能長生不老。」西王母總共帶了七個蟠桃，自己吃了兩個，剩下五個給漢武帝。漢武帝吃了以後，留下桃核，交給身邊侍衛。西王母見狀好奇，說：「您留下桃核做什麼？」漢武帝笑著說：「這個仙桃真是太美味了，我打算種在御花園裡。」聽到漢武帝這番話，西王母笑了，她說：「這蟠桃三千年才會長出一個，中夏大地土壤稀薄，比不上天界，是長不出來的。」漢武帝聽了以後，這才作罷。西王母與漢武帝交談不久，就離開漢宮，返回崑崙山。

這次的會面意義重大，完全改變了西王母在人間典籍裡的形象，讓她從母老虎一般的野獸之神，改頭換面為雍容華貴的女神。不過，西王母再次與帝王相會，來去匆匆，除了言談間的關心，以及表達情意的蟠桃以外，並未留下真正的愛戀故事。西王母的感情問題，依然沒有得到妥善解決。

終成眷屬：西王母和玉皇大帝

自打漢代的相會事件以後，典籍裡的西王母，就一直保持著天界女神的形象。到了唐代，西王母更是成了仙界的女皇帝，但凡有女性成仙，到了天界，一般都要先拜訪東華帝君，再覲見西王母，然後才能去拜見元始天尊。

東華帝君，也就是東王公、木公，住在東荒山，原型從伏羲等太陽神演變而來，主管考核神仙等級。所有升天的人，男性要先去東王公處、女性要去西王母處，登記備案、接受評級，然後才能去見元始天尊。

老百姓經常傳說東王公和西王母是夫婦，一東一西、一陽一陰，剛好配對。不過這種對偶的附會，大概是後來的做法。西王母參與人間的事務，比東王公更早更豐富。東王公在其後出現，然後就被配對，大概也是出於民俗對於陰陽協調的思維方式。

還有一種更常見的說法，就是西王母是玉皇大帝的夫人。西王母究竟什麼時候跟玉帝結的婚？

反正在周代時，當穆王與西王母會面之際，西王母身邊並沒有出現伴侶。可能有兩種狀況，要麼，當時西王母統治的地域是母系社會，一切以女王為權力中心，而男主角戲分極少。要麼，當時的西王母還是單身。此時，老百姓也不知道如何給她安排一位合適的伴侶。

西王母的另一半——玉皇大帝，他們一起作為夫婦出現時，還要等道教產生以後，典籍裡開始讓他們配對出現。和玉皇大帝聯姻後的西王母，成了我們熟知的「王母娘娘」，主管天庭的婦女界，以及宴會事宜，身分證上的正式名字也改為「上聖白玉龜臺九靈太真無極聖母瑤池大聖西王金母無上清靈元君統御群仙大天尊」。

此時的王母娘娘，經營著偌大的蟠桃園，喜歡每年舉辦蟠桃盛會，也經常過問仙女下凡之事。嫦娥和織女的故事就此展開，吳剛和牛郎的悲劇隨之亮相，悟空的大鬧天宮從此肇始。總之，在以後的神話文學裡，王母娘娘常以「被損害者」的形象出來，默默背負著天庭的委屈，承擔著華夏神話的發動源頭。

一部西王母的約會史，也就是她由獸而人、由人而神，乃至天庭第一夫人的歷史。西王母曾經相約的帝王們早已作古，而她依舊躲在嫦娥、悟空、織女的背後發笑呢。

神叨至此，徐子偈曰：

王母本是母老虎，三隻青鳥覓食勤。
崑崙穴居瑤池宴，穆王武帝相約見。
王母尊榮攝人心，往後許為玉帝婦。
嫦娥織女事紛紛，唯有王母安無恙。

4 孔子成神記

他是周遊列國的遊士，是喪家犬一般的落魄文人，是在杏壇講學、有弟子三千的老師，也是享受皇家祭祀的「至聖先師」，更是那個在所謂「南文昌，北孔子」裡，與文昌帝君齊名、主管知識界的文神。從廟堂到民間，集合了人、聖、神的多重面貌，他就是孔子。

可愛的喪家犬

孔子本是可愛的，後世的帝王將相們，把孔子精心打扮一番，反而不可愛了。五四運動要打倒的孔家店裡，一個也不是孔子真身，全是替身，是孔子徒孫們手塑的雕像。

孔子的可愛，從他身處困境時的自嘲最能看出。有一回，孔子到了鄭國，跟弟子們走散了，就獨自站在城門下。子貢很著急，到處向人打聽有沒有看到孔子。鄭國人說：「你說的是不是站在東門的那個人，額頭像堯，脖子像皋陶，肩膀像子產，但是下半身還沒到大禹的三寸。總之，看上去就像喪家犬。」子貢抓住這條線索，急忙趕往東門。趕到以後，發現孔子果然就在那裡。見到孔子後，子貢就把剛才鄭國人的話如實相告。孔子聽了大笑，說：「他說我的外貌，還不是很像，說我是喪家犬，那真是說對了！」

這就是孔子，雖然深陷困境，也還不忘自嘲。不單孔子是可愛的，先秦時代的諸子們也是可愛的，即便吵架時也不例外。看看孔子的反對派們，墨子說孔子「詐偽」，莊子批孔子「笨拙」，列子則諷刺孔子學問不如辯日的兩小兒。或批評、或揶揄，總之都是平等的對話，孔子毫無神化的跡像。

孔子一生都在走「成人」的路，「成人」就是成為君子，君子成人之美。但他可能怎麼也想不到，生前不語怪力亂神，身後自己反倒成了怪力亂神。只是，這尊神像上鍍滿了帝王恩賜的金箔，刻著儒生文飾的教條，讓旁人不敢揭穿罷了。

不過，歷史泱泱，還是有幾張堵不住的大嘴巴。明代狂人李贄，平生素以反禮教出名，隨身攜帶批判的武器，經常棒喝那些滿嘴仁義、滿腹娼妓的道學家們。在他的《焚書》裡，講過一個有趣的故事。

湖北籍才子劉諧，遇到了一位滿口三綱五常、身穿長袖闊帶的資深道學先生，劉諧笑著說：「您還不知道仲尼是我哥哥吧？」道學先生一聽就火冒三丈，趕緊說：「『天不生仲尼，萬古如長夜』，你是誰？竟敢說仲尼是你哥？」劉諧回應道：「難怪伏羲之前的聖人，都是整天靠燒紙照明的。」道學先生聽了啞口無言。

如果站在李贄、劉諧的反禮教立場，任何人聽了這則故事都會跟著笑話道學先生。要是站在孔子的支持隊伍裡，可能情況就不同一般了。

至於孔子的支持者，他的三千子弟、七十二賢人自不必說，就是隔了好多代的公孫羊對祖師爺也非常虔誠。司馬遷在〈孔子世家〉的最後點評，還是一表「高山仰止，景行行止」的五體投地。不過，那時的畫風已經變了，出現了遠比司馬遷更為誇張的支持者。

一位孔子，多個版本

孔子是個人，這點應該沒人懷疑。即便在民國時，有位以狂著稱的學者——顧頡剛先生，他曾經懷疑過大禹是條蟲，但還不至於懷疑孔子不是人。但是在古代，孔子又不僅僅是個人，也是個神，或者說是個帶有神力的非凡之人。

可愛的孔子，打開了後人的想像力。只是一個家庭出身的問題，就讓很多人糾結了。

史家如司馬遷，雖敬仰孔子，卻也不避諱孔子的身世，他就說孔子乃「野合而生」。「野合」有不少意思，字面意思露骨，說的是——野戰。有其他儒生專門注解說，孔子父親叔梁紇是士大夫階級，母親顏徵在是平民階級，兩者社會地位差得太多，此椿婚姻，不合禮也不合理，是為「野合」。

還有人說，那是因為孔子的父親叔梁紇七十二歲時娶了顏徵在，年齡差距太大，不合禮也不合理。更何況，叔梁紇此前就生了九個女兒，還有一個瘸腿的兒子。此之謂「野合」。

不過，我們現代人還是不能低估先秦時的自由風氣，根據《周禮》透露，那時「中春之月，令會男女，於是時也，奔者不禁，若無故而不用令者，罰之，司男女之無夫家者而會之」。先秦的法律專門安排節日，讓男女約會，不遵守還得被罰款。由此來看「野合」，第一種解釋雖不合理，卻也有點合情了。

孔子的家世成謎，特別對於漢代人而言，更是謎中謎。司馬遷的《史記．孔子世家》，從孔子的貧賤童年，說到哀榮備至的身後，整體還算平實。對於孔子的家庭出身問題，還有其他更誇張的版本。

漢代的《春秋緯》，這樣說孔子的來歷。

孔子母顏氏徵在遊太塚之陂，睡夢，黑帝使請與己交，語曰：「女乳必於空桑之中。」覺則若感，生丘於空桑。

大意是說孔子的母親顏徵在有一次做夢，夢到了黑帝，然後就巫山雲雨，醒來後不久，生下了孔子。這樣魔幻的說法，在漢代可是蔚然成風。對於孔子的長相，更是魔幻。《春秋演孔圖》這樣描述孔子的。

孔子長十尺，海口尼首方面，月角日准河目，龍顙斗唇，昌顏均頤，輔喉駢齒，龍形龜脊虎掌，胼脅修肱參膺，圩頂山臍林背，翼臂注頭阜脥，堤眉地足，穀竅雷聲，澤腹，修上趨下，末僂後耳，面如蒙倛，手垂過膝，耳垂珠庭，眉十二采，目六十四理，立如鳳峙，坐如龍蹲，手握天文，足履度字，望之如樸，就之如升，視若營四海，躬履謙讓。腰大十圍，胸應矩，舌理七重，鈞文在掌。胸文曰：「製作定世符運」。

《演孔圖》說孔子身長十尺，《史記》說孔子身長九尺六寸，換算過來大概是今天的二二〇公分左右，跟姚明有的一比。奇人常有奇貌，這並不奇怪。可真要像《演孔圖》

說的那樣，也只有《山海經》裡的奇人可與之媲美了。

這類的魔幻孔子，在漢代並不少見，可以說蔚然成風。究其根源，就是當時頗為風行的「讖緯」之說。

一語成讖也成癮

所謂「讖緯」，就是「讖書」和「緯書」的合稱。「讖書」就是占卜、預言一類的書，「緯書」就是用來解釋儒家經典的說明書。

儒家的「經」本來談的是歷史和人事，全是勾勒人間顯見的事務。不過，這大概無以補足人世間的複雜性。還有幽暗的那一面，尚待知識的落實。「緯」就此興起，給原先直白明瞭的話添加了神秘色彩，給那些經典添上了靈秘的注腳，打開一個個幽暗的文化空間。

「讖緯」在西漢、東漢時期非常流行，引領這股潮流的便是齊魯一帶方士化的儒家，他們用各種神話傳說、陰陽五行、天人感應來解釋儒家經典。最終，成功論證了孔子的神聖性，當然也論證了皇權的合法性。

現在人們常說「一語成讖」，意思是——哎呀，何曾想到，那時他的無心之話，最後竟然成為預言應驗了。現在說起這個成語的感情，頗有些唏噓感慨而帶有點悔意。但在漢代，人們「成讖」上癮，巴不得什麼事都以讖觀之。

「讖緯」比「經典」更隱秘，也更直觀。比如說，孔子歷經苦難、用行舍藏，以詩書禮樂教化子弟，最後成才的也沒幾個，沒挽救過來的昏君倒是不少。這樣的人生簡歷，想必聽得進去的凡人不多。還不如讖緯一番，直接就說孔子是黑帝之子，出身不凡，來到人間拯救列國，最後逝世，返回天界，位列仙班，成了使「萬古長如夜」、「長夜復明亮」的至聖先師。這樣比較下來，當然還是讖緯的效果好。至於那是不是孔夫子的本意，已經無關緊要，緊要的是當下的人。

孔子成神的背後

在西漢以前，孔子通常是個人。西漢以後，孔子的神力漸長。孔子由人變神這件事的轉折點，就在於漢代的建立。

秦始皇統一六國，建立了史無前例的大一統帝國。但是好景不長，僅僅過了十五年就花完了壽命，土崩瓦解。漢代剛開始建立時，包括皇帝、大臣和老百姓，大家都在琢磨，這個新朝能走多遠？會不會也像秦朝那樣，傳個一兩代就沒了？

在漢代建立以後，發生了一件事，引起了劉邦的警惕。

根據《史記》記載，在劉邦打敗項羽以後，也把秦朝那些苛捐雜稅、嚴刑酷法順便都給改革了。為此，一群開國功臣們喝酒慶功，爭相喝酒吹牛搶功勞，甚至在喝醉後，拔出劍擊打柱子。總之，一群大臣的眼裡沒有尊卑等級。劉邦看了以後很擔心，這群跟他打天下的大臣現在都這樣了，以後這皇位還能坐得穩嗎？

這一切，都看在一個叫叔孫通的人眼裡。叔孫通是個儒生，分別跟過秦二世胡亥、項梁、楚懷王、項羽和劉邦，學問淵博，頭腦和四肢也很靈活，更換主人的頻率很高。

叔孫通一眼看出了劉邦的擔憂，就上書獻策。他想參考古代的禮法，重建一整套「朝儀」和宗廟祭祀的制度。「朝儀」就是皇帝上朝時，儀仗隊和大臣們的歡迎儀式。總之就是通過這些儀式，把皇帝的權威抬得高高的，把官員臣子的地位都放得很低，這樣一來，君君臣臣的尊卑秩序就凸顯出來了。

就這樣，叔孫通恢復了儒家。要知道，儒家在秦朝可是被禁止的，要是沒有叔孫通等一幫人的努力，儒家也有可能跟其他諸子百家一樣，慢慢消失了。

叔孫通開了個頭，成了「漢家儒宗」。接下去，陸賈、賈誼、董仲舒等人，都陸續加入這個行列。

這裡必須講一講董仲舒這位關鍵人物，要是沒有他的推動，估計孔子成神這件事，也少了一次最有力度的順水推舟。

董仲舒在漢景帝時當選為公羊博士。這個博士不是現在說的博士文憑，而是漢代專門講授經典的官職。公羊博士就是講授《春秋公羊傳》的博士官。公羊學有個核心思想，就是「尊王攘夷」、「微言大義」，強調中央的權威，對那些造反的諸侯和家臣各種奚落和批評。

董仲舒不但如此，還把皇帝的權威神聖化。他在《春秋繁露》裡說「天子受命於天，天下受命於天子」。意思就是說，漢代從秦朝那裡取得政權，是因為秦朝造孽太多，天災人禍不斷，連老天爺也看不下去。漢代皇帝的權威，來自上天的認可，皇帝就是天的代言人，所以全天下老百姓都要聽皇帝的。當發生天災時，說明人間得罪了上天。作為老百姓的代表，皇帝也要帶頭反省，這就是「罪己詔」。總之，董仲舒的這一番操作，直接把皇帝的合法性與上天掛鉤，誰要是動搖了皇帝的地位，也就是直接得罪了老天爺。這麼一來，大部分老百姓自然不敢怠慢。

經過幾代儒家的努力，漢武帝「獨尊儒術」、設立太學，終於承認了儒家的正統地位。雖然「天人感應」的理論，很能為權力的來源問題進行合理化論證，但也有玩過火的狀況。比如，董仲舒就曾玩過了頭。

有一回，董仲舒聽到高祖劉邦的陵墓突然冒出火苗，他預感大事不妙，認為朝廷得罪上天，應該好好認罪。於是，他趕忙在家寫了〈災異之記〉。還沒完成這篇文章，就被別人看到了，呈給漢武帝。漢武帝對這篇文章拿不準，就召集來儒生們，問寫的有沒有道理。結果，董仲舒的學生呂步舒，也不知道這是他老師寫的，直接說這篇文章大逆不道，竟敢趁著祖廟失火、小題大做。漢武帝聽了以後非常生氣，結果查出來就是董仲舒寫的，就把董仲舒給關了。後來，漢武帝念及董仲舒是儒學大家，又把他放出來了。由此看來，讖緯也有失算的時候。董仲舒和他的學生經過此事，應該哭笑不得。

不過，這樣的事故並未影響漢代讖緯的流行，畢竟連皇帝也時不時聽取下今文經學的博士們講講讖緯。漢代的儒家靠著讖緯學，既抬高了皇帝的地位，也抬高了自己的地位。孔子從諸子百家中脫穎而出，最終被封聖，成了知識分子界地位最高的聖人。

當年漢高祖路過孔子家時，就曾祭祀過。後來，漢武帝第一個出來為孔子封聖，唐太宗又第一個把孔子封為「至聖先師」。當然，從漢到唐，孔子雖然不斷被封聖，但他的學說還非一統天下的教科書。直到朱熹注釋的四書面世，被列為官方教科書，孔子的思想才真正被視為讀書人的金科玉律，統治後世八百餘年。到了明清一代，祭孔更是成了國家大典。祭孔的主角當然是皇帝，配角便是儒生、祭官和大臣。從此，孔子的神聖性也和皇帝的神聖性綁在一起，知識和政治也綁在一起。讀書人歸孔子管，官員歸皇帝管，讀書人學而優則仕，當官了又給皇帝管。到頭來，一切都歸皇帝管。

而孔子，早就不再是那個鄭國城門外的喪家犬了。

神叨至此，徐子偈曰：

孔丘本是魯國儒，周遊列國如喪家。
一朝封為治國術，西漢讖緯成神人。
歷朝封聖與祭孔，孔家向為衍聖公。
千年歆享帝王家，可曾回想鄭國時。

5 張天師的升天計畫

升天是一件人生大事。大地之上，戰亂時則民不聊生、餓殍遍地，和平時則紙醉金迷、歌舞昇平，都不如天上自由翱翔、長生不老，來得更自在快樂。中國古代，不但建功立業的秦皇漢武想升天，詩酒作伴的李白杜甫也想成仙，無數方士遊仙隱居荒山野嶺，盼的就是白日飛升。可見，這是一件多麼吸引人的大事。

為此，東漢的知名道士張道陵，制定了詳盡的升天計劃。

張道陵升天之前

張道陵出身東漢的豐縣（今江蘇徐州豐縣），祖上不凡，據說是漢代開國大臣張良的第八代。跟許多傳奇之人類似，張道陵出生時亦有吉兆。他母親就曾夢見魁星下凡，伸手遞來一朵散發濃香的奇花，縈繞梁間的香氣久久不能散開，他母親聞著香氣，感孕生子，一代偉人就此誕生。

據說，張道陵打小就遍讀諸子，長大後做過太學生，中過賢良方正，但志不在升官發財。當他二十五歲時，就辭去了江州的官職，到北邙山修煉三年，直到有一天，一頭白虎銜著《黃帝九鼎丹法》送給張道陵。這些年來，他不忘初心，始終在煉丹成仙的「不歸路」上前進。後來，即便皇帝多次徵召，對仕途也不感興趣，最終選擇隱居四川鵠鳴山。山居期間，張道陵花了三年時間專心煉丹，還煉成了飛天、分身、隱形等技能，順帶寫了二十四篇文章，詳細分析和報告了各種技能要領。

不過，張道陵當時還不想直接升天，所以只吃下半顆仙丹，足夠他在人間健康生活。即便是半顆仙丹，此時他的功力也已達到爐火純青的境界，甚至還得到太上老君的欽點，集中殲滅了久居四川盆地的六大魔王惡鬼。

不過，除了個人的成仙升天以外，張道陵還沒忘記身邊的凡人們，想拉著大家一起成仙。可別忘了，張天師為此還不肯吃完整顆仙丹呢。丹已煉成，身邊能夠陪飛的人，只有一個叫做王長的弟子。一個陪飛不夠，三人作伴最佳，這可如何是好？

如何挑選同路人

為了選拔能夠勝任升天使命的同路人，張道陵制定了詳細的策略。根據《神仙傳》

和《太平廣記》的報導，有位叫趙升的來拜訪張道陵，張道陵見此人功力深厚、相貌不凡，應該是塊好材料。如果經歷一番磨練，或可成才。張道陵心想：「那就設下七道關卡，如果他能順利闖關，就把成仙的秘方交給他吧。」

於是，張道陵首先叫弟子出門，把趙升擋在門外，連續罵了足足四十多天。趙升一開始有點吃驚，詫異於張道陵這樣的神人，怎麼還會有如此粗魯的待客方式。不過等他靜心下來，認為自己清白無畏，乾脆就在門外的野地坐了下來，風餐露宿一個多月。終於，弟子罵累了，張道陵看著也於心不忍，就打開大門，讓趙升進來了。當然，這僅僅是個開始。

第二回合，張道陵使出了美女關，第三回合是金錢關，第四回合派上老虎，第五回合讓布店老闆誣衊偷盜，第六回合派上乞丐前往乞討。趙升非但沒有被美女和金元寶誘惑，也沒有被老虎嚇住，面對老闆的誤會和乞丐的悲慘，乾脆脫下自己身上的衣服，全數奉送。闖關至此，趙升的處事作為讓幕後導演張道陵頗感滿意。

前面數次交鋒，還沒有身家性命之虞，直到第七回合，簡直是要命之舉。張道陵帶眾弟子到懸崖邊，指著崖邊的一棵瘦桃樹，說：「為師現在想吃桃子，你們當中哪個能把那裡的桃子摘下來，我就把升天秘方傳給那個人。」三百位弟子嚇得不敢上前，只有趙升膽大，堅信張道陵仙力高超，既然如此吩咐，必定不會輕易讓人失足墜崖。沒多想就跳到桃樹上，摘下兩百多個桃子，一個個拋到懸崖上。摘桃完畢，只見張道陵伸出兩三丈的長臂，把趙升拉了上來。

等享用完桃子以後，張道陵擦了擦嘴角，不緊不慢地說：「趙升還沒摘到最大的桃子，那就換我跳下去吧。」話音剛落，張道陵就跳下懸崖，毫無聲響，不見人影。弟子們都以為出事故了，便抱頭痛哭。只有王長和趙升沒有掉眼淚，說：「既然師父跳下懸崖，我們活著也沒意義啊。」說完，兩人就一起攜手跳崖。沒想到，他們剛跳下去，就跳到了一座臺上，張道陵坐在臺前，笑眯眯地看著他倆。張道陵點點頭，開始傳授升天秘訣。沒過幾天，三個人一起白日飛升，留下數百弟子在地上吃驚遠眺。

要升天，先交五斗米

在張道陵生前，因為名氣遍傳四川，越來越多的人前來求教，張門子弟一時達到數萬人。張道陵大手一揮，把這數萬人加以組織，編排為二十四個組別，對應二十四節氣，稱之為「二十四治」。治，相當於每個地方的道教中心，每個治的領導叫做祭酒，信徒叫做鬼卒，入會要交五斗米。所以張道陵率領的這支道教隊伍，也稱作「五斗米道」。

那時已是東漢末年，時世動盪，不但許多老百姓信仰道教，諸多知識分子也紛紛響應。到兩晉時期，已出現王羲之這樣的名門大家也皈依道教的例子。山水詩人謝靈運，因家人就是五斗米道的鐵粉，在謝靈運小時候就把他送到杜治撫養，長大後才接回來。此外，五斗米道還有義舍，讓過路群眾可以免費吃到食物。不過要記住，請適量取用，如果暴飲暴食或者浪費糧食，就會惹上災病。

因為過度取用義舍裡的食物而導致生病，算是不道德的不義之病，無藥可救，除非好好懺悔。五斗米道對此還專門設立了懺悔室，叫做「靜室」。這個靜室自然很安靜整潔，病人進去後要寫三份懺悔信，分別給天官、地官、水官，寫完以後還得跟著祭酒大人讀《老子》，體會創教初心。然後，等候身體康復。康復了，說明神仙已經赦免罪過，沒康復說明還不夠虔誠，要繼續懺悔贖罪。這種循環論證法，在當時行之有效，相信的人越信越深。而且義舍的出現，在多災多難、衣食難保的動亂年代，相當容易得人心。因此，五斗米道的隊伍和名聲逐漸擴大，信眾也越來越充足。

張天師的家族基因

張道陵已然白日飛升，據說位列四大仙班之首，只在太上老君之下。在人間，隨著張氏家族一代代接下天師的職位，張道陵作為首任天師的封號始終不動搖。

為了保證升天計劃的繼續執行，張道陵在起飛之前，特地囑咐「非我宗親不能傳」。他兒子張衡信守承諾，接過道教的衣缽，繼續傳播道教，直到他交給他的兒子，也就是張道陵的孫子張魯。張魯的兒子張盛，就是那位把道教搬到江西龍虎山的人。就這樣，道教在張氏家族裡，代代相傳，傳了六十四代。不論外界怎麼變化，張道陵創立的五斗米道，核心人員始終保持不變，必須是他的後代或者張氏宗親，遵守著「父死子繼、兄終弟及」的繼承規律。

看看古今中外，一家多代都是教主，這種盛況並不多見。許多知名人士成為教主之前，家人向來是忠誠反對派。耶穌小時候在猶太人的會堂念經，招致母親瑪利亞的責問，耶穌反問：「還有什麼事大過我天上父親的嗎？」瑪利亞無語以對。佛祖從離家出走，到菩提樹下開悟，在此期間，皇族家人多次尋找，想要佛祖回去繼續當王子。南朝的梁武帝出家心切，四次捨身獻給寺廟，把自己的財產都捐給寺廟，他的家人和大臣們又眾籌贖回皇帝。看來，要不是沒有家人的反對，這些聖人大德的人生道路會走得更順利。但反過來想想，正是因為這些家人的襯托，才可反襯超凡入聖的非凡意志。

當然，最好就像張天師家族，基因裡就流淌著成仙升天四個字。如果不是張家人，都不能接下天師的高位。唯一可與之媲美的，大概就是孔氏家族，衍聖公傳了三十二代，即便改朝換代，也依然享受著歷代皇帝的冊封。張天師家族也不例外，從皇帝那兒接受的封號也不少。

看來，不論是張家還是孔家，之所以傳承千年，不僅僅因為仙氣充沛，或者基因獨特，更因為背後還有朝廷的加持。仔細想想，太上老君不也有個大後臺——玉皇大帝嗎？

神叨至此，徐子偈曰：

升天大事感漢武，神仙方士遍地走。
張道陵創五斗米，義舍靜室悔罪過。
首任天師白日飛，非我宗親不能傳。
善男信女稱鬼卒，六十四代享尊榮。

6 陳摶老祖的睡覺學

成仙之人需要努力修行，火候不到時，還得強迫自己禁欲少吃。從來沒聽說哪個人睡覺也能成仙的，除了陳摶老祖。

陳摶素以睡功了得聞名於修行界，且看十四世紀《太華希夷志》的報導，陳摶有一首〈喜睡歌〉是這樣唱的：

吾愛睡，吾愛睡，
不鋪毯，不蓋被。
片石枕頭，蓑衣鋪地，
大地為床，藍天作被。
飛雲馳電鬼神驚，
吾當此時正安睡。

閑思張良，悶想范蠡，
休言孟德，說甚劉備。
三四君子，只是爭些閑氣。
怎比俺於深山林中，白雲堆裡，
展開眉頭，解放肚皮，且宜高睡。
那管它玉兔東升，紅輪西墜。
睡，睡，睡。

陳摶老祖不僅自己愛睡，還鼓勵別人多睡，甚至還專門寫了一首〈勵睡詩〉：

常人無所重，惟睡乃為重。舉世皆為息，魂離神不動。
覺來無所知，貪求心愈濃。堪笑塵中人，不知夢是夢。
至人本無夢，其夢本遊仙。真人本無睡，睡則浮雲煙。
爐裡近為藥，壺中別有天。欲知睡夢裡，人間第一玄。

雖然陳摶老祖的詩歌氣勢磅礡廣闊，句式排山倒海，充分論證了睡覺的合理性、必要性與合法性，但陳摶老祖可不是大睡蟲。別看他雙眼緊閉，人家在默默做的事非常多——存思、坐忘、吐納、胎息、服氣、辟穀。睡覺，是一門學問，也是一種修行方式。按陳摶的話來說，這是「人間第一玄」的大事。

愛睡覺的大師

能被稱為「老祖」的大人物並不多，除了元始天尊的師父鈞鴻老祖、老祖天師張道陵、純陽老祖呂洞賓以外，還有這位陳摶老祖。

陳摶，字「圖南」，號「扶搖子」，整個名、字、號都搬自《莊子》的第一篇〈逍遙遊〉。名字雖然如此瀟灑，但陳摶出生以後，一直沒辦法開口說話。直到四五歲左右，一天陳摶在外玩耍，突然被一位山村婦人帶進山林深處，給他餵了奶，陳摶才開口說話。那位婦人還給陳摶留下一本《周易》，陳摶從此以後開始鑽研《周易》。長大後，陳摶沒有考中進士，就開始放浪，出門遊學，遍訪名山大川，拜會隱士大德。然而，後來有很多達官貴人，乃至皇帝派人來請陳博出山時，他卻閉門謝客了，自個兒在家中睡覺，有時一睡就是好幾個月。

不過，「睡仙」也有清醒時。待到陳摶不睡覺時，往往展現出高瞻遠矚。五代末年的後周世宗、北宋初年的宋太宗，都對愛睡覺的陳摶頗為敬重，多次召這位在世的大師進宮。不過，陳摶卻勸他們不要多過問這些修行內幕，而是要做好政治家該做的事。

有一次，實在不好意思繼續拒絕宋太宗的邀約，陳摶打算進京住一陣子。不過，陳摶提了一個要求，請皇室準備一個安靜的小房間，方便他自己休息。宋太宗非常高興，就為大師準備了一個房間，還親自賜名叫做「建隆觀」。沒想到，等到陳摶住進建隆觀以後，竟然整整睡了將近一個月，睡醒以後就直接告辭回家。宋太宗見狀，驚為天人，又給大師賜了一個新名號，叫做「希夷先生」。

清醒時的經世才華，睡覺時的修行功夫，這一動一靜的對照，入世與出世的比較，更能看出「睡仙」陳摶執意修行的決心。

為什麼陳摶老祖如此喜歡睡覺，以致於睡到連帝都的官都不想當了呢？

睡覺見功夫

在《天龍八部》裡，曾出現過「龜息功」，就是能屏住呼吸、停止心跳，保持一段時間，而能安然無恙。蕭峰和慕容復就曾用過「龜息之法」，阿紫也使過這招騙了段正淳。

不過，龜息功只能保持較短時間的呼吸中止，陳摶老祖的睡覺學，卻能一睡就上百日。所以，要想知道一個人的修行功夫，不要看他說了什麼，而是要看他能不能呼吸，能不能睡好覺。對於睡覺學的集大成者，陳摶就摸索出了睡覺的多種方法。

有一天，陳摶的弟子不慎失眠，怎麼睡也睡不著，便在隔天跑去請教老師。弟子問：「老師，睡覺是不是也有方法？」

陳摶老祖看了看弟子的黑眼圈，然後說：「當然有方法。一般人睡覺，都是眼睛先睡，然後心才睡。我睡覺，卻是心先睡，然後眼睛才睡。」

弟子聽了若有所思，陳摶老祖繼續說：「一般人睡後醒來，都是心先醒，然後眼睛才醒。我醒來，都是眼睛先醒，然後心才醒。只有你的心了醒以後，你才能看見人間。如果你的心一直睡著，你就既看不到人間，也看不到心，了無掛礙。」

這位弟子聽著師父這麼一說，感覺有點糊塗，就問師父：「睡覺時，心也睡著了。但是醒來後，心怎麼沒醒來呢？」

問到了點子上，陳摶老祖見眼前這位弟子是可造之材，就繼續說道：「一般人都是看似清醒，實則在做迷夢。而我的話，即便做夢時，元神也是清醒的。不管醒來和睡去，都沒有差別。」

聽了大師的說法，弟子更加迷惑了，連忙問：「我也想學習抵達『無心』的境界，要怎麼做呢？」

陳摶說：「面對外物，不要放任自己的心。面對自己的心，也不要放任外物。如此而已。」說完，陳摶便離開，進了自己的房間，呼呼大睡了。

弟子倒是留在原地，一臉茫然，還在琢磨剛才師父說的話。

據說，陳摶睡覺時，脈搏還很有規律。有一次趁著陳摶還在熟睡，他的一位朋友竟然在記錄他的脈搏，甚至密密麻麻記了整整一大張紙。有人就問陳摶的那位朋友，說你在幹嘛。那位友人說，這可是陳摶的「混沌譜」呀！

陳摶老祖之所以那麼容易入睡、擅長睡覺，大概是因為他獨家掌握了多種睡眠法。據說，陳摶的看家睡法，多達幾十種。

根據《天仙道戒忌須知》的記錄，有一種睡法便是陳摶老祖的專利，叫做「希夷睡」。當你朝左睡的話，就要彎曲左臂，張開左掌的大拇指和食指，用左掌抵住腦袋，把左耳放在大拇指和食指中間。背部要挺直，左大腿彎曲，貼到腹部，右大腿彎曲，放在左腳旁邊。右手心放在肚臍眼上。此時，整個人的心思要集中在肚臍眼上。然後，想像自己的身體如同水晶一般光明，好像睡在一片平靜的水面之上。而身上的被褥就像蛋殼，自己就安然躺臥在雞蛋裡面。於是，睡覺時也能煉「睡丹」，醒來後又能煉外丹。據說正是掌握了這種睡法，經常讓陳摶一睡就是好多天。睡覺對他而言，已經成為一種熟練的修行養生方法。最終，陳摶活了一百一十八歲（也有人說他活了一百九十多歲），並在峨眉山羽化成仙。

「睡覺天團」的形成

陳摶老祖曾經長期隱居華山，並以此為基地，在修行的同時也培養了很多弟子。陳摶老祖和他的傳人，後被稱為「老華山派」。之所以稱之為「老」，是為了區別我們所熟知《射雕英雄傳》裡的華山派。後面這個華山派，也叫「全真華山派」，是全真七子創立的。

「老華山派」作為睡仙開創的天團，經歷了十七代掌門人，有十八門絕技，其中就有「睡功術」。這個天團在吃的方面，也有頗多講究，比如不能吃狗肉和牛肉，還強調不能吃大雁和烏魚的肉。就是這樣，憑著千年品質保證與傳承，老華山派從華山發展到了港臺和東南亞地區。

陳摶老祖除了睡覺工夫了得，還著作等身，形成了系統的睡覺理論、睡覺學派。他甚至影響了後來的一大批儒家名人，比如程顥、朱熹、陸九淵等。宋明理學的形成，跟陳摶老祖的一些理論很有關係。

比方說，宋明理學的創始人之一——周敦頤對《周易》的研究，就來自陳摶老祖的啟發。周敦頤把陳摶老祖對太極圖的研究，首次引進儒家。

與周敦頤齊名的「北宋五子」之一——邵雍主張靜修，這也是陳摶老祖的影響。雖然邵雍不是資深的睡覺大師，但也主張靜養，還專門創作了一首〈安樂窩歌〉。只見他如此唱道：「嘆人生，容易老，終不如蓋一座，安樂窩……喝一杯茶，樂陶陶，我真把愁山推倒了！」

跟陳摶老祖一樣，邵雍也曾多次被皇帝徵召進宮，但喜歡待在安樂窩的邵雍，都以藉口婉拒了。在這一點上，這位理學大師，確實得到了陳摶老祖的真傳。

神叨至此，徐子偈曰：

睡覺本是尋常事，陳摶用來助修行。
輾轉反側失眠後，不妨嘗試希夷睡。
睡仙也有清醒時，胸中經世方略在。
緣何執意山中行，只因身在道緣中。

7 猶太先知的臭脾氣

猶太人不僅盛產大富翁，也盛產先知，特別是脾氣不好的先知。

所謂先知，人如其名，就是往往跑在凡人前面，預先告知未來發展方向的特殊人種，同時又會專門奚落君王和老百姓，批評他們紙醉金迷。如果當時群眾的眼光，跟不上先知的水準，往往會造成兩者的誤解、摩擦甚至衝突。終而造成「先知批評群眾，群眾驅逐先知」這樣的你鬥我爭模式。這事在猶太人的歷史裡並不少見。

不過，群眾畢竟只是一群凡人，樂於享受現實生活，婚喪嫁娶足以安頓身心。先知就很不一樣了，他們一方面是上帝挑選出來的大使級人物，負責傳達天國的資訊，並在精神上引導、教化上帝的子民。同時，他們畢竟也是人，是猶太人的一分子，也受到自家習俗和文化系統的約束。比如，他們經常罵君王，就給自己帶來了殺身之禍。正是因為這些關係，最後就造成了先知們的另類生活。

三千多年前的「扒糞運動」

「扒糞運動」本是二十世紀美國新聞界的一次輿論運動，當時的多位新聞記者紛紛開始揭短，前後發了兩千多篇新聞稿，曝光了各種不公平的暗黑之事。

其實，在距今兩千五百年到兩千九百多年前，猶太民族裡陸續湧現出了一大批先知，《聖經》提及有名有姓的便至少有五十五位。

這群先知以揭短、唱衰、批評本民族為主業，前赴後繼上千年，致力於不斷揭開自家黑幕。最後產生了三本先知書、十二本小先知書，以及大量散布在其他書裡的先知故事，影響力延至今日。

後來，經常準確預言災難的先知，在以色列人心目中的地位也越來越高，成了可以與君王、祭司相提並論的第三方權威。整個猶太人社會，君主負責政治和軍事，祭司負責宗教事務，先知負責監督，為上帝傳話，又給人們揭短。可以說，先知就是古代猶太民族的第三方監督機構。

雖然先知往往是手無寸鐵的個人，但因為上帝本人親自撐腰，加之準確率極高的預言，便在群眾裡擁有了很大的輿論影響力和道德向心力。特別是當猶太人國破家亡，被擄到國外當奴隸時，君王和祭司的權力早已淪陷，甚至就連聖殿也被拆了，猶太人群龍無首，又離開他們祖上簽約過的耶和華神，轉向別神。

就在此時此刻，先知們通常會站出來說話，直接批評猶太人的一切遭遇都是咎由自取，應該趕緊向耶和華認罪，離棄一切偶像和別神，畢竟猶太人的偉大祖先代表——摩西曾經和耶和華簽訂了契約。現在，背約人和失信者都是猶太人，自然就遇到了沒有耶和華保護時的各種天災人禍。

從職業相似度而言，這群先知應該算是人類歷史上職業化最早的時事評論家，每當他們開口批評，基本上都直接罵到最高領袖的頭上，甚至還嘲諷自己民族受到的報應。

在這方面，就湧現出不少傑出代表。大先知以賽亞細數耶路撒冷的六大災難，以西結詛咒聖城血流遍地，罵猶太人變成渣滓。當然，小先知們也不弱，個個怒髮衝冠，約珥、俄巴底亞、彌迦、哈巴谷，向猶太人提前告知將來的審判。

這場由五十多位先知前赴後繼，掀起的猶太人版「扒糞運動」，持續進行了數千年。先知們留下的文獻，也成了在《聖經》裡頗具分量的「先知文學」。

火爆脾氣 vs 流淚體質

先知地位那麼高，卻不意味著就是盡善盡美的人。尤其在性格這方面，很多先知是很有特點的。大先知以利亞脾氣火爆，罵人就罵到皇后頭上，因而順理成章地遭到死亡威脅。

被譽為「烈火先知」的以利亞，生活於兩千九百多年前，是先知隊伍裡的著名代表。之所以尊號裡帶火，是因為他確曾親眼看見過耶和華降下的火焰，而且他的性格也很火爆，動不動就跑到君主和群眾面前，直接指出對方做錯的地方，讓對方感到頗為難堪，這樣的脾氣不可謂不火爆。

那時，整個猶太人分成了南北兩個國家，南邊的叫做猶大國，信奉耶和華。北邊的叫做以色列國，因為皇后的影響，轉信一個叫做巴力的神明。以利亞本人是耶和華的追隨者，但是又身處北國，看著皇室和老百姓紛紛去信別的神，簡直怒不可遏。以利亞直接跑到皇后面前，破口大罵：「你們這樣做，是要招來耶和華的憤怒，他會降下旱災、饑荒和瘟疫！」果不其然，往後三年，北國以色列接連大旱。皇后更不滿以利亞，發出追殺令，以利亞後來又現身，為耶和華重新築祭壇，讓耶和華降火顯示神跡。後來，以利亞被上帝藏了起來，據說升天了，總之順利逃過追殺。

先知的性格能迸出烈火，也能淌下淚水。「流淚先知」耶利米，以唱哀歌為主業，留下四部經卷。耶利米之所以經常掉眼淚，是因為他身處猶太人史上最黑暗的時代之一。

那時，南方的猶大國國內崇拜偶像，國外又要面臨虎視眈眈的巴比倫王國。在敵軍入侵之前，耶利米就預言猶太人會在巴比倫做奴隸七十年，從而被國王和老百姓們厭惡，甚至被毆打和坐牢。最終，耶利米親眼目睹了巴比倫王國的軍隊浩浩蕩蕩進入聖城，占領耶路撒冷，猶大王國淪陷，多數人被擄到巴比倫做奴隸，史稱「巴比倫之囚」。因為巴比倫的國王尊重耶利米，他得以留在耶路撒冷。過了多年，猶太人暴動，紛紛逃往埃及，耶利米也跟著逃了過去，最後死在埃及。

耶利米還算幸運，尚能留在耶路撒冷，而猶大國的皇室和多數老百姓卻被迫移居巴比倫。根據《詩篇》的說法，大家「坐在巴比倫的河邊，一追想起錫安就哭了」。在巴比倫期間，有一位新的先知出來盡職了，他叫以西結，也常在河邊教導老百姓，預言他們一定會重返耶路撒冷。當然，他還是不忘本職工作，繼續揭露本民族的黑暗腐朽，提倡即便在異國他鄉，也要繼續認罪，以等待上帝息怒。

神跡和死訊

除了作為天職的批評工作，先知的特色還有異能稟賦。特別是每當猶太人深陷危機時，也是先知活躍度最高、行使神跡最多的時候。

比如，大先知以利亞活在人間的時候，前前後後一共做了八件神跡。他的接班人以利沙，雖然生性沉默寡言，但做出的神跡卻比老師多出一倍，達到了十六件。以利亞的神跡，一般是天降大火或者大雨這類自然現象，以利沙的神跡則要豐富得多——苦水變甜、斧頭浮水、餵飽百人、多次治好瞎眼等等，而且不少神跡都很像九百多年以後耶穌所做的事。

但凡有神力的人，出生不凡，死亡方式也不平凡。成仙者白日飛升，成佛者涅槃坐化，再不濟者如孔夫子，屬於人類正常死亡範疇，但畢竟是周公傳人、魯國聖賢，去世時也是天有異象。即便如凡人，雖不能妄求「長生不老」，但也能追求「壽終正寢」、「無疾而終」這樣的美好願望，引以為死亡的高級境界。偏偏這群被上帝厚愛的先知，常常難有好結果。

先知生前神跡多，收到的死亡威脅也多，他們的離世方式也各具特色。大先知以利亞，據說在《聖經》中的歷史地位，就介於摩西和施洗者約翰之間。雖然以利亞收到了皇后的死亡威脅，但是被耶和華隱藏了起來，最後升天而去，成為《聖經》裡少數活著就飛上天堂的人。這樣的離世方式，在《聖經》裡也只有三個人，除了以利亞，還有諾亞（造方舟的諾亞的太爺爺），以及耶穌。由此可見以利亞的分量之重。

即便像以利亞這樣重要級的先知，尚且也收到死亡威脅，其他分量較輕的先知，受到的糟糕待遇更不見得少了，甚至發生了非正常死亡方式。根據不完全且有爭議的考據，以賽亞可能是被鋸死的，耶利米可能在埃及避難期間被石頭打死。使徒保羅後來總結，這群先知「被石頭打死，被鋸鋸死，受試探，被刀殺，披著綿羊、山羊的皮各處奔跑」，「在曠野、山嶺、山洞、地穴飄流無定，本是世界不配有的人」。

當然，話說回來，每當先知湧現的時候，一般都是猶太人遭到悲慘境遇的時候。而越是環境惡劣，這群先知越是盡職盡責，不惜生命代價來揭短和批評。擁有這樣一群臭脾氣的先知，不知猶太人是喜還是憂？

神叨至此，徐子偈曰：

猶太民族苦難多，江山代有先知出。
為上帝傳達簡訊，向人民預告災情。
上能罵君王昏庸，下能批百姓愚昧。
以利亞飛天而去，耶利米流淚而歌。

8 薩滿：歇斯底里的中介

「薩滿」是一門非常古老的中介職業。這個詞語源自通古斯語和印第安語，原來指的是北方那些有智慧和神力的人。這位古老的中介，是天神與人類溝通的橋梁，專門從事醫病、驅魔、預言等工作。

薩滿的分布非常廣，已經形成一個「薩滿文化圈」，主要分布在天氣比較冷的亞洲、美洲和歐洲的北部地方，特別是西伯利亞地區。在中國，通常屬於通古斯語系的民族，多多少少都存在薩滿現象，有些民族諸如鮮卑、突厥、女真、契丹都信仰薩滿教。在阿爾泰語系裡，至少有十九個民族深受影響，比如維吾爾族、哈薩克族、烏孜別克族、蒙古族、滿族等。在朝鮮半島，很多民俗文化裡還有薩滿的影子。

那些深受薩滿影響的民族，有些曾經統治過中華大地，是顯赫一時的皇族，比如蒙古人建立的元代、滿人建立的清朝。所以，很多我們熟悉的東西，其實背後都有薩滿的影子。簡單說，那麼多清宮劇，別看是滿人的日常起居或者慶典儀式，其實源頭還得從薩滿說起。

從《還珠格格》說起

在《還珠格格》裡，香妃過度思念蒙丹，因愛成病。於是，爾康、小燕子等人專門設計一齣好戲，讓蒙丹扮演薩滿巫師進宮表演，與香妃見面。在這場薩滿舞上，娘娘、皇后紛紛問起這段薩滿舞的含義。晴格格還特地解釋，法師們的可怕面具，並不是鬼，而是為了嚇唬鬼。最後，不戴面具的蒙丹出現了，象徵著薩滿裡的最高權威——天神，出場驅逐魔鬼。趁著邊跳驅鬼舞，邊注視香妃。靠著假扮薩滿法師，蒙丹成功混入宮中，不但見到了香妃，還博得皇太后和娘娘們的讚賞。不過，當蒙丹再度以薩滿法師的身分進宮時，遇到了容嬤嬤，小燕子急中生智，假裝附體，嚇壞了容嬤嬤。

不過，瓊瑤奶奶或者導演在此可能出了小差錯。照理說，皇后和娘娘們應該不會不清楚薩滿的含義，乾隆年間還專門發行了《欽定滿洲祭神祭天典禮》，足足六卷本，詳細解說薩滿祭祀的步驟。清代皇室之所以如此看重薩滿，因為這是他們祖先的傳統，這又得從遠古的一個神話說起。

薩滿的創世神話

類似許多民族的創世神話，天地最開始時，盡是一片混沌。在滿人的傳說裡，關於開天闢地的故事非常多樣。這些傳說中有一個版本，就說大地原是一片冰川，了無生機。天神見此狀，想了一個辦法，讓母鷹展翅飛過太陽，用羽毛盛裝火焰和光芒，然後飛到大地上。大地的冰就此融化，樹木生長，野獸和人類都開始出現，繁衍生息。不過，母鷹在天上飛翔時，因為勞累過度，一不小心，藏在羽毛裡的烈焰掉落到大地上，瞬間大地上大火彌漫。母鷹趕緊煽動翅膀，想撲滅大火，可是火勢越來越大。接著，牠飛到遠處，用鷹爪抓了一大堆土，想蓋過大火。如此來回往復，母鷹體力不支，最終累死，掉落大海。最後，母鷹的魂化為薩滿。

之所以將鷹和薩滿等同，是因為在滿人心中，鷹上天入地，是溝通天與地的使者，而薩滿就像鷹一般，溝通神與人。

至於滿人的祖先，則發源於長白山。根據《滿洲源流考》的記載，在長白山的東邊有個湖，叫做布勒瑚里湖。傳說有一天，三位天女在湖中洗澡。這三位天女，分別叫做恩古倫、正古倫、佛庫倫。突然，有一隻漂亮的神鵲飛過來，只見它銜著一顆紅色的小

果子，放在佛庫倫的衣服上。佛庫倫看見果子紅得發亮，就放進嘴巴裡含著，一不小心，竟然吞了下去。

沒過多久，佛庫倫發現自己懷孕了，後來生下了一個小男孩。稀奇的是，這個小男孩剛生出來就能說會道，面貌老成。事已如此，天女決定留在人間，好好將這個在單親家庭裡出生的孩子，撫養成人。

等到孩子長大，有了獨立生存的能力，天女就把孩子的家世一五一十的說了出來，還給他取名叫做愛新覺羅。然後還跟孩子說：「孩子，你出身不凡，長大後一定也能治國平天下。」說完，天女給孩子做了一隻小船，把孩子放進船裡，順流漂下。天女跟孩子告別：「孩兒，走吧，沿著這條河，到船停的地方，會有人來接你的。」然後，天女推走小船，自己也直接飛回天上娘家。果然，船漂到一個地方就停了下來，愛新覺羅就上岸，折了柳枝和野蒿當作坐具，等待人們上前來找他。

在這附近，有個地方叫做鄂謨輝，正好有三個家族正在為爭奪盟主地位而大打出手。剛好這天，其中有個家族的人到河邊取水，看到了坐在河邊的愛新覺羅，一看這個小孩的樣貌，以為非同尋常，就趕忙回城裡告訴大家。

沒過多久，很多人成群結隊來河邊圍觀，愛新覺羅也不害怕，對人們說：「我叫愛新覺羅，是天女生下的孩子，來到這裡，是為了平定你們的紛爭。」人們聽到此話，竟然沒有一點嘲笑，畢竟眼前的這個孩子，長相超凡、樣貌老成，且說話有理，不是一般人，肯定是有神明相助的人。更關鍵的是，鄂謨輝城的人也苦於紛爭不斷，再這樣爭下去也不是個辦法，不如乾脆聽這個男孩的，試試新辦法。於是，三個大家族就把愛新覺羅請回家中，推舉他成為新的共主。

對於神話而言，最重要的不是所謂真假問題，這無關科學的裁定，而是一種原始思維。在滿族緣起的傳說裡，可以清楚看見滿人的宇宙觀。祖先是神明與自然所生，萬物有靈是滿人乃至薩滿崇拜的普遍基礎。只有處理好各種神明、精靈與人類的關係，人類才能生活得更好。奈何一山一水，一桌一椅，皆有精靈。精靈如此多樣，引無數薩滿競施法。為此，薩滿發明了一系列法術，來確保人類的安全。

「北極歇斯底里」

《水滸傳》裡有「十八般武藝」，「矛錘弓弩銃，鞭鐧劍鏈撾，斧鉞並戈戟，牌棒與槍杈。」每個兵器應用於不同場合。薩滿的世界，既然是精靈層出不窮的世界，那麼法術也必然多樣，可稱之為「十九般法術」，包括拘魂、治病、搬運、求雨、驅邪等。

薩滿法師擁有請神的能力，通常在儀式中，一手拿鼓，一手敲擊。有時請來了鷹神，就模仿老鷹的動作，盤桓飛翔。有時請來了虎神，就模仿老虎，雙手做出虎爪的樣子。

不要看薩滿的動作如此「野性」，它的特點就是瘋瘋癲癲，好像得了癲癇症，所以曾被俄國專家稱作「北極歇斯底里」。不過，後來也有其他專家，比如美國著名學者伊利亞德說，那可不是瘋癲，而是一種迷魂術——人家在跟神明親密接觸呢。

薩滿本身沒有組織，也沒有教義，誰被附體有了超能力，誰就能代言薩滿。因此，要成為薩滿合格的代言人，不講究文憑，也不用找關係，完全看實力和本事。哪怕是某個山村裡的老婆婆，大字不識一個，但可以幫人治病，依舊能得到老百姓的承認。老百姓的認可，其實並不是承認法師本人，而是承認他背後的超能力。

在皇家，薩滿就顯得更加高端了。清代皇室的官方文件——《欽定滿洲祭神祭天典禮》，對薩滿的儀式步驟有過系統總結。在紫禁城內，有個專門上演薩滿的地方，那便是坤寧宮。我們平時根據《還珠格格》電視劇裡的印象，以為坤寧宮是皇后住的地方，事實上那是紫禁城裡專門舉行薩滿儀式的地方。通常在清代，那種全國性的祭典，是到天壇、地壇、太廟等地舉行，漢族官員也會來參加。但那種只屬於滿族皇家自身的民族性祭祀，就只在坤寧宮，由薩滿巫師主持舉行。

愛新覺羅家族要祭祀的神明也是五花八門，除了佛祖、觀音、關公這些跨民族神明以外，還有滿族自己的神明，比如最高神叫做天神，沒有形象，只用一根神竿作為象徵。此外，皇帝騎的馬，也會被當作馬神來祭祀。而這恰恰就是薩滿散佈在北方民族日常生活裡的明證。離開了薩滿，就難以理解清代皇室和民間的風俗文化。

神叨至此，徐子偈曰：

天地未開一片冰，神鷹救火成薩滿。
西伯利亞出法師，歇斯底里在北極。
鮮卑突厥信此教，滿洲蒙古拜天神。
蒙丹香妃愛不得，坤寧宮外月光寒。

第四章

疑難雜症有套路，修行也要靠法門

1 佛系青年的吃飯問題

佛系青年，大概是這個世代裡少有的酸至靜美的詞語。酸是酸在其反諷，佛系青年低欲望、厭拼搏、喜宅居，一句口頭禪「隨便」，便擊退圍攏的焦慮。在這鼓勵奮鬥的社會裡，自然成了時代落伍者的代稱。酸到極致，便成靜美，與世無關，過自己的小日子，去他們的大口號，我心安處即天堂。

佛系青年，固然有狹義、廣義之分。狹義的佛系青年，是指那些低欲望、隨遇而安的年輕人。廣義的佛系青年，包括比丘、比丘尼、居士。不過，廣義的佛系青年，有時卻顯得並不佛系。作為出家人的他們，偏偏就不好好吃飯，不好好念佛，偏偏起了我執與己見。

吃不吃素，這是一個問題

在一般人的印象中，得道高僧一定是吃素的，而無肉不吃、無酒不歡的，一定是花和尚、假和尚、惡和尚。

其實，在佛教的源地印度，出家人外出乞食，老百姓給什麼就吃什麼。有時候，難免有人施捨肉食，出家人也要順勢而為，感恩地享用。那時的佛教，甚至還鼓勵大家多吃祭祀用的肉，而不是為了吃肉，再去額外地殺害動物。當然，後來印度的佛教也有吃素的情形，主要還是因為印度最有權勢的婆羅門就愛吃素，為了提高自身的競爭優勢，佛教也不得不逐漸轉向吃素。

佛教傳到中國的頭五百年，並不特別講究到底能不能吃肉。如果要吃肉的話，頂多就吃「三淨肉」。所謂「三淨」，就是「眼不見殺」（自己沒看見被殺的動物），「耳不聞殺」（自己沒聽到被殺動物的慘叫聲），以及「不為己殺」（不是專門為自己而殺的動物）。在這三種情況下出現的肉食，都可以放心吃。其實按照這種說法，普通市民生活裡遇到的肉食，也不會太超出這些範圍。按照這個標準，普通市民也可以算是佛系青年。

在漢傳佛教的「下游地區」，比如日本佛教，也不糾結到底能不能吃肉。他們不但酒照喝、肉照吃，連娶老婆這等事也不落下，生了孩子以後還可以繼承寺廟產權。可見，吃肉還是吃素，並不是一個信佛的絕對標準。

中國的佛教，之所以那麼講究吃素，轉折點是在南北朝。南朝梁國出了中國史上第一位佛教皇帝——梁武帝蕭衍。梁武帝對佛教非常入迷，不但四次出家，把自己的財產都捐給寺廟，前前後後讓大臣和朝廷總共籌了四億錢，才把梁武帝從寺廟給贖回來。

除了給寺廟直接增加收入以外，梁武帝還親自起草〈斷酒肉文〉，首次提出了出家人要全素食，還不能吃蔥薑大蒜等五辛食物，甚至還論證了，萬一吃肉喝酒，就會導致四十六種修行障礙，以及一百一十六種惡果。更關鍵的是，梁武帝可是皇帝，天子已發話，何人不遵守？靠著國家力量，中國佛教全盤轉向素食，成為一種新的傳統。

倔強的酒肉和尚

南朝以後，吃素固然已經成為中國佛教的傳統。但是，誰也不阻擋不了人類對於肉食的一種天然熱愛。即便在佛教裡，酒肉和尚依舊在倔強生長。

我們熟知的那些知名和尚，呈現出兩極分布的狀態。要麼是得道高僧，像是三藏法師、六祖慧能，捨身求法、素衣度日。要麼就是花和尚、假和尚、惡和尚，個個酒肉不離身。比如《水滸傳》裡的魯智深、《西遊記》裡的豬八戒、《天龍八部》裡的鳩摩智，還有瘋和尚濟公，酒肉穿腸過，佛祖心中坐。

魯智深本是關西的莽漢，出家以後，非但繼續吃肉喝酒，甚至把狗肉塞進出家人口中，還醉鬧五臺山、火燒瓦罐寺，簡直就是欺佛祖、喝觀音。在生擒方臘以後，卻不願入朝為官，最後進了杭州六和寺，聽著浙江潮圓寂。魯智深是赤條條的好漢，吃肉喝酒，全無掛礙，已是非凡。

瘋瘋癲癲的濟公，也是酒肉和尚的一種典型。身為堂堂禪宗第五十祖，照樣酒肉。每當吃喝完畢，則愛寫酒肉詩。「醉昏昏，偏有清頭；忙碌碌，的無拘束。」對於濟公來說，喝酒吃肉根本不是問題。碗底飲盡，盡頭便是禪宗。

六祖惠能的徒弟曾經問他，學禪人可以喝酒吃肉嗎？惠能回答：吃了，是你的祿；不吃，是你的福。惠能很高明地避開了「吃或不吃」這樣的二元對立，突破了執念，而是回到事物發展的軌跡上，吃了就是身體得飽足，但也會造成對食物的依賴心。但是不吃的話呢，素心常淨，保持善念，福報會更大。這就是禪宗的風格。

這樣看來，花和尚的修行之路，反而成了大多數世俗中人可以走、也走得下去的一條路了。張恨水就說，對於凡胎而言，還不如不走高僧的路，改走魯智深的路。除了花和尚這條路，其他的修行法門，要麼太累，要麼太餓。只有禪宗對吃飯的看法和做法，貼合人性裡對酒肉的天然喜好，又教人克制過度，保持適中自然，尚可以說還有點長久操作性。

這些典型的酒肉和尚，即便滿肚子油膩，最終還是成佛了。不得不說，佛祖依然是最後的贏家。

淘米燒飯也是佛學

雖說酒肉和尚個個都讓時人讚嘆，他們的故事亦傳於後世，然而並不是所有和尚都與酒肉沾邊。與此沾邊的，要麼成了高僧，要麼入了魔道，多數出家人還是遵守吃飯規矩的。即便在號稱「呵佛罵祖」的禪宗內部，一般主張起居坐臥隨處皆可修行，就連淘米燒飯也不例外。

有位著名的高僧，叫做雪峰禪師，他年輕的時候是個「飯頭」，也就是在寺裡負責燒飯的。有一次，雪峰禪師正在專心致志地淘米，用水在篩洗。他的師父洞山禪師正好路過，打算考驗一下雪峰禪師，他問：「你這是在淘米，還是淘沙？」雪峰禪師聽了，不緊不慢地說：「米和沙一起淘去。」洞山禪師一聽，好傢伙，修行不淺，便繼續為難：「米和沙一起淘去，那大家吃什麼？」雪峰禪師聽了以後，一聲不吭，直接把洗米的盆子全部打翻了。

洞山禪師見狀，也沒被嚇到，就繼續問：「你這是為了去掉煩惱，還是為了證得菩提？」雪峰禪師聽了，說：「煩惱就是菩提！」說到這裡，師徒倆都一聲不響，心照不宣，對彼此的修行功力心知肚明。這就是典型的禪宗Style。

除了淘米，雪峰禪師的吃飯問題還不僅於此，他的食物佛學還體現在一片菜葉上。

有一回，雪峰禪師在洗菜，一不小心，一片小小的菜葉掉進溪水裡，流走了。雪峰禪師沿著溪流，從山上追到了山下，終於追到了這片小菜葉。路過的村民看到了也很驚訝，一個燒飯的師傅，竟然為了一片菜葉那麼認真。

凡事就怕認真。年輕時的雪峰禪師是這樣，年長後的雪峰禪師也是這樣，他經常出門雲遊四方，也不忘挑著炊具和飯勺，堅持不要飯，也不麻煩別人。

其實，原先在印度的原始佛教，是不做飯的，全靠沿街乞討，或者靠皇家的賞賜。而且基本上「過午不食」，下午和晚上都不吃飯。

但是，在佛教中國化以後，特別是禪宗誕生了，提倡「一日不作，一日不食」，連最基本的吃飯問題一律獨立解決，不勞煩老百姓。在禪寺裡，還專門設置了燒飯機構——「典座寮」。有時出門在外雲遊，禪師也自帶乾糧。更有甚者，像雪峰禪師那樣，親自帶著炊具和飯勺上路。

專吃剩飯的高僧

吃飯事小道理大，淘米洗菜盡是佛法。尤有甚者，吃到了極致，就專吃剩飯。

根據《高僧傳》的記載，唐代有位叫作「懶殘和尚」的出家人。這位懶殘和尚，平時主要在齋堂負責收拾碗筷、打掃衛生，經常一個人吃別人剩下的飯菜。凡是別的和尚不願幹的髒活、重活，他都攬了下來。經常搞得自己全身上下沒一處乾淨，都是油膩、髒兮兮。不過，懶殘和尚又經常在半夜誦經，非常虔誠。這樣一個外表油膩、內心虔誠的佛系青年，在整部《高僧傳》裡，也就只有這一位。

不過，這廟裡還有一個不簡單的人。他就是李泌，日後的宰相。年輕時的李泌在廟裡寄居了二十年，專心讀書。有一天，他聽到別人又在背後議論懶殘和尚，他就起了好奇心，打算去見識見識。

到了半夜，別的和尚都睡了，寂靜無人，只有懶殘和尚的誦經聲。李泌就等在門外邊。懶殘和尚看到了，就直接罵他：你來幹什麼！好好的不睡覺，來這裡幹什麼？！罵完接著念經，念了一陣，見人沒走，又繼續罵。

懶殘和尚絮絮叨叨了一陣，大概是累了，就拿出身邊的芋頭吃了起來。在他身邊堆滿了乾牛糞，他就是用這些牛糞烤芋頭的。只見懶殘和尚在身上擦了擦手，便對著門外的人說：進來吧。

李泌聽到後，趕忙進去。門外可是冬天，此時北風呼呼，一進禪堂就暖和了很多。李泌見到了懶殘和尚，懶殘順手把還沒吃完的芋頭舉起來，示意李泌接過去吃。李泌看到了吃了一半的芋頭，上面好像還沾著牛糞，懶殘的手和衣服都髒兮兮的，嘴角還沾著芋頭和口水。但李泌實在是太崇敬眼前這位高僧了，就接下芋頭吃了起來。還沒等李泌吃完，懶殘和尚哈哈大笑起來，說：「孺子可教也！」懶殘和尚跟李泌講了很多，教他做人做事要忍耐，將來必定能做十年宰相。

果真，未來的李泌還真做了十年宰相。不過，這是後話了。

這位專吃剩飯的懶殘和尚，雖然看上去很髒，但卻是大名鼎鼎的高僧。那一只吃剩下的芋頭，便是他教給世人的佛法。真正的高僧，大隱隱於市，甚至隱於寺廟，連寺廟裡的人都看不出來。蓋因他們的行為怪誕，無法被一般人所理解。懶殘和尚吃剩飯、剝芋頭、沾牛糞，絲毫不影響他專心誦經念佛，已經到了隨時隨地都能修行的境界。

就算是剩飯，也有佛法。

神叨至此，徐子偈曰：

佛系青年欲望低，修行人卻我執多。
吃素本非原教旨，酒肉何妨君參悟。
魯達火燒瓦罐寺，濟公酒盡見禪宗。
吃飯事小道理大，淘米洗菜皆佛法。

2 修行者的穿衣哲學

穿衣打扮是一門學問，即便純粹坦蕩如神仙，也要在穿衣打扮上花功夫。想當年，西王母會見漢武帝時，一出場便亮明了衣裝。她頭戴太真晨嬰的冠冕，身穿青綾長褂、黃錦對襟連腰長衣，腳穿雕著鳳紋的鞋子。只有這番豪華氣派、非凡天姿，才能鎮得住漢武大帝的場子。

這種穿戴屬於女神級別，並非人人皆可如此。回到人間，看看林黛玉初見王熙鳳時，可是從頭到腳將王熙鳳仔細打量了一番，王熙鳳「頭上戴著金絲八寶攢珠髻，綰著朝陽五鳳掛珠釵，項上戴著赤金盤螭瓔珞圈，裙邊繫著豆綠宮縧，雙衡比目玫瑰佩，身上穿著縷金百蝶穿花大紅洋緞窄褙襖，外罩五彩刻絲石青銀鼠褂，下著翡翠撒花洋縐裙」。一連串的詞語，初讀起來便覺金光閃閃，簡直就把王熙鳳華麗張揚的個性寫了出來。

當然，這些還是貴族之家，老百姓的穿戴又是另一番講究了。其實不同的朝代，對於老百姓的穿戴都有著不同的規定。明代洪武年間，不種田的人連斗笠都不能戴，平民老百姓的衣服不能是黃色的，商人不能穿綢和紗的衣料，只得穿絹和布的料子。種種規定，都是將衣服視為階層的象徵——是什麼人，你就穿什麼衣服。

除了庶民社會，在那些山林江湖寺廟裡的人士，穿衣又有別樣講究。同樣在明代，修禪的要穿茶褐色的僧衣，講經的要穿藍色的僧衣，律宗的和尚則要穿黑色的僧衣。男性還好辦，女性的講究更繁雜，尤其對於出家的女性而言。

修女怎麼穿

在喜劇「修女也瘋狂」裡，原本在酒吧駐場的歌手德勞瑞斯，因為避難躲進了修道院，用搖滾的方式演唱福音歌曲，帶著身穿黑袍的修女們一起跳舞。當種種現代的時尚元素，通過傳統古典的修女生活再度呈現出來時，便顛覆了人們對修女保守甚至落後的刻板印象。這幅衝擊感極強的畫面，想必給很多人留下深刻印象。

一身黑袍的修女，望之儼然。在一般人看來，黑袍意味著隔絕和禁欲。其實，並非所有修女都是穿黑袍，更非所有穿黑袍的修女，都是保守而刻板之輩。其實在十一到十四世紀的歐洲，出現了「女性修道運動」。在那個時候，貴族女性離開家庭，進入修道院，成了一種時尚。

這群有知識也有教養的修女，在修道院裡既要修行，又要自己種地，還要親自抄寫《聖經》，傳承典籍，總之要做很多活。修女穿的衣服通常是亞麻的，需要自己織，顏色一般是白色或灰色。進入修道院，先有一年的實習期。實習期間的候選修女，穿的不太一樣。就像「修女也瘋狂」裡的那位害羞小女生，她就是還在實習的候選修女，穿著背心裙，頭上只有一塊小黑布，一看便是實習生的打扮。

等到實習期滿以後，候選修女就可以成為正式的修女，她們就要身穿修女的衣服，頭戴黑色或白色的面紗，包住頭部。之所以包住頭部，是因為《聖經》說，女人的頭是男人，男人的頭是上帝。女人包住頭部，是為了顯示順服男人的立場。

除此以外，不同的修道院會有不同的穿衣風格，這也會反映出它們所在地域的服飾文化。

聖衣會，亦即加爾默羅修會，這裡的修士裡邊要穿白衣服，外面披上咖啡色的大袍，頭上還得繫一條黑色頭巾。之所以這樣穿，是因為傳說十三世紀時，聖母瑪利亞曾在一位修士夢中顯聖，並贈送一件咖啡色聖衣。這件聖衣前後是長方形的兩塊布連成，沒有袖子，需披在白色裡衣之外。

贈送聖衣之後，聖母諄諄教導：「凡敬愛聖母，並穿這件衣服的，未來即使掉進煉獄裡，我也會救他上天堂。」說完，聖母就回天堂了。收到這份巨禮的修士感激涕零，連忙開會宣布這件大事，加爾默羅的修士們紛紛穿上了咖啡色聖衣。

在德蕾莎修女創建的印度仁愛會，穿的卻不是黑袍，而是深藍色的外袍，頭上要繫一條純白色的頭巾。德蕾莎修女，便經常以一身藍白相間的修女服出現。

之所以是這些搭配顏色，是因為藍色象徵純潔，代表著聖母瑪利亞的眼睛；白色則象徵純粹的真理；三條藍邊象徵著修會的三個原則——貧窮、服從、守貞。每位修女每年只能從修會領到三套衣服，每年只能換洗這三套，這也意味著自願貧窮。

修女是非常獨特的信仰群體，雖然她們小心翼翼地保護著自己的身體和心思，但是身外的衣服卻又一直在透露訊息。

穿對衣服的運氣

「馬靠鞍裝，人靠衣裝」。雖然這話沒錯，但忽略了衣服的相對獨立性，服飾本身就是人的風格與性格。穿什麼衣服、怎麼穿衣服，都在默默說出一個人的整體人格。穿衣問題，更是一個跨越東西方的問題。西方的修女既然如此講究，東方的比丘尼也不遑多讓。

比丘尼和比丘穿的一樣，通常在禮佛、聽經等重要場合，都要穿海青，也就是一種圓領方襟、袖子很寬，帶有漢唐風格的袍子。根據派別的不同，披在海青外面的袈裟是不同顏色的。

穿對海青曾經給一位知名禪師帶來好運。根據未經證實的傳說，中國史上第一位「菩薩皇帝」梁武帝，雖然自個兒曾經四次出家，但郗徽皇后卻沒有信佛。梁武帝非常敬重志公禪師，把他封為國師。但郗徽皇后卻看不過去，素來與禪師不和，也一心想著什麼時候捉弄下志公禪師。

有一天，皇后請客，請志公禪師赴宴。原來皇后準備了一盆肉包子，到時讓禪師難堪。志公禪師也猜到了，到時皇后可能會用肉食害他，就吩咐弟子，趕緊拿幾個素包子過來，放進海青的袖口裡。到時候，再拿出來替換皇后的肉包子。

果不其然，皇后賞了肉包子。志公禪師從袖口裡偷偷拿出素包子，換掉了肉包子，津津有味地品嚐了起來。皇后並未發現，只看到國師正在吃她賞賜的肉包子，心中大笑：「志公，你也有今天！破了葷戒，看你怎麼辦！」

事後，皇后趕忙向梁武帝報告此事，希望梁武帝趕緊辭退志公。等到梁武帝向志公禪師問起這件事時，志公禪師從海青的袖口裡，拿出了那只被替換的肉包子。

要是沒有這件寬袍大袖的海青，恐怕志公禪師的法身不保，梁武帝的佛教國家因而中殂，「南朝四百八十寺」的壯景為之改觀，中國佛教史有極大機會被改寫。穿對了衣服，也便拯救了歷史。

不穿衣服的禪機

修女的衣服有講究，佛家的海青也有學問，不穿衣服更見禪機。

根據禪宗《五燈會元》的報導，唐代的溫州有位尼姑叫做玄機，在大日山的石窟裡靜坐修行，已經有好一段日子了。有一天，玄機坐禪時，突然有個念頭，她想：「佛法廣大無邊，像我這樣遠離人世，獨自躲到大山深處修行，是不是真的參透佛法了呢？不如去找人幫我的修行把把脈。」

於是，玄機下了山，去拜訪雪峰禪師。雪峰禪師見一位比丘尼來拜訪，便問：「你從哪裡來？」

玄機說：「我從大日山來。」

雪峰禪師問：「大日山，出太陽了嗎？」

玄機一聽，心想：「果然是老禪師，問起話來也是充滿禪意。」於是，玄機打算揶揄一番，便機靈地答道：「太陽出來的話，雪峰就融化了。」

雪峰禪師聽了，心裡一笑，看來眼前的這位尼姑，心思還挺活絡，但是真的學會佛法了嗎？雪峰接著問：「那你怎麼稱呼？」

「我叫玄機。」

雪峰抓住她的名字，緊接著說：「玄機，玄機，好名字，每天織機能織出多少布？」

玄機聽了，也不退讓，回答：「寸絲不掛！」這個回答巧妙機敏，玄機心中不免得意起來。說完，便彎腰鞠躬，瀟灑轉身離開。

正準備出門時，雪峰禪師來了一句：「喂，袈裟角拖地了。」

玄機聽了，趕忙轉身看袈裟。

雪峰禪師大笑：「好一個『寸絲不掛』！」

「寸絲不掛」的公案就此誕生。佛家講究心無掛礙，但對外在著裝又甚為看重，可見工夫還沒到家。

佛者見佛，俗人見人。比丘尼的這身衣袍，當然並不會讓大多數異性感興趣。不多見的例外，便是在《笑傲江湖》裡，採花大盜田伯光，即便看到了身穿寬大緇衣的小尼姑儀琳，也仍然心生愛意。不得不說，在有情人的眼裡，僧服再莊重，也能看出愛情來。

神叨至此，徐子偈曰：

穿戴問題君莫笑，穿衣事小學問大。
有錢沒錢看頭飾，出家在家辨衣冠。
修女服飾有講究，比丘海青藏洞天。
穿對衣服救南朝，寸絲不掛見禪機。

3 出家人的戀愛症狀

佛學雖然精微廣大，但對於出家人的戀愛問題，談及甚少，不失為一種遺憾。為了一窺廣大佛門的情感問題，便打算投身浩如煙海的典籍和資訊，從中打撈一些精粹，姑且為今所用。

沒錯，和凡人一樣，出家人也會談戀愛。出家人的戀愛，同樣也分為兩種——主動型和被動型。像著名的一休和尚，便是主動型戀愛的典範。

一休的夕陽戀

「一休和尚」裡的小一休，曾經逗樂了一代人。然而，他的原型，一休宗純大師，來頭可不小。一休宗純大師是日本三大名僧，也是皇族的後代。他的生父是後小松天皇，生母也是貴族。因為皇室內部鬥爭問題，一休從小就被迫離開皇家，進入京都的寺廟跟師父們學習。就是這樣一位出身高貴、從小出家的大師，卻在四十三歲那年愛上了一位女子。當他前往祖師爺大燈國師的逝世紀念法會時，竟然領著這位女子一同參加。當別的師父還在禪堂裡誦經，莊重肅穆地舉辦紀念活動之際，一休大師卻怎麼也坐不住了。在眾目睽睽之下，只見他領著女子，直接進了自己的房間。自那以後，還留下了一首傳世的豔詩：「開山宿忌聽諷經，經咒逆耳眾僧聲。雲雨風流事終後，夢閨私語笑慈明。」

別的和尚大概都敢怒不敢言，一休大師是什麼人呢？除了他高貴的世俗身分，他更是自稱「狂雲子」，極為厭惡當時佛界的假仁假義，也厭惡政治圈的爾虞我詐，認為還不如與情人戀愛來得最為真誠。

七十八歲時，一休已是暮年，又來了一次深刻的夕陽戀。他愛上了一位盲人歌手，名字叫做森。一休越老越憤青，看誰都不順眼，唯獨對這位盲人歌女專情。有詩為證：「鸞輿盲女共春遊，鬱鬱胸襟好慰愁。放眼眾生皆輕賤，愛看森也美風流。」

不是所有和尚都像一休這樣出身不凡、自帶光環，身邊縱使有人不滿，也不會直接批評一休。更何況，一休夕陽戀的理由充足，背後還有一套圓滿自足的理論背書。

多數出家人還是屬於默默無聞的那類人，甚至是社會底層的失敗者，他們的戀愛問題如何解決呢？這裡，我們可以參考下虛竹小師父的戀愛經驗。

虛竹的戀愛經驗

虛竹在靈鷲宮救了天山童姥以後，被天山童姥的情敵李秋水追殺，他倆就躲進西夏王宮的冰窖。為了把虛竹當作傳人，天山童姥一心想讓虛竹破戒，最後把赤身裸體的夢姑帶到虛竹旁邊，終於讓虛竹破了色戒。多年以後，虛竹陪著段譽，應聘西夏的駙馬，未料與夢姑重逢，發覺她原來是西夏的公主。虛竹和夢姑重逢以後，決定成親，相伴終生。

虛竹在破色戒之前，其實早已破了葷戒和酒戒。阿紫曾經在虛竹吃麵時偷換了雞湯和肥肉，導致虛竹破了葷戒。跟天山童姥躲在西夏王宮的冰窖時，虛竹又被強迫喝酒吃肉。和好兄弟蕭峰、段譽在少林寺大戰時，又喝了酒。一來二往，直到破了色戒以後，虛竹真正衝破了顧忌和枷鎖，進入了紅塵與人間。

金庸老先生安排的這一齣劇情，以虛竹的破戒貫穿，其中主動和被動相交織，最終以虛竹和夢姑的聯姻結束。

若對虛竹的破戒這個現象，略加分析，可以發現此事並非虛竹一人所能控制。要不是沒有阿紫的捉弄，虛竹不會吃肉，破了葷戒。要不是沒有天山童姥的主動撮合，虛竹也無緣見到赤身的夢姑，更不可能與西夏公主聯姻。夢姑與虛竹相處三天三夜，這樣的環境裡，不能苛求虛竹還能持戒自守。總之，這樣數算下來，虛竹的破戒原因，外部環境所占的比重，遠超過虛竹的個人因素。

總結下來，虛竹的戀愛經驗，就是兩個字——「破戒」，並且是不斷地破戒。這種奇葩人生際遇，其實亦非常人所能及。虛竹雖然出身卑微，但是遇到的貴人特別多，基本囊括逍遙派的各大領袖級人物，而且在名師的指點、自身的努力下，功力長進極為迅速，終成具有武林影響力的大人物。

既然虛竹的被動型戀愛，無法成為尋常人的參考。那麼，如此苦尋出家人的感情經驗與戀愛症狀，豈不白費？

出家人的戀愛如何是好？

在家的居士，除了一心向佛，受過三皈依和五戒，其他都跟世人的生活也差不多。三皈依就是皈依佛法僧，五戒也就是不殺生、不偷盜、不邪淫、不妄語、不飲酒，比出家人的十戒少了一半。

在家居士尚且好辦，出家人的戀愛如何是好？當一位出家人，不好好出家，一定其來有自。

明代高僧蓮池大師在《竹窗隨筆》裡，提到了出家人的四種狀態。最上等是出家如出家者，意思是出家就完全像個出家人，嚴守戒律、清心修佛。其次是在家如出家者，就是說有些人因為種種條件不合適，就做個在家居士，以出世的心入世，但行好事，不問前程，這種人也可以成為活菩薩。第三等就是在家如在家者，就是既然做不到前兩者的高尚境界，不如就活的瀟脫一些，乾脆做個坦坦白白、心地善良的俗人。第四等最低下，就是出家如在家者，身在寺廟心在世界，這樣的人最危險，極容易走火入魔。

以此觀之，「出家人也談戀愛」，這種不守規矩的生活狀態，極有可能墮落為「出家如在家者」。不過，像一休大師有名望的人，談戀愛的成本，一定高過常人，所以如此做，此事必有蹊蹺。

對於主動型戀愛而言，毋庸置疑，一定存在真愛。像一休大師這樣在寺院和社會上都有名望的人，愛上一個地位卑微的盲人歌女，在常人看來，既賠了名聲，又損了地位，肯定是虧本的事。但是，真愛不問成本。

首先，一休大師連皇子都不當了，一心在佛門。當年，聽到一聲烏鴉叫，悟得萬事皆空，人生在世，不過是一段在現世與來世之間的短暫休息時分，因而改名「一休」。如此可見一休向佛的真誠。不過，照理說，一休師承華叟大師，是大燈國師的傳人，在佛界也屬於名門望族。一休既不要世俗的皇子身分，也不要佛門的大師身分，跑去和女子談戀愛了。

一休大師的戀愛，完全在於他放棄各種名聲的羈絆，在於對真愛的絕對投入。雖說此間相關議論，不過是坊間或文藝界盛傳附會的逸聞，即便有什麼花邊新聞，也不過個例或虛構的文藝。然而，他們談的戀愛都出於肺腑，畢竟像一休大師、倉央嘉措、蘇曼殊這樣的情僧，少之又少。

當然，佛教裡也不都是一個樣，南傳佛教就對談戀愛這事比較寬容，南傳佛教也就是上座部佛教、小乘佛教，是佛教離開印度以後，經過斯里蘭卡，影響到東南亞的佛教派別。南傳佛教允許夫婦之間或其他正當的情愛，而漢傳佛教認為凡是情愛，都是落入因緣的牢籠，顯得更加悲觀。

另外，還有一個值得重視的問題，就是小沙彌的初戀如何是好？

小沙彌通常指那些七歲到二十歲之間的出家男生，這些出家男生已經受過十戒，包括不殺生、不偷盜等。但他們還沒有受過具足戒，也就是更嚴格的誡命。受過具足戒以後，才能真正進入寺廟的正式編制——比丘。而沒受具足戒的，就還是實習生或者在家居士。

在寺法大全《摩訶僧祇律》（第二十九卷）這本書裡，把沙彌分成了三個階段，不同階段的沙彌，要過不同的生活方式。

七到十三歲的小沙彌，處於童年向少年過渡的階段，心理學上叫做少年期。佛學裡用了一個比喻性的說法，稱這個階段的小和尚為「驅烏沙彌」，也就是可以學習驅趕烏鴉了。大概在古代的山寺裡，常有烏鴉飛來啄食，這個階段的小沙彌經常接到師父的命令，去趕那些啄食佛前供品的烏鴉。

趕著趕著，長到十四歲，小沙彌身體就開始發育了。他們漸漸長高，也逐漸適應出家人的起居作息、念經坐禪。從十四歲到十九歲，這個階段叫做「應法沙彌」，也就是適應了佛法僧團的生活方式，成了寺廟的預備童子軍。

十九歲、二十歲以後，小沙彌雖然還處於青春期，但已經是大人模樣。只要沒犯過大錯，就能受具足戒，成為正式的出家人——比丘。從此開始遵守二五〇至三四八條不等的戒律。當然，如果還沒受戒，那就叫做「名字沙彌」。

七到二十歲，正是一個人從少年走向青年的成長階段，其中伴隨著讓人又愛又惱的青春期。這個時期，少年的生理、心理開始發育，整個人的小宇宙都在小鹿亂蹦。偶爾遇到戀愛，那也是很正常的。即使在佛門裡，也都不能違抗這種自然規律。

當和尚不易，做小和尚也不易，身處青春期的小和尚更加不易。試問各位大德，小沙彌的初戀如何是好？

神叨至此，徐子偈曰：

出家不打誑語，在家且說情話。
一休風流晚戀，虛竹一路破戒。
沙彌緣何愛戀，只因愛有菩提。
佛前許下因緣，清齋償還愛願。

4 沙漠修道士的行為藝術

修道，向來不是一本正經的重蹈覆轍，全靠天馬行空的天才想像，靠的是瘋狂忘我的熱情、旁若無人的專注。非如此，不能與道沾邊。從葛洪、陶弘景、王重陽，到卡西安、安東尼奧、聖方濟各，東西方的修道人，沒有東西方的分別。修道，如此莊嚴，如此有情，又如此藝術。

在一般人的印象中，修道士總是身披黑袍，沉默不語，整日待在陰沉的修道院裡。其實，這種修道生活主要在中世紀才形成，比這更早之前，修道士不是這種形象，而更像是我眼中的「行為藝術家」。

愛闖沙漠的修道士

修道的前提是要集中注意力，不被生活瑣事所困擾。因此，修道士對自我克制和周邊環境的要求都非常嚴格。在這方面，不得不提到吃苦耐勞的聖安東尼。

聖安東尼，三世紀的埃及人，出身富農家庭，十八歲時父母雙亡，與小妹相依為命。因為看到《聖經》裡耶穌講的一句話：「不要為生命憂慮吃什麼，喝什麼；為身體憂慮穿什麼。生命不勝於飲食嗎？身體不勝於衣裳嗎？」又聽耶穌說：「來，跟從我。」聖安東尼就變賣祖傳三百畝良田，財產分給窮人，安置好小妹，然後離開家庭、遠走沙漠，後來成為西方修道傳統的創始人。

聖安東尼修道非常拼命，對自己的身體要求也很嚴格。那時候還沒有後來我們熟知的那種修道院。所以一開始，聖安東尼先住進了一個墓洞。這座墓洞裡的屍體，早已化灰，只有白骨累累，還偶有老鼠橫竄。不過，空間大小正好合適，更無人打擾，非常適合靜修。聖安東尼一開始也不習慣，畢竟原本家裡豐裕有餘，現在獨居在墓洞，與死人氣息朝夕相聞。聖安東尼就這樣開始了他的修道，直到後來被附近村莊的人們知曉，很多人前來議論指點，他不得不搬離墓洞，轉而渡過尼羅河，走入沙漠深處，如此修道，一待就是二十多年。

受到聖安東尼的感召，這二十多年，或三三兩兩，或獨自一人，有成千上萬人主動前往沙漠修道。雖然來的都是修道士，但畢竟還是人，也要吃喝拉撒。人一多，環境勢必變得吵鬧，糾紛也難以避免。聖安東尼又起了搬家的念頭，打算再次搬往紅海附近的地帶。於是，他搬到更遠更安靜的沙漠，一直住到一百零五歲終老。

為什麼聖安東尼那麼喜歡沙漠，而且越搬越遠？因為荒涼的沙漠是修道的絕佳環境。相較而言，東亞的道士和僧侶，大多隱居山林、專心修道，雖也環境複雜、蟲獸出沒，但至少不缺水少糧，尤其名山大川，香火不斷，吃喝不愁。在沙漠地帶修道，尤其考驗個人的心志。首要的大問題，就是考驗人的體力和耐力。沙漠晝夜溫差大，白天酷熱，夜晚寒冷，在野外洞穴裡修道，修的首先是身體的能耐。其次，水和糧食也是問題。聖賢如安東尼，盡量降低食物要求，只吃少量麵包、水和鹽巴。修道士大多數時間是坐姿，動作量不大，熱量消耗也較低，但就算是最少的食物需求，仍需靠外人幫忙運來，也不是完全能「躲進墓穴成一統」的。

愛爬柱子的修道士

除了愛進沙漠，有些修道士還愛爬柱子。

德國作家君特．格拉斯年輕時曾寫過一首未完成的長詩，講述柱頂聖徒奧斯卡．馬特萊特的故事，這個名字後來也成了《鐵皮鼓》的主人公。其實他的原型就是愛爬柱子的修道士聖西蒙。

西元五世紀，敘利亞有一位修道士叫做聖西蒙，大概是人類有史以來第一位主動爬上柱子修行的人。而且，一坐就將近四十年。

在爬柱子之前，聖西蒙曾雲遊路過某村，因為天氣炎熱，口乾舌燥，便到處找水喝。過不久，一位蒙面村婦路過，見到聖西蒙先生嘴唇乾燥、神情倦怠，便好心地問，是否口渴。聖西蒙點頭，接過村婦遞來的水，一飲而盡，甘之如飴。他看到村婦蒙面（當時，中東部分地區還不流行婦女蒙面），便問這是為何。村婦回答說，她的臉上有恙。只見聖西蒙輕輕揮手，村婦就痊癒了。這件事一傳十，十傳百，附近村莊的人都來圍觀，請求聖西蒙治病。更有甚者，只求瞻望一眼，別無他求。

眾人圍觀之下的聖西蒙無法安然修道。他既無法像聖安東尼一樣遁入沙漠深處，也無法說服群眾放棄圍觀。無可奈何之下，為了能繼續修道，聖西蒙只好自造石柱。

造柱子是體力活，聖西蒙喊來石匠幫忙，一開始只造了十英尺高的柱子，坐上去以後發現離地面太近、天堂太遠。聖西蒙不滿意，接著造了十六英尺、十九英尺，最後的柱子高達將近六十英尺。

聖西蒙坐在柱頂，俯瞰大地，看芸芸眾生時而路過仰望，時而聚集紛紛議論。此事最開始引起巨大轟動，四方鄉鄰懷著尊敬讚嘆的態度前來圍觀。但隨著時間流逝，年復

一年坐在柱頂的聖西蒙再也引不起大家的好奇心。於是，他終於滿意。

只見聖西蒙長舒一口氣，目光平視之處，皆凌空茫茫，只有飛鳥偶爾路過，嘰嘰喳喳叫了幾聲，就飛走了。聖西蒙終於可以沉浸在專心修道的小宇宙裡，沒有人打擾，沒有事煩心，既可默觀紅塵眾生百態，又可自由冥想靈魂與上帝合一。只是，吃飯和如廁成了一個大問題，這件事困擾著聖人。

吃飯問題好解決，聖西蒙也需要進食，從柱頂放一根繩子下來，讓柱子底下的人帶來麵包和水。有時連麵包也沒有，只有一些鹽巴和水，以維持最低的生存需要。但如廁就是個大難題了，不得不讓他親自下石柱上廁所。聖西蒙就這樣坐在石柱上修煉了將近四十年，直到六十九歲時去世。後來，他被人們傳頌為「柱頂聖徒」。

聖西蒙自己造石柱修道的做法，當時成了時尚潮流，修道士們都覺得很酷，於是競相模仿。一時之間，石柱在敘利亞一帶紛紛豎立，修道士們走出修道院，爬上石柱冥思默想。

有些修道士甚至還發現，其實不用自己造石柱，那樣又費時又費錢。他們在希臘的山區裡發現了天然的巨石柱，聳立在一片山林裡，這可是修道的絕佳去處。於是，紛紛在這些石柱上建造修道院。像是希臘梅特歐拉的天空之城，便是柱頂修道院的典型代表作。

然而，自造石柱需要資金，發現梅特歐拉的巨石柱需要機緣，畢竟這些並非所有修道士都能做得到的。為此，有些修道士就想了其他五花八門的做法，競相鬥起時髦的修道方法。

修道士的拼命方式

在基督教的歷史上，曾經出現過三種顏色的修道方式。紅色修道，即早期基督徒在羅馬帝國期間，或在鬥獸場肉搏野獸，或釘十字架，以血和死亡來修道。綠色修道，即以嚴格戒律約束身體，注重辛苦勞作的方式。白色修道，即變賣一切家產，周濟窮人。待在修道院裡全職修道，這事要到西元三二五年才正式開始。此前，大多是一個人或幾個人組團修道，比較分散，而且修道的行為藝術五花八門，甚至顯得頗為怪誕。

譬如，既有獨闖沙漠的，也有愛爬柱子的，還有喜歡吊在懸崖上的，這些形形色色的奇葩方式，只為克制自己的欲念。不過，這些不守常規的行為，也給基督教的名聲造成一定困擾。圈內的人多數能看懂其涵義，這些行為甚至能激發很多人的傾慕。那湧入沙漠的數萬修士便是明證。不過，人一多，事情也多，魚龍混雜肯定更多。修士們也需要一種更加制度化、有保障的生活，來幫助他們維持秩序。這可不能像聖安東尼一樣，一個人在沙漠裡多次搬家，越走越遠。單身漢尚且好說，數萬修士便需秩序。修道院的制度因而誕生。

帕科繆 (**Pachomius**) 開風氣之先，首創修道院制度，生前連續創建十間修道院。因他本是軍人出身，反感個人式修道，而主張團體式，並且特別講究用軍隊的紀律和要求，建立高標準、高門檻的修道院生活方式。比如，每天起早先禱告，再吃飯，然後到院子裡種菜，然後退回小房間裡禱告，接著再聚集做禮拜。各種流程均有章可循，犯錯悔改都依法遵辦。帕科繆的這套做法，也成了後世修道院的範本之一。

在正兒八經的修道院以外，其實還有不少我行我素的修道士，還沒有被納入教父們的麾下，也沒有被招安入院，他們依舊獨來獨往，自行於天地之間。例如，俄羅斯盛產的「聖愚」抑或「癲僧」。像是杜思妥耶夫斯基《白痴》裡的梅思金公爵，心底純良、批判世俗、渴望殉道，然而梅思金身患癲癇，又在世俗世界一再遭遇挫折，最終成為白痴。這樣的聖愚形象，多次出現在杜思妥耶夫斯基的筆下。

看來，從沙漠到城市，修道都意味著踏上一條泥濘的窄路。只不過，這條窄路走著那些可愛又怪異的修道士。

神叨至此，徐子偈曰：

沙漠茫茫多無聊，修士創意來修道。
坐上石柱三十年，肯下懸崖多折磨。
三種顏色苦待身，十方聖賢思神明。
再登希臘天空城，躲進修院成一統。

5 蘇菲的旋轉修行法

「修行」的法門千萬種，出家、打坐、斷食、冥想，無一不是古今中外常見的修行方式。世上卻還有一種非常好玩的修行方式，那就是「旋轉舞」。正所謂，蘇格蘭的男人穿方格裙子，土耳其的男人會跳旋轉舞。此處的旋轉舞，可不是簡單的「旋轉＋舞蹈」，它有著更深厚的文化意義。

旋轉：另類的修行方式

旋轉舞，又叫托缽僧舞蹈（The Mevlevi Sema Ceremony），二〇〇八年已經被載入聯合國非物質文化遺產名錄。旋轉舞源自伊斯蘭教裡的一個特殊教派——蘇菲派。「蘇菲」在阿拉伯語裡的原意是「純粹」或者「羊毛」，說的是那些純粹修道、披著羊毛斗篷、苦思冥想的禁欲主義者。

蘇菲派或者蘇菲主義的特點就是神秘主義。在伊斯蘭教的其他教派看來，真主是威嚴的造物主，善惡分明。信徒應該嚴格地遵守教法，嚴肅地持守信仰。

但是，蘇菲派卻不這麼認為，他們認為真主並不是高高在上的，而是一位親密的愛人，所以修行者可以用音樂、詩歌、舞蹈等形式，來向真主表達愛慕之情。

正是有這樣的觀念鋪路，相傳七百多年前，有一位叫作魯米（Molang Jalaluddin Rumi，一二〇七－一二七三年）的大師發明了這種舞蹈，就是用不停的旋轉，幫助修行者自我淨化，最終與真主合一。

這個起源，源自魯米的一次神奇經歷。相傳有一天，魯米路過一位好友的黃金店，此時店裡正在敲打黃金，叮叮叮叮，魯米聽到敲打金子的聲音以後，陷入了一種如痴如醉的狀態，就很自然地開始旋轉了。這位好友正好也是修行者，他一看就能理解，不得了，魯米已經進入修行狀態了。他就交代夥計一直敲打下去。魯米就這樣從中午轉到了晚上。

旋轉舞，就這樣神奇地誕生了。

每個動作都有含義

別看旋轉舞名曰「旋轉」，可不是簡單的轉圈圈，它可是大有門道的。

在魯米看來，整個宇宙都是真主創造的，存在著一個主軸，所有星辰天體都圍繞著這個主軸旋轉。身體的旋轉，就像天體圍繞著宇宙主軸旋轉，可以幫助修行者最終與真主合一，達到靈性上的巔峰體驗。

如今我們能看到的旋轉舞，絕大多數已經不是宗教儀式了，而成了土耳其的民族舞蹈。如果你去土耳其旅遊，看到的都是商業演出。不過，也能從中窺見旋轉的魅力。一般而言，旋轉舞是這麼轉的：

在開始旋轉前，首先出場的是四位「旋轉舞者」（在古代，通常是道行高深的資深修道者），他們低調地慢慢進場，坐下，然後吹笛、打鼓，唱誦經文。

樂曲悠揚婉轉了十多分鐘後，另外四位頭戴高帽的舞者入場了，他們坐在羊皮毯子上祈禱，然後，就站起來旋轉了。

舞者先把手臂彎到胸口，然後以四十五度的「姿勢」，抬頭仰望天空。接著抬起右臂、右掌朝上，左臂下垂，以逆時針的方向，開始不停地旋轉。從閣樓往下看，一朵朵白色的喇叭花，在大廳裡盛開。

在連續的旋轉中，進入出神狀態的資深修行者，旋轉二十分鐘則是小菜一碟，超過一小時也並不少見。如此長時間的旋轉，難道不會感覺頭暈目眩嗎？長期修煉的修行者，早已出神入化，他們的旋轉自然與一般的旋轉不同，如痴如醉的旋轉，正是與真主在戀愛。

既然旋轉舞是一種修行方式，那麼，舞者的各種姿勢或者著裝，都是有特殊含義的。比方說，他們身披黑色長袍入場，象徵著肉體生命和塵世萬物，脫去黑袍、露出白袍，象徵著歸向真主以及純潔的信仰。頭戴高帽，象徵墓碑，意味著修行者放棄了物質追求，而去尋找靈魂的歸宿。右臂朝上、左臂朝下，象徵修行者將天堂的祝福帶給人間。

可見，旋轉舞蘊含著豐富的修行含義，每次一旋轉，就相當於一次全身心投入的修行。蘇菲派因此非常重視這種修行方式。在魯米逝世後，他的後人還專門成立了一個旋轉托缽僧修會，大家一起旋轉，直到如今。

旋轉舞、靈性詩歌與神秘主義

蘇菲派不但用舞蹈來修行，也用音樂、詩歌來修行。作為聖人的魯米，同樣也是一位大詩人。魯米和菲爾多西、薩迪、哈菲茲，並稱為波斯文學史上的「詩壇四柱」，他的詩歌在中亞和歐美至今依然非常流行。

魯米除了會跳舞，還會用精緻細膩的詩句，呈現一派別樣的靈性世界。他一再告誡人們，如果擺脫自我的束縛，面向那冥冥中的創造者，人才能有機會窺見真理。有一首詩歌，就把這個理念表達出來了。

〈如果〉

如果你能倒空自我，那怕只是一次
那奧秘中的奧秘，就會向你打開
那藏在宇宙外的未識之臉
將浮現於你感知的鏡面上

擺脫自我的束縛，面向無限的創造者，這就是修行。在修行者的眼裡，這個日常的世界已經變得很不一樣。它不再被小情緒、小煩惱所束縛，反而呈現出有規律、的運作圖景，呈現出一種曠達的美。

〈留心〉

留心，每顆灰塵如何漂浮
留心，每位旅客如何抵達
留心，他們每位如何點不同的菜餚
留心，星星如何落下，太陽如何升起
百川如何匯入大海

在這首名叫〈留心〉的詩裡，可看出魯米的敏銳和靈性。他對世上事物的一絲一毫都有細膩的觀察，世界在他的詩歌裡好像又回到遠古的曠達。

為什麼魯米會對日常生活有如此細膩的體驗呢？其實，這也是一種神秘主義的修行方式，跟旋轉舞是相通的。

在蘇菲派的神秘主義者看來，世界上的事物雖然形式多樣、複雜多變，但在本質上都是一體的。這個本質上的一體，就是創造者真主。作為修行者，可以通過各種修行方式，與真主合一。這些方式，既可以是傳統的禁欲、誦經、祈禱，也可以是旋轉、詩歌、音樂。

魯米更是把「愛」視為信仰的核心，愛勝過了所有教義、儀式和傳統。魯米詩歌裡經常把修行者和真主的關係，比喻為一對愛人的關係。他這樣說：

〈哦，親愛的〉

哦，貴重的魂靈
如此熱望，將淨化你
哦，神聖的身體
如此熱望，將消瘦你
哦，極尊貴的你
在你裡面熊熊燃燒的愛火
將讓塵世變天堂

不論是詩歌還是舞蹈，魯米和蘇菲派的修行方式，即使在今天看來，依然非常「時尚」。但是，如果你要是去土耳其旅行，最最正宗、作為修行儀式的旋轉舞，恐怕很難看到了。因為在上個世紀，旋轉舞被土耳其國父凱末爾禁止了。

旋轉舞的消逝

一戰前，蘇菲修行者一度達到十萬人，但一九二五年後，經過凱末爾的現代化改革，整個土耳其社會都走向了世俗化，蘇菲派的活動場所紛紛被取締，這個神秘教派走向了衰落。

旋轉舞已然失去了仙氣，但這段土耳其通過國家行政力量廢黜蘇菲派和旋轉舞的歷史，其實可以看出土耳其尋找自身現代性的路徑。

一九二三年，土耳其共和國成立，一九二四年，鄂圖曼帝國的最高統治者哈里發被驅逐出境。這個統治東西方文明交界處六百多年的大帝國，至此瓦解。

新生的土耳其共和國，在國父凱末爾的治下，全面推行世俗化政策。凱末爾通過發明新文字、引進西學，也通過廢黜傳統宗教，帶領土耳其走向「全盤西化」、「脫亞入歐」的現代化路徑。

一九二五年，土耳其通過法案，關閉了大量修道院。旋轉舞作為修行者的宗教舞蹈，也遭到了禁止。直到一九五〇年代，才部分允許恢復旋轉舞，但僅限制在公共場合演出。到了一九九〇年代，出於旅遊和商業考量，允許旋轉舞作為商業演出。所幸，這個體現蘇菲神秘主義的舞蹈，終究是被保留了下來，成了通俗的藝術表演。

如今，若想看旋轉舞，就得直奔孔亞（Konya）。這個地方，歷史上曾經是塞爾柱帝國的首都，現在還是土耳其的傳統文化中心。當然，這裡還有魯米的陵墓，被視為蘇菲派的聖地。相傳，魯米就是在十二月十七日離開人間的，所以每年到了十二月，孔亞當地都會有旋轉舞的表演，來紀念魯米的成道。

神叨至此，徐子偈曰：

在彼大海沙漠處，有教名曰蘇菲派。
一言不合便起舞，史上最眩暈冥想。
我轉神轉宇宙轉，靈魂飛舞真主合。
魯米已經升天去，孔亞徒孫繼續轉。

6 成仙有風險，煉丹須謹慎

道教，從創始人、神聖經典到儀式，整個「宗教記憶」，都在中國土生土長。作為一種Made in China的原生宗教，自東漢開店辦廠至今，已經持續經營了一千八百多年。在這條長長的生產鏈上，道教為中國人提供了很多原創發明產品。

根據英國科技史學家、劍橋大學李約瑟教授的《中國古代科技史》舉證，在道教這家千年老店裡，至少開創了古代中國的化學、地理學、數學、天文學等等。

當然，這些發明多是「無心插柳」的結果。為了煉丹，不小心發明了火藥，同時也產生了養生術和中醫。為了找到修仙的好環境，道長們不得不夜觀星象、晝看風水，這不就有了天文學、地理學的雛形。為了測算生辰八字，用上了珠算、心算、九宮算等十四種演算法。為了救命醫病，有了《黃帝內經》。當然，道教的獨家法門和主要使命，還是「成仙」。

「成仙」作為一種職業

唐代的鍾離權、呂洞賓師徒倆，在他們的對話錄《鍾呂傳道集》裡，將成仙分了五個等級：鬼仙、人仙、地仙、神仙、天仙。「天仙」等級最高，可以「飛行雲中，神化輕舉，以為天仙，亦云飛仙」。為了成仙，歷代道士總結了五種方法：

1、吃藥（長生不老藥）

2、煉丹（內丹、外丹）

3、練氣、導引（按摩），舒暢氣血

4、積累功德、舉行科儀

5、建功立業、死後封神

其中，煉丹算是道長的必殺技。為了成仙，道長們也是拼盡了老命。所謂「成仙有風險，煉丹須謹慎」，一個普通人或者稍微有點「道緣」的人，想要成為超凡脫俗、自帶仙氣的神仙，要經歷什麼？好歹，西天取經也有個「九九八十一難」，那成仙升天究竟要闖過多少關卡？在成仙的「不歸路」上，究竟有多大風險？煉丹的危險係數究竟有多高？

這先得從孫悟空的火眼金睛，還有太上老君的煉丹爐說起。

外丹：從孫悟空和太上老君說起

孫悟空為什麼擁有金剛不壞之身？除了他吃遍了王母娘娘的蟠桃園，更是因為吃了太上老君的九轉金丹，而且是整整五個葫蘆！

所謂「九轉金丹」，就是提煉過九遍的仙丹。這是太上老君手頭的頂尖產品。東晉葛洪《抱朴子．金丹》裡有這樣的記載：

一轉之丹，服之三年得仙。二轉之丹，服之二年得仙。三轉之丹，服之一年得仙。四轉之丹，服之半年得仙。五轉之丹，服之百日得仙。六轉之丹，服之四十日得仙。七轉之丹，服之三十日得仙。八轉之丹，服之十日得仙。九轉之丹，服之三日得仙。

九轉金丹，簡直就是通往仙界的 VIP 專屬門票。太上老君花了幾百年，才用那只八卦爐煉出來。原本是呈給玉皇大帝的丹元大會，不料卻被孫悟空吃了足足五大罐。

說到八卦爐，這是煉製仙丹的必備神器，裡面燃燒著六丁神火，後來翻倒就成了火焰山。但是，為什麼孫悟空跳進了如此高溫的八卦爐，卻沒有被煉成仙丹或者「猴丹」呢？

這是因為八卦爐裡有八個空間，分別是乾、坎、艮、震、巽、離、坤、兌。當然，並不是每個空間裡都有熊熊大火，而悟空跳進去的那個空間，恰好是沒有火的地方。這個地方叫作「巽」，「巽」的意思就是「風」，這個地方專門通風，燒不到火。雖然沒有明火，但有很大的煙氣。於是，悟空的火眼金睛就這樣被熏出來了。

煉仙丹可不是太上老君的專利，可能他的設備先進，有天庭的贊助，有兜率宮的優越環境，但人間的道長們一樣也煉得很 High。

煉丹是一種時尚。除了道長，像是李白、杜甫、孟浩然都曾煉過仙丹。一看李白的身分證，就透散出一股濃濃的仙風道骨之氣。李白，字太白，號青蓮居士，又號「謫仙人」。他說自己是「十五遊神仙，仙遊未曾歇。」，又常「五岳尋仙不辭遠，一生好入名山遊」，想著「願隨子明去，煉火燒金丹」。

那麼有魅力的仙丹，到底怎麼煉的呢？部分手藝仍記載在經書裡，像是《周易參同契》、《抱朴子》等。

煉丹主要有兩種辦法，用火煉或者用水煉。火煉法，就是用煉丹爐火燒原料的辦法。水煉法，就是用溶液提取。火藥，就出現在火煉仙丹的過程中。

要煉外丹，需要天時地利人和。所謂天時，就是要等到絕佳的時間才能啟動項目。彗星出現、地震頻發、洪水肆虐之時，都不宜煉丹。地利，指的是外部環境要絕佳，最好是名山大川，遠離市井生活。人和，指的是煉丹的全職工作人員——道士，要有很好的身心狀態。在煉丹之前，通常要先禁慾、洗澡，還要畫符祭天。讓天、地、人、仙多方準備好，然後開始煉丹。

煉丹的過程中，由於化學物質的反應時有異常，難免發生爆炸事故。火藥，就此意外誕生。相傳，藥王孫思邈在煉丹時有個重大發現，就是如果硝石、硫磺、木炭三者混合，就會發生爆炸。這一爆，爆出了古代中國貢獻給全人類的一項發明——火藥。要知道，直到十三世紀，歐洲才有火藥的書面記錄。等到歐洲記錄火藥時，道長們早就跑在了前頭，他們已經找到有效規避爆炸風險、更適合成仙的煉法——內丹。在唐代以後，煉內丹的潮流越來越大。道長直接把自己的身體當作煉丹爐，在體內煉丹。

內丹：小宇宙如何爆發？

歷史上，在唐代以後，其實道長們越來越傾向於煉內丹。畢竟，煉外丹、吃仙丹的危險係數實在太高，那些小白鼠皇帝們吃了仙丹後，基本上就沒有成功過，甚至加快了自然死亡進度，簡直就是「被動成仙」。而且，煉外丹需要同時符合天時地利人和的前提條件，又極大降低了煉丹效率和成仙進度。

於是，唐代以後，煉內丹的風潮慢慢流行起來。內丹的意思，就是把人體看作煉丹爐，把人的津液和氣血當作丹藥，然後在體內煉丹。根據道教的基本原理，人體和宇宙其實是一一對應的。宇宙有五行：金木水火土，人體有五臟：心肝脾肺腎。宇宙有十二時辰，每個時辰都對應著人體器官的活動時間。宇宙和人體都得遵守陰陽五行八卦的規律，既然可以在名山大川煉外丹，那麼同理也可以在人類體內的小宇宙煉內丹。

在這幅很有名的「內經圖」裡，人體化成了山川萬物的模樣，簡直就是一個小宇宙。

外丹有等級和療效之分，內丹也有不同的等級。南宋有本《修仙辨惑論》的書，作者白玉蟾現身說法。他把最好的內丹，叫作「上品丹法」。「上品丹法」把身體當作鼎，把心當作汞，以定力為水，以智慧為火，用十個月時間就能煉出來，這種內丹，是品質最上乘的。中等丹法，就「以氣為鉛，以神為汞」，要花上三年時間才能煉出來。那最下品的丹法呢，就「以精為鉛，以血為汞」，要花九年時間才能成功。等級既已排定，那內丹究竟怎麼煉？

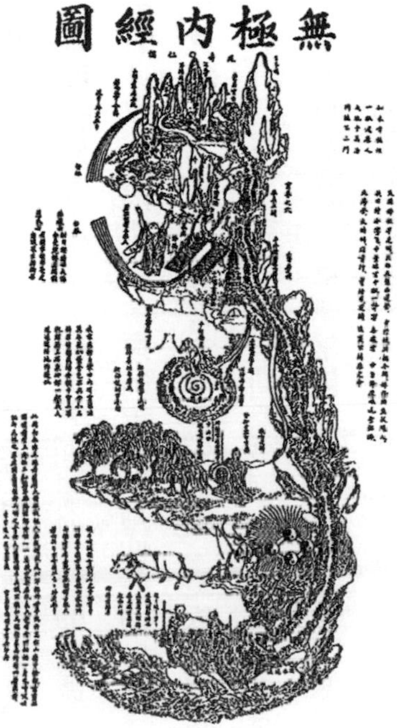

內經圖

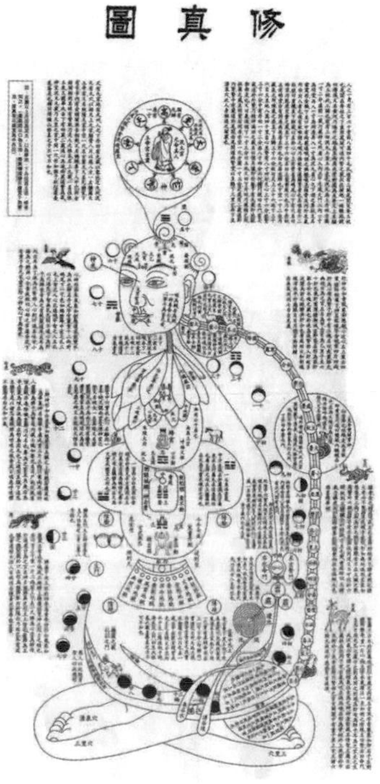

修真圖

首先，炒菜要好鍋，生蛋要好窩，煉丹也要有個好爐。養好身體是煉內丹的前期準備，其中基本原理類似懷孕生子。只不過，煉內丹要的是清心寡欲，甚至斷絕性事，準備好絕對健康的身體，然後才能孕育出帶有足夠仙氣的聖胎。

若想要好身體，就必須好好養生。根據《張三豐太極煉丹秘訣》的說法，煉丹有十個秘訣，也就是所謂的「十要」：「面要常擦，目要常揩，耳要常彈，齒要常叩，背要常暖，胸要常護，腹要常摩，足要常搓，津要常咽，腰要常揉」。換句話說，也就是不久看、不久聽、不久臥、不久坐，也不能過悲、太飽、大笑、多嘴等等，這些不良行為均被視為「十八傷」，是煉丹前絕對禁止的事情。

為了養生，道長們很拼命。他們發明了食物療法和動作療法。所謂「食物療法」就是得吃五色食物。

那五色？紅黃綠白黑。

紅色，對應心臟，像是番茄、紅棗、紅豆等，可以補血、有益心臟。

黃色，類似玉米、南瓜，對脾胃有好處。

綠色，青菜，可以養肝。

白色，蛋、奶、米、麵，養肺。

黑色，木耳、芝麻，養腎。

除了吃好、睡好，還要適當運動。這就有了太極拳、五禽戲、八段錦，連呼氣、吸氣都有講究。道長們給自己的呼吸編出了體操：「六字訣」。

所謂「六字訣」，就是「吹、呼、嘻、呵、噓、呬」。比如，頭暈眼乾可以念「噓」字，跟著慢慢吐氣，反復六次，這樣吐氣對肝有好處。

到這裡，前期準備工作基本就位，吃好睡好練好拳，活脫脫成了「道系青年」。但養生是煉內丹的第一步，只是這項升天工程的前期準備工作，距離終點還須不懈前行。

接下去，就來到「煉精化氣」、「煉氣化神」、「五氣朝元」等階段。這個階段的使命，就是把人體內的精、氣、神當作原料，煉製和合為一，形成初步的內丹，然後進入養胎階段。

再接著，經過為期九年的「煉神還虛」，內丹煉好，小宇宙終成聖胎。到此，就可以調神出殼，就像金蟬脫殼一樣，道長可以脫離肉體、飛升成仙。

道長的遺產

飛升還是降落，成仙還是做人，這是一個問題。不論煉的外丹還是內丹，要捨棄紅塵富貴，總是一件超越世俗的高尚事業。

道長們為了升天拼了老命，在高風險的煉丹過程裡，又意外地發現了火藥、養生術、中醫藥、算術等等，遺產豐富。因此，煉丹術可以說是古代中國最早的民間科學，

嬰兒現形圖

這個榮譽可是李約瑟教授欽定的。他的《中國古代科技史》有言，煉丹術源於中國，後來經過絲綢之路，傳到了阿拉伯，又經由阿拉伯傳到了歐洲，最後成為歐洲近代化學的先驅。

其實，煉丹術的行為，雖然目的是為了升天，但它本身包含了現代科學的三大要素：化學實驗、反復試驗、文本記錄，道長們甘冒風險、反復嘗試，這種品性也具有科學家精神。

就是這群人，正值壯年，卻拋家棄子。身為城裡人，卻愛躲進深山老林。明知重金屬有毒，偏偏愛不釋「口」。還把餘生百分之八十的時間（除了吃喝拉撒睡等必要活動所需時間外，當然也可以不吃不喝），花在了煉丹上面，主要是以下元素的化學反應上：硫磺、水銀、鉛、丹砂、砒霜、硝石……他們，就是中國歷史上最早的職業發明家——道長！

其實，科學和宗教的界限，有時並不是楚河漢界那般清晰的。不論科學還是宗教，都要人本著極為虔誠的信心，不停留在世俗事物上，將全身心投入自己熱愛的研究對象或信仰對象上。從這點虔誠心上來看，宗教和科學是相通的。

儘管如此，還是溫馨提示：成仙有風險，煉丹須謹慎。

神叨至此，徐子偈曰：

約瑟難題何處解，中華土著道中藏。
老君失了九轉丹，悟空煉出金眼睛。
煉丹本為升天去，無意爆炸火藥成。
成仙危險係數高，勸君還是養生好。

7 斯多葛減壓法

「星際爭霸戰」（Star Trek）大概是全世界最有名的科幻電影系列之一。在「星際爭霸戰」裡，有個很酷的角色——史巴克（Spock），他素以冷靜的「局外人」著稱，遇事不慌、處世冷靜。

史巴克之所以如此「佛系」以致「冷血」，是因為他本來就是冷血物種——他是瓦肯人與人類通婚生出的混血兒。瓦肯人的皮膚偏綠，乃名副其實的冷血物種。不同於有七情六欲、貪嗔痴慢的人類，瓦肯人簡直就是性冷淡。他們每七年才有一次性生活，平時一般不喝酒、常吃素。除了這樣的生物習性外，他們的處世哲學還非常提倡克制情感，不能意氣用事。在瓦肯人那裡，過日子靠的是邏輯和理性，而不是直覺和情感。

其實，瓦肯人這種奇怪的種群，在地球上也存在。「星際爭霸戰」的編劇和導演——大名鼎鼎的吉恩．羅登貝瑞，便以斯多葛哲學家為原型來塑造瓦肯人，特別是史巴克。

「佛系」的斯多葛

在羅登貝瑞甚至多數人的心目中，斯多葛就是一副散發著性冷淡風的智者，似乎沒有什麼急事可以難倒他們。哪怕受傷了，大不了就像瓦肯人一樣，啟動「自我催眠機制」，讓受傷器官和情緒自癒。

雖然，瓦肯人的「自我催眠機制」是電影情節，但是，斯多葛派還真的存在心理意義上的「自我催眠機制」。這種「自我催眠機制」，便是斯多葛智者面對外部世界的一系列應對之道，也是他們保持平靜和理性的秘訣。

斯多葛主義可不是來自外星，而是流行於古希臘、羅馬帝國的一種哲學和信仰流派。早在兩千多年前，即西元前三世紀，古希臘哲學家芝諾創立了斯多葛學派（Stoic School）。因為芝諾經常在雅典市民廣場的廊柱下講學，所以每當希臘人指著這群神神叨叨的人時，就說「在門廊」（stoa），發音便是「斯多葛」。傳著傳著，地名成了這群人的代名詞。類似戰國時代，齊國在稷門（另一說是在稷山）招聚諸子講學，形成「稷下學派」，也是一個道理。

鑑於地中海一帶盛產「芝諾」，創建斯多葛派的那位，是來自賽普勒斯季蒂昂的芝諾，而不是來自義大利半島埃利亞的那位芝諾，埃利亞的芝諾是數學家、哲學家，比斯多葛的始祖芝諾早一百多年出生。還有一位芝諾，是東羅馬帝國早期最有名的皇帝之一。三個同名芝諾，風馬牛不相及。賽普勒斯季蒂昂的芝諾，他所手創的斯多葛派，在古希臘時期還比較小清新。

始祖芝諾，生平兩大愛好：吃無花果、曬日光浴。原本做生意，一次翻船事故後，開始思考人生意義。正當三十而立，芝諾前往雅典，追隨克拉泰斯研究哲學。後來離開祖庭，在廊柱開課授業，雅典城中才有「斯多葛」的叫法。芝諾講課多，出書少，壽命長，享年九十有八。

二祖克利安西斯年近天命，才去跟芝諾學習斯多葛，常常拼盡老命、忘乎所以。有一次在屋裡發火，有人問他：幹嘛生氣？他自嘲：「我在罵這個不爭氣的白頭翁呢！」

三祖克律西波斯，本職長跑運動員，不但跑得遠，寫的書也多，據說有七百零五本。活法奇特，死法也奇特。有次看到毛驢吃無花果，便突發奇想讓人給驢喝酒，然後大笑三聲，卒。

斯多葛學派裡的人死得出奇，活得卻拘謹，一代比一代拘謹。到了羅馬帝國，古希臘的小國寡民社會一去不復返，斯多葛的修煉風格也慢慢轉變，從個人修齊演變為家國治平，諸多羅馬的皇帝、元老、貴族喜歡斯多葛的倫理學，用來修身養性，進而治國理政。

羅馬時代的斯多葛人，個個出身不凡，金貴者有政論家西塞羅、皇帝馬可·奧理略、高官塞內卡，貧寒者還有個奴隸出身的愛比克泰德。「王侯將相，寧有種乎」的箴言，在斯多葛派裡體現地淋漓盡致。

斯多葛智者眼中的世界，有個最高準則——「邏各斯」，意思就是神的話語或者萬事萬物的原理。這個「邏各斯」默默無語，但在所有事物上都發揮著影響。那麼，作為人，就要理解並順應這個「邏各斯」。

在斯多葛看來，世界上所有事的發生，都在神的旨意裡。人們接受後天教育，並不是為了去改變世界和世界上的規則、結構和系統，而是順應世界，各就各位、各得其所。

斯多葛學派眼裡的那個最高存在過於佛系，它還有什麼魅力，吸引了形形色色的古希臘、羅馬人呢？

斯多葛的「心靈減壓法」

奴隸出身的愛比克泰德，是晚期斯多葛派的代表人物。愛比克泰德的希臘名，原意是「額外買來的」，一語道出他的悲慘家世。從小為奴，還是一個出了名的惡人的奴隸，自小就沒少受欺負，據傳甚至還被打瘸了腿。日後，主人竟然大發善心，釋放愛比克泰德，成了自由民。有人建議他向主人報仇雪恥，愛比克泰德卻不為所動。

他認為，身為奴隸者，或者身陷監獄的人，也可以心靈自由，身為奴隸主而整日為憤怒裹挾，終不自由。蘇格拉底甘願進監獄，但並未真正蹲監獄，全因他是自願，而非被迫。真正的奴隸是心靈的奴隸，真正的自由民，也是心靈的自由民。

其實，這便是斯多葛式的自我催眠機制，也就是所謂的「心靈減壓法」。斯多葛就是這樣一整套系統的觀念體操，它通過理性慢慢剝除層層覆蓋的觀念，幫助自己擺脫焦慮和苦惱，回到快樂、理性和平靜的心靈狀態。

綜合參考斯多葛哲學家馬可．理略流、塞內卡、愛比克泰德等人的人生經歷，斯多葛的「心靈減壓法」是這樣運作的。

首先，當你面對煩惱時，不妨靜下心來，問問自己：現在煩惱的事情，我能夠控制嗎？接下來有兩個答案：能或者不能。如果能控制，那就直接去控制，或者想想如何去控制的辦法。那你此刻還煩惱什麼？如果答案是不能控制，那你還煩惱什麼？事情已經超出了你的控制範圍，你的煩惱是自找煩惱，不如就順應事情的發展吧。

愛比克泰德很喜歡講一位斯多葛智者故事，這位智者叫做普利斯庫斯，是羅馬元老院的議員。因為他和當時的維斯帕先皇帝政見不合，皇帝特地派人送了口信過去，警告普利斯庫斯不要出席會議。普利斯庫斯卻回答說：「只要我還在議員崗位上，就一定會去參加。」皇帝聽後大怒，警告即便參加，也不要發言，否則結局便是死。普利斯庫斯的回答非常斯多葛，他說：「你做你的分內事，我做我的分內事。如果你要做的是殺死我，那麼我要做的便是去赴死，但是我絕對不會嚇得發抖地去死。」這，便是斯多葛。

被皇帝以死要脅的人，畢竟是少數。多數人煩惱的，還是生活裡的事。在斯多葛智者的心目中，理性是人之為人的武器，運用理性的分析，可以順利擺脫形形色色大部分的煩惱。俗話說「自找苦吃」，「煩惱都是自找的」。要擺脫煩惱，也要運用自己的理性，近距離看看真正在煩惱你的到底是什麼，這個煩惱是不是在你的掌控範圍內。如此，問上三遍，你的心煩意亂，就會平靜下來。

簡言之，斯多葛的「心靈減壓法」就是三個「不」——不管、不問、不顧。

「不管」，就是沒法掌控的事，你就不要執著，乾脆放手別管，因為這些事超出了你的控制範圍，並不是你有能力可以管的。如果你不斷地試圖控制，只能自尋煩惱。

「不問」，就是說自己做好自己的事，不要干預那些超出你自己範圍的事，也不要去干預別人的事，因為那些事處於他們的控制範圍，關你什麼事？往小了說，不要在背後說人家，你怎麼知道別人就是你所說的那樣？你所說的只是你看到的表象，更何況，至於表象到底符不符合事實，還存在著四種區分呢。最終，你說的東西，只能暴露你自身的獵奇心態和道德評判。

「不顧」，就是說你也不要閒著，整天躺著曬太陽，而是對於自己能夠掌控的事情，就全力以赴、勇敢嘗試。即使失敗，也不意味著是你自己不行，而是事情成功的條件並未完全達成。你需要不顧這些風險，勇敢地再次嘗試。

愛比克泰德就說：「所有世上的事情是按照什麼樣子發生的，我們就把什麼當作我們的願望」。如果你因為願望沒達成而苦惱，你應該問問自己，這個願望是不是世上事物的本來面目，還是你自己痴心妄想。

斯多葛的「心靈減壓法」，在古羅馬的一位皇帝身上，也有很好的體現。馬可·奧理略，在他那本著名的《沉思錄》裡說：「任何事都不聽從運氣，除了理性之外，絕不仰仗任何東西，在急劇的痛苦中，縱然是一個孩子的夭殤，或是疾病纏身，也永不改常態。」

其實這種態度，就跟「星際爭霸戰」的史巴克一樣，面對危機，心平氣和。

神叨至此，徐子偈曰：

希臘雅典多浪漫，廊柱學派死腦筋。
邏各斯如何理解？自由人理性觀照。
芝諾愛吃無花果，克律三笑而身亡。
史巴克自我催眠，斯多葛心靈減壓。

8 禪宗的心靈戰爭

心與物、人與天、私與群、家與國，人們困擾的根本問題，無非就是這些關乎自我的心靈問題。故而，每逢真正的心靈解放，總是讓人似有恍然徹悟之感，內心歡樂油然而生。

在人類的心靈戰爭史上，曾有幾次深植全體人類記憶的精彩戰役。佛祖在祇園開示，拈花微笑，萬千阿修羅為之釋然。耶穌登山說寶訓，那群被猶太律法轄制的人，心底湧起加利利海的自由波濤。

禪宗就是人類心靈革命史的一次精彩戰役。爭戰的雙方，分別是教條化的佛教和歡樂活潑的年輕後生禪宗。此次戰役，還波及了禮教化的儒家和後來者宋明新儒家。

一場歡樂的心靈戰爭

在禪宗作為一個派別參戰之前，禪法已流行於中國。在一千五百多年前，達摩祖師就把禪傳到了中國。但此時，只是一種佛學理論，尚未形成一種系統、獨立的宗派門類。

在達摩抵達之前的一千年，也就是距今二千五百多年前，佛祖釋迦摩尼在一次法會上，將禪傳給了摩訶迦葉尊者。

據說當時，佛祖拈花微笑，只有摩訶迦葉尊者理會佛祖心意。這次自然的、淡淡的微笑，便彰顯了佛理的真諦，只有真正的心靈釋放，才會有如此淡然又如此豐盈的微笑。

從摩訶迦葉到達摩祖師，又傳了二十八代，歷經一千多年。這一千多年，傳得可不容易。因為禪宗傳法，沒有證書、沒有考試，甚至連文字都沒有。雖然看上去沒有門檻，但其實門檻高得嚇人。

禪宗傳承，靠的是「佛心印心」。今天俗話說的甜言蜜語「心心相印」，就源自「佛心印心」。戀愛中的人因長久相處的默契，會讓彼此只需一個眼神即可讀懂對方。與這個境界相類似，摩訶迦葉看到佛祖拈花，他也微微一笑，就在這微微一笑中領會何為禪法了。

看來，禪法傳承僅靠意會，讓看似沒有門檻的禪宗，反倒最難理解。習禪的人，沒法僅僅靠著削髮出家、吃素拜佛而理解禪的真諦，這一切都需要靠「悟」。就像一件藝術品的誕生，靠的不是提前規劃設計，也沒法批量複製，而只能是藝術家靠自身慢慢心領神會。

禪法如何領會？雖然佛教裡的大部分派別，皆採用文字、塑像、繪畫、儀式等方式來展示和傳承佛理。但禪宗的做法顯得特別奇葩，即便與其他宗教傳承模式相比，也很獨特。

禪宗最特別之處，還在於它的傳承，不僅不局限在文字裡面，甚至都不局限於佛教教義。禪宗喜歡用「機鋒」和「公案」，以出其不意、攻其不備，而直指人心、見性成佛。甚至呵佛罵祖，全無教條束縛。換言之，相對於其他宗派，禪宗更喜歡「反著來」。

「反著來」並不是一種標榜自我叛逆和獨特的姿態，而是一種方法，是為了破除人們習以為常的觀念和做法，只有當人們真正清楚自己在做什麼、做了什麼、想做什麼、怎麼做等等起心動念之後，才能真正看見本心、發現本性。

君不見，人們已經被太多事物遮蔽了自我的心性，世俗如家常瑣事、物欲金權，神聖如宗教義理、文化傳統，任何事物和觀念，一旦成為心靈的規訓，便會讓人丟失靈魂深處那個最純粹、最真誠的自我。

禪宗，正抄起武器，衝著這場心靈戰爭而來。禪宗掀起的這次心靈戰爭，到處充滿了出其不意、攻其不備、瞠目結舌和直截了當，在人類的心靈戰爭史上也是非常獨特的。

禪宗的武器：「公案」

在禪宗的軍火庫裡，藏著一個獨家專屬的武器——「公案」。

所謂「公案」，就是禪師的故事，也就是禪宗的「故事教學法」。在公案裡，又常有「機鋒」，就是禪師的話中話，那些看似自相矛盾、答非所問的「對話」，其實能真正地令人開竅、引人頓悟。

《景德傳燈錄》、《五燈會元》、《碧巖錄》等等就藏著這些精彩公案。這些武器成了佛教中國化的精彩體現。中國人用自己的智慧和語言，鍛造出世界級的心靈武器，參與了一場場世界級的心靈戰役，完成了一次次對舊俗的顛破。

北宋的《景德傳燈錄》，便是一部禪宗公案的大集錦，其中一個公案更是被奉為圭臬：

有人問禪師：「師傅，請問修佛怎麼個修法？」

禪師回答：「餓了就吃、睏了就睡。」

那人聽了很納悶，接著便問：「這有何特別，普通老百姓不都這樣嗎？」

禪師答道：「當然不是！很多人偏偏就餓了不吃、睏了不睡，吃的時候東張西望，睡的時候胡思亂想。飯都吃得不專心，還修什麼佛法?!」

《景德傳燈錄》裡的這則公案，學名簡稱「飢來吃飯睏來眠」，向來是禪宗軍火庫裡的經典裝備，用簡單的一問一答，便揭開了很多人的心理糾紛。這種心理糾紛並不局限在上面的故事，很多時候，我們經常忘記自己此時此刻身處的當下，而急於向外求，本以為朝著外部世界做很多事就能獲得心靈的舒緩，殊不知恰恰因此失去了本心，陷入更大的心理糾紛。

禪宗的公案，就是教我們「反著來」，回到被我們忘記的最日常行為，直接在身邊的、當下的日常起居裡體悟佛理。吃喝拉撒並非關鍵，如何理解吃喝拉撒，如何觀照你正在進行的吃喝拉撒，並從中有所反思。這才是禪宗武器的用途。

類似的故事，在禪宗的典籍裡還有很多。主張「不立文字」的禪宗，反倒成了經常出產經典的高產專家。《五燈會元》裡面，有一則公案也非常有趣。

唐代有位禪師，叫作丹霞天然。有一天，他路過洛陽的慧琳寺。天氣冷，正飄著大雪，丹霞天然禪師進寺廟躲雪，打算在此過夜，卻沒找到可以生火的木柴。於是，丹霞天然禪師二話沒說，直接把廟裡的木雕佛像拿來燒了。

有人看見此舉，非常震驚，趕忙喝止：「阿彌陀佛，造孽啊，這個瘋和尚怎會如此大逆不道？竟敢燒佛像！」

丹霞天然禪師不緊不慢地說：「我這是為了燒出舍利子呢！」旁邊有人就說：「這是木雕，怎麼可能會燒出舍利子啊？」接著，禪師笑著說：「既然是木頭，那我再燒一個吧。」

究竟燒的是佛像還是木柴？圍觀的出家人和在家人，都陷進了邏輯的悖論裡，只能在一片呼呼的北風、熊熊的火堆前，默然而立。

這則公案就是「丹霞燒木佛」，它裡面的道理看似荒誕，實則大有深意。在禪宗的世界裡，高高在上的佛像不過是造像而已，體悟禪法悟的是佛理的精妙，而不是敬拜木頭。由此可見，禪宗主張學習佛理不可執著於表象，其武器之犀利，已然達到「遇佛殺佛」的地步。

丹霞天然禪師還有一則趣事，簡直就是中國版第歐根尼。

這則公案還是發生在洛陽。有一天，丹霞天然禪師躺在橋上。正巧，洛陽駐守鄭公坐著轎子經過。丹霞天然禪師卻理也不理，繼續躺著不起身。開道的官員們問，這是怎麼回事啊？丹霞天然禪師回了三個字：「無事僧」，也就是沒有事做的和尚。鄭公聽聞此事，驚覺這是高人，於是送來衣服和米麵，將丹霞天然禪師供養起來。

丹霞天然禪師的這則趣事，完全可媲美古希臘犬儒學派的第歐根尼。第歐根尼曾經對亞歷山大大帝說「不要擋住我的陽光」，足可見這位哲學家心靈自由、目空王權。丹霞天然禪師也一樣目空官員，甚至目空佛像。禪，就是如此狂野而自由。

從唐到宋，兩則公案，療效類似，皆打破常規，出人意料。禪師的用意很野，又很簡單。學佛，學的就是「破分別心」。一旦生出了分別心，就會自大自滿。破了分別心，佛性自在人心。

禪宗公案與現實的反差，意外成就了生活當中的歡樂之源。也正因如此，才能無意當中讓人領會禪法，於恍然大悟中體悟禪法的精髓；如此才吸引越來越多的人修習，產生如此深遠的影響。

禪宗的大後方

禪宗除了備有頗具殺傷力的武器，又不僅僅止於此。為了持續增強自身的戰鬥力，禪宗還建立了頗具實力和特色的大後方，甚至還發明了專業的規章制度。

最早從印度傳到中國的佛教，原來是不勞動的，僧侶們一心打坐禮佛，到了吃飯時間就拿個缽，出門沿路討飯。可以說，早期佛教僧侶，經濟上不太獨立，要靠善男信女的供養。更何況，禪宗只是佛教裡的一個小派別，修禪的和尚更加不獨立，需要依附在其他大教派的廟裡。

沒錢不好辦事，寄人籬下，更是處處受制於人，當然會影響禪宗的參戰，戰鬥力也被限制。

西元八世紀，百丈懷海禪師提出了「一日不作，一日不食」的新口號，制定《百丈清規》，建立起了禪林制度。這部《百丈清規》便是佛教界的「勞動法」，其中規定僧侶不勞動就不能吃飯。此外，還對結夏（暑假）、結冬（寒假）、貼單（人事公開）、肅眾（處分）、歲計（財務報告）等等，都做出了詳細的規定。

從此，修禪的僧侶，開始脫離原先依附的寺廟，自個兒聚在一起，形成了禪宗自己的大後方（禪林）。像是嵩山少林寺、杭州靈隱寺、北京法源寺，這些至今聞名天下的大寺，在古代全是禪宗的地盤。

這下，高僧們再也不用擔心出門化緣時颳風下雨了。他們自個兒就在自家後院種菜澆水，有了食物和陣地，吃飯睡覺都不愁，禪宗不再是遊兵散將，而是變成了頗具實力的組織。從此，禪宗迎來了黃金發展時期。

禪林制度的建立，不但保障了禪宗的傳承和發展，也影響到了它的盟軍儒家。五代十國和北宋的很多儒家書院，就直接依託禪寺辦學。因為禪宗的大後方通常地處山林、風景絕佳、四周安靜，是讀書論學的好地方。

另外，也因為很多儒生就受到了禪宗的啟發，打開了新世界的大門，儒者也被禪宗的心靈戰役所影響，一種融合了儒學和禪學的心學開始興起。那些鼎鼎大名的儒者，二程、朱熹、陸九淵、王陽明都有參禪的體驗。儒者們還學著禪宗，把平日裡師生的辯論、問答，金點子記錄下來，編輯成「語錄」，作為教學輔助材料。著名的《朱子語類》就是這麼來的。

不僅儒家受到禪宗的影響，整個中華文化在唐宋以後，都被禪宗「浸泡」了一遍，染上了濃濃的禪味。禪已經不局限於禪宗或者佛教的範圍，而是上升、擴展為一種共享的人文精神和審美趣味。「反著來」的禪宗，發起心靈革命的禪宗，正面迎向了中華文化。

從此，禪味就等同詩意。禪宗的心靈革命，走出了寺廟山門，融入了整個中華文化的疆域。

神叨至此，徐子偈曰：

達摩祖師西來意，禪宗武器打心魔。
飢來吃飯睏來眠，學佛也能把佛燒。
百丈勞作得餐飯，禪林庇佑書院興。
最是禪林寂靜處，聲色不動起爭戰。

第五章

因緣際會難猜透，滿紙荒誕怎能了

1 明教造反的內幕

元代末年，民生凋敝、天下大亂，明教的江湖名聲卻越來越大。自從這個波斯的異類，為了逃避迫害，一路向東，穿過中亞，進入中原，就在武林上掀起了一陣波瀾。從方臘、張無忌到朱元璋，掀開無數來自江湖和廟堂的恩怨。作為圍觀群眾，不禁開始思考——明教的是非為何那麼多？明教的內幕到底有多少？這一切，還得從第三十四任教主張無忌說起。

張無忌為什麼從路人變成教主？

當張無忌成為明教新任教主之前，他自個兒應該沒想到會有這麼離奇的一天。

當時，正值武林各大門派圍攻光明頂，而明教中人忙著內部鬥爭，一時群龍無首。張無忌因為陰差陽錯，習得了乾坤大挪移，又身兼九陽神功、七傷拳，最後打敗了六大門派的圍攻，幫助明教死裡逃生。張無忌不但救了明教，還幫助明教走出了內部鬥爭。

當年，陽頂天失蹤後，底下各大護法實力相當，互相不服氣，為爭教主地位以及路線方針而鬥來鬥去。

直到張無忌出現後，才終於用蓋世武功說服眾人。更何況，張無忌還是個年輕的外來人，與明教內部的各派大佬，沒有多少利益瓜葛與新仇舊恨，暫時可以成為擱置爭議、凝聚眾人的領袖。況且，他還孤身一人，更不會對舊派造成任何勢力上的威脅。當然，張無忌的外公殷天正也很關鍵。畢竟，殷天正位列明教四大護法，雖然曾負氣出走創辦天鷹教，但影響力依舊不減。如今，有了明教元老外公的加持和助推，張無忌更能順利當上第三十四任教主，率領明教團結武林門派，一起踏上推翻元代的征程。

曾經，明教一路走來，都讓江湖人士聞之色變，又鄙夷不屑。不但各大名門正派看不起，官方更是巴不得誅盡殺絕。當然，如果跟推翻元代統治這個民族大義相比的話，明教與武林門派的鬥爭，還屬於內部矛盾，可以暫且緩一緩。六大門派圍攻光明頂，也是為了平息明教的後患，為反元的工作奠定基礎。

因為張無忌的出現，明教最終得以停止內部鬥爭，同時這位新教主確實功力不凡，又讓武林各派心服口服，最終內外一致，團結對外，以抗元為首要任務。正是因為這樣的內因和外因，最終讓張無忌從路人順利轉型為明教領袖。

雖然張無忌在任內盡職盡責，團結了內部軍心，一致反元。但明教的教主可不是那麼好當的，張無忌最終主動離職，也是事出有因。

光明使者的內幕

誤打誤撞的張無忌是金庸筆下虛構的人物，但明教卻不是虛構的。

明教的老東家是摩尼教，產生於三世紀的波斯。創始人摩尼，出身波斯貴族，在淨洗派中長大，據說十二歲時即已不凡，一邊收到神啟，吩咐他長大後脫離宗派，另一邊又收到派中長老邀請，前往觀瞻淨洗派繼承的財產。摩尼震驚，原來以高尚修道而聞名於世的淨洗派，還有如此不足為外人道的內幕。於是謝絕好意，逐漸脫離淨洗派。最終在二十四歲時，創立摩尼教，開始奔走於中亞和西亞，宣傳新教義。

摩尼教眼中的世界非常簡單明確，萬事萬物出於善與惡的二元對抗，世界分為過去、現在、未來三個發展階段，堅信黑暗終將過去，光明即將來臨。這個說法總結下來就叫做「二元三際論」。

在摩尼看來，世界和人類的出現，並不是出於那個造物主，而是光明在對抗黑暗的過程中，主動創造出人類，讓人類幫助戰勝黑暗。因而，人的使命便是趨向光明，幫助光明，最後迎接光明的到來。

不過，還沒等到光明到來，摩尼在三世紀就被波斯國王處死了。此後，教徒們四散逃命，繼續呼喚光明到來。他們一路向東跑，跑進了中亞地區。七世紀，中亞的摩尼教又遭受伊斯蘭教的反對，無法繼續待下去，只能接著往東邊跑，最後進入安西都護府和中原地區。

摩尼教曾在武則天之前就傳進中土，後來被唐玄宗驅逐。自安史之亂後，唐代政府去找了回鶻人當救兵，結為同盟，回鶻人又正好信此教，因而摩尼教捲土重來，從此在中原流傳廣布。不過，等到唐代利用完回鶻的救兵，就翻臉不認人了，唐武宗又開始鎮壓摩尼教。那時已經是九世紀，摩尼教潛伏到民間，還跑到了福建浙江沿海地區，偽裝成了寺廟。此後，摩尼教秘密蟄伏，與彌勒教、白蓮教等民間信仰不斷融合，形成了明教。

明教雖然源自摩尼教，但已經是中國化的獨立派別。之所以說獨立，一個是行政獨立，不聽命於總部，後來就連總部也相繼在波斯和中亞消失了。第二個是教義上很有中國特色，比如為了謀求生存立足，明教先是融合了佛教，把自家的教主稱為彌勒佛，把釋迦牟尼稱為自家的慧明聖使，這種做法引起佛教人士極度不適。

同時，明教又想跟道教建立好感，說摩尼、老子、佛祖是三位一體，還說老子曾經投胎降生，也就是摩尼。這種說法又引起道教的公開反對。除此以外，摩尼教還融入了白蓮教、彌勒教等秘密團體，宣稱「明王轉世」，開始從事顛覆政府的行動，又被歷代朝廷放入黑名單，並用武力絞殺。在北宋、元代、明代末年的造反派裡，都能找到一些明教及其同盟的影子。

摩尼教特別渴望光明，自身也參與推翻黑暗、迎接光明的行動中，所以一直想造反、敢造反、急著造反。在改朝換代的過程裡，他們是急先鋒。數十萬教徒，每天就想著如何盡快推翻元代。有了這樣一群著了魔的造反派，元代的皇帝們想想就會直冒冷汗。

造反派的規矩

明教的規矩多，奇奇怪怪的規矩尤其多。首先，第一條規矩便是吃素，不吃肉類和乳酪。明教吃素不是為了不殺生，而是因為素食中含有更多光明元素，吃的越多，也就越光明。作為身肩反元大旗的造反派，明教雖然打仗時衝鋒陷陣、英勇無畏，但是在大後方卻聞不到肉味。前方殺人，後方吃素，這就是明教的風格。

在「名門正派」的眼中，明教被視為一個「吃菜事魔」、行為怪異的邪教。南宋第五位皇帝宋理宗就特別規定，老百姓裡誰要是集會發誓不喝酒、不吃肉，就要被判兩年徒刑。當然，在《倚天屠龍記》的虛構裡，朱元璋卻是吃肉的，這曾經讓張無忌感到訝異。當然，歷史上既沒有張無忌這等人物，朱元璋也不是張無忌的門徒，但朱元璋確曾受過明教的影響，然而在當上皇帝以後，又反過頭來禁止明教，以防止任何民間勢力對皇帝的威脅。

「吃菜事魔」是個很有用的大棒，一旦出現了威脅自身的異類，便很方便用這根大棒敲打下去。在南宋時，朱熹也曾被理學的反對派冠以「吃菜事魔」的罪名，只因為朱熹當年在福建當官時，曾經出入過明教的寺廟。

吃素也就算了，畢竟古墓派、少林寺、絕情谷，那個不吃素？明教更為被人詬病的，還要數「裸葬」的教規，即規定教徒死後要除盡衣物，裸體埋葬。明教認為，人之生死，都是赤裸而來，赤裸而去，死後自然也要裸體。明代的開國大將常遇春，便是用裸葬之禮，埋葬了周公子。這種做法還讓不明就裡的張三豐看了感到無法理解。

明教信徒生前戴白帽，穿白衣，不拜偶像，一天祈禱七次，看上去比其他派別的同行更為虔誠。明教崇拜火和紅色，因為火是光明的象徵。方臘起義時，每位將士就頭戴一塊紅巾。

除了行為怪異，不同於一般的武林派別，明教在殺人放火的方面，也有諸多黑歷史。比如，殺人不眨眼，吸血不換氣。青翼蝠王韋一笑，便經常吸血，以解寒冰綿掌的毒氣，被滅絕師太罵成「吸血蝙蝠」。雖然這並非明教中人的普遍行為，韋一笑吸血也是事出有因，後來也因為張無忌的幫助，離開了這條邪路。但因為貴為明教四大護法，此等不堪之事已臭名昭著，讓明教的聲譽極大降低。

聰明人如朱元璋，心裡當然也明白自己的這段黑歷史，為了證明自己奪得皇權的正義與合法，即便只是受過一些影響，也要盡可能抹去整個明教。於是，朱元璋頒布《明律》，明令禁止明教，明教連同它的歷史，最終消失在歐亞大陸的地面上。等到人們下一次認出它時，才發現它融入了白蓮教、羅教，以幕後參與的方式，一邊吃素，一邊又開始造反……。

神叨至此，徐子偈曰：

摩尼降生救黑暗，明教本來尊光明。
二元對立鬥明暗，三際迭出忙造反。
張無忌誤打誤撞，朱元璋利用反撲。
一路向東終消失，潛伏影響白蓮教。

2 災異逃生指南

在中國人的狠話大全裡，「遭天譴」和「下地獄」可能是最高級別的咒語了。下地獄是身後之事，即便是恨之入骨的仇家，也沒法親自驗證效果，除非也跟著下地獄，去看看仇家的真實待遇。不過，料誰也不敢。

相較而言，遭天譴並不少見。世界上幾乎所有民族和文化，歷史上或多或少都遭遇過「天譴」。但凡民不聊生、君主昏庸、貪官橫行之際，又適逢發生大規模的自然災難或異常現象，時人或多或少都會聯想，方士或巫師更是堅決裁定——人間一定是遭了天譴，皇帝應該帶頭認罪悔改，重新贏回上天的信任。

天譴的突出表現之一，便是「災異」。所謂「災異」，指的是那些嚴重的自然災害或者罕見的自然現象。為了應付災異引起的經濟損失、人身安全和群眾恐慌，會衍生出很多的預言和應對辦法，比如占卜、看星相、測日食，乃至皇帝下達罪己詔等等。生而為人，平安活過百年，已經不易。如何能安然度過天譴與災異，已是人類生存與發展的必備技能。

那些年，漢靈帝遭遇的「連環天譴」

自從西漢董仲舒成功說服漢武帝，信任「天人感應」以後，接下去的君臣和朝代多多少少都會敬畏這個說法。而且，越是朝政混亂的時候，天譴和災異越是豐富多樣。三國時期，兵荒馬亂，形形色色、五花八門的天災一樣不少。《三國演義》一開篇，就寫了漢靈帝即位後的第二年，先是一條巨大的青蛇，從皇宮的大梁飛下來，直接嚇暈漢靈帝。其實，漢靈帝的上一任漢桓帝，也遇到過類似的事情。等青蛇飛出來以後，緊接著就出現雷暴雨和冰雹，砸壞了京城裡的很多房舍。隔了一年，便是建寧四年（一七一年），也就是司馬懿的長兄司馬朗出生那年，洛陽遭遇了大地震，沿海地區又遭遇洪災，捲走了很多老百姓。

狂風、冰雹、蝗災、地震和日蝕，這類災異現象很常見，自不必多說。根據《後漢書》上正史所稽的記錄，在漢靈帝執政期間，至少發生了七次地震、十三次日食、八次大洪水。更要命的是，還出現了非常罕見的災異現象。譬如，有像傘蓋一樣巨大、來源不詳、成分不明的黑色氣團，直接飛進了宮殿裡。但凡智商正常和視力達標的人，都不

會否認這件事的嚴重程度。此外還有五原山岸集體崩塌，雄雞變成雌雞等等匪夷所思的事情。

當時發生了那麼多災異，漢靈帝自己也是坐立難安。有一回，漢靈帝召集群臣討論辦法，一邊自己下了罪己詔，一邊聽取大臣的建議。當時，有位叫蔡邕的人提出了諫言。蔡邕是東漢才女蔡文姬的父親，也是位書法大師，開創了「飛白體」。他不但精通書法、音樂，也懂天文、方術。蔡邕上書，把天譴的原因直接指向了宦官當政，還點名道姓，批評了當時有頭有臉的大宦官。

當然，史書記載，除了宦官權傾朝野以外，漢靈帝本身問題就很多，比如明碼標價賣官位、不愛聽士大夫的諫言、喜歡在宮裡騎驢養狗，還熱衷和成百上千位美女裸游池中等等，不論遠觀近看，都不是賢能君主的樣子。

據說，被天譴嚇得驚魂未定的漢靈帝，拿著蔡邕的奏摺時，唏噓不已。可是在上廁所時，奏摺不小心讓身旁的宦官看到了，宦官從此對蔡邕懷恨在心，想盡辦法陷害他。不久後，蔡邕也遭彈劾了。

漢靈帝的「連環天譴」，還在繼續發生。即便改年號叫做「光和」，並且大赦天下以後，隔了一個月還是發生了大地震，就連雄雞也變了性別。漢靈帝在世時，總共換了四個年號，大概每隔四到七年，就換一個年號，並下達罪己詔，大赦天下。

不過，這些求生辦法，都沒能阻止天譴的持續發生。從十二歲登基，到三十三歲駕崩，漢靈帝的執政時間有二十二年，遭遇各種天災的頻率之高、種類之豐富，也算少見。難怪就連《後漢書》都提出了嘲諷式蓋棺定論：「然則靈帝之為靈也優哉！」

如何讓老天爺息怒

漢靈帝畢竟是特例，要是沒有他的「連環天譴」，張角也不會黃巾起義，三國群雄也不會接踵崛起。通常而言，稍有福報的皇帝，在做錯事、遭天譴以後，如果經過誠心懺悔、下達罪己詔、大赦天下等流程，一般天譴也會稍加平息，不會一直惡化下去。請老天爺息怒的辦法，通常有清心禁欲、思過悔改、下達罪己詔、祭天敬祖等等。

當然，換一種解釋體系，亦不失其高明。同樣是天災，本來大家都覺得是出於上天憤怒，但是調整解釋後，卻也能一百八十度大轉彎，變成祥瑞和吉兆。

武則天執政期間，每隔三四年，都會來一次地震。這讓武則天和大臣們感到很尷尬。畢竟，女性稱帝，向來不是祖宗之法，本來天下非議頗多，而登基以後，又地震不斷，這些現象很容易混在一起，被解釋為上天對武則天的不滿。

不過，武則天曾經當過尼姑，老相好又是和尚薛仁義，對佛教尤為青睞。在佛教的眼裡，地震可不是什麼壞事。在《大般涅槃經》裡，佛祖親自跟阿難解釋過地震的八種原因，沒有一項跟災異有關。

一者大地依於水住。又此大水依風輪住。又此風輪依虛空住。空中有時猛風大起。吹彼風輪。風輪既動。彼水亦動。彼水既動。大地乃動。

二者比丘比丘尼優婆塞優婆夷。有修神通。始成就者。欲自試驗。故大地動。

三者菩薩在兜率天。將欲來下。降神母胎。故大地動。

四者菩薩初生。從右脅出。故大地動。

五者菩薩舍於王宮。出家學道。成一切種智。故大地動。

六者如來成道。始為人天轉妙法輪。故大地動。

七者如來舍壽。以神通力住命而住。故大地動。

八者如來般涅槃時。故大地動。

除了第一項中立的自然原因以外，其他原因均與菩薩降生、如來成佛有關，八分之七的原因都源於佛教界的大喜事。既然佛祖都這麼說了，篤信佛教的武則天，在執政期間更是大力提倡。她不但把李唐王朝「道在佛先」的國策改為「佛道並集」，資助翻譯佛經和建造寺廟，還親自為很多佛經寫序言，以作隆重推薦。在她的努力下，傳統儒家所說的災異，整個意義發生了一百八十度的轉變。當然，武周時代畢竟只有短短二十三年，武則天以後的地震，又重新回歸了傳統含義。

像武則天這樣重新解釋災異，在歷史上也算少數，並非每個不喜歡災異的皇帝都能效法武則天。多數時候，地震也好、雹災也罷，依舊是不吉利的災異。面對老天爺的怒氣，如果實在找不到更好的解決辦法，或許還可以嘗試求助於神仙或者神仙的近親。對此，相關的思想資源和實際案例，可以求諸《聊齋誌異》。

山東人王筠蒼被調到江西當官，因為剛好來此任職，便打算去江西的龍虎山拜訪天師，那裡畢竟是道教的大本營。正當王筠蒼準備動身之際，天師府上有人駕船來接他。等到進了天師府後，王筠蒼小聲問天師，剛才那個接駕的人叫什麼名字。天師回答說：「去接你的那位就是雹神，他待會吃好飯後，就要去山東降冰雹了。」王筠蒼一聽「山東」二字，心頭一震，趕忙詢問降雹於山東何處。天師回答，冰雹降在山東章丘一帶，正好靠近王筠蒼的老家淄博。

於是，王筠蒼拜託天師通融，不要降冰雹在他老家，以免讓家鄉父老的莊稼遭殃。天師一開始非常為難，因為災異問題都是自然規律，外加天帝批准，不是一般人或神可以私自調整的。不過，天師靈機一動，說：「雖然不能變通降雹，但我可以讓雹神把冰雹多降到山裡，少降到田裡。」於是，天師跟雹神私下溝通了下。不一會兒，雹神吃好晚宴，走出宴會廳，飛去工作了。等到王筠蒼回家後，特意託人去問家鄉父老，原來真的降了冰雹，而且基本上都下到了山裡，田裡只有屈指可數的幾顆雹子。

因為結識了天師，通融了雹神，一場雹災得以避免。多說好話，私下通融，也不失為一種方法。當然，這種成功案例極有可能是少數個案，不然也不會榮登《聊齋誌異》這類的小說怪談。老天爺的事，人力終究不可改，人類也只得越發努力以測天象。有時，還不得不「替天行道」。

「替天行道」的招牌

「替天行道」是塊好招牌。有時候，人們發現遭天譴後，即便皇帝也下了罪己詔，但好像也沒有改變現狀，反而越來越糟糕。於是，走投無路的人們乾脆立起「替天行道」的招牌，組建團隊，自己動手收拾家園、重整河山。在位者無力解決問題，民間主動替天行道，大概是面對天譴的最後一種辦法。

哀哉漢靈帝，就連跟天師說好話的機會也失去了。畢竟在他當政時，太平道的創始人張角，就已經在準備黃巾起義了。那時，張角喊出了新口號——「蒼天已死，黃天當立，歲在甲子，天下大吉」，召集十萬信眾，準備替天行道。

幸運如宋仁宗，在京城遭遇瘟疫時，派洪太尉去拜訪天師來京作法。不過，這一去，又在無意中召出梁山好漢。原來，洪太尉到龍虎山時，打開伏魔之殿，搬動了石碑，當時一股黑氣從深不見底的地穴中衝出來，帶著響亮的巨聲，衝出伏魔殿，消散在空中。裡面鎮壓的三十六天罡、七十二地煞都逃了出來，也就是後來的梁山泊一百零八將。

洪太尉本是去龍虎山邀請張天師，前往京城設壇作法，以平息嚴重的瘟疫。不管是瘟疫還是伏魔殿的黑氣，都是災異，預示著將有大事發生。

水滸七十回後，宋江已聚齊一百零八將，好漢們準備開始一場羅天大醮，也就是祭典儀式。這次祭典，他們主要有三點訴求，一是為各位兄弟祈福身體健康，二是祈禱朝廷赦罪，大家好報效國家，三是為晁蓋祈福，死後能位列仙班。整個活動持續七天，就在第七天的凌晨，突然天上有聲巨響，天眼開了，像金盤一樣兩頭尖，中間寬。天眼裡還有一團火焰降落，鑽進了祭壇附近的地底下。宋江率領兄弟們挖地三尺，發現了一塊石碣，上面赫然寫著「替天行道」、「忠義雙全」。很明顯，這次天降異象，便顯明天已降大任於斯人，梁山好漢們順勢打出「替天行道」的招牌，名正言順地繼續梁山事業。

雖然梁山好漢替天行道，但不反皇帝，尤其是宋江，一心想著被招安。皇帝還是那個天之驕子，上天的法定代表人。君主權威畢竟定為一尊，很少有另一方可以完全制約君主。梁山好漢們只是在自己崗位上，除暴安良，行使部分權能。不過即便如此，災異也可以成為弱者的武器、無形的監督工具，借上天之名，趁熱打鐵，收拾河山。

神叨至此，徐子偈曰：

自古災異不少見，視為吉兆或天譴。
靈帝罪己找辦法，武周地震卻無恙。
太平道黃巾起義，梁山泊替天行道。
廟堂失守江湖救，收拾河山換春秋。

3 幻術，從唐代人如何越獄說起

幻術，即讓人在迷幻中見異象。不同於宗教科儀裡的法術，也不同於現代系統化的魔術，古代的幻術，多靠所謂自身修煉或者特殊藥物，外人對此所知甚少。不過，今人倒是可以另闢蹊徑，從特別的角度，去體會幻術給古人帶來的歡樂和惆悵。對此，可以先從唐代監獄的一則幻術事件說起。

唐代人如何越獄

在電影「刺激一九九五」(The Shawshank Redemption) 裡，被囚的銀行家安迪曾經靠著一鍾一鍾的挖土打洞，成功逃出了監獄。同樣是囚犯，唐代的一位獄友，卻靠著通天繩技，光明正大地離開監獄。

根據《太平廣記》的報導，正當開元盛世，唐玄宗給老百姓賜下酒食，讓天下大擺宴席。浙江嘉興的地方政府準備表演變戲法，打算和監獄部門來比賽。

監獄接到了邀請函，獄長很糾結，不接受邀請的話，太煞舉國同慶的大好良辰，接受邀請的話，派誰去呢？監獄裡管的不是殺人放火的，就是姦淫偷盜的，怎麼會有人擅長變戲法呢？正當獄長還在顧慮中，消息已經傳到了監牢裡，囚犯們也各自推薦起來。

「你，你不是以前就在街上變戲法嗎？」有人指著牆角的一位囚犯說。原來，這位囚犯以前是附近戲法界出名的人物，後來因為偷稅漏稅而進了大牢。

「大人，我確實會一點戲法，但您看，我這不是還在關押中嗎？」囚犯彎著腰，抬了抬手上的鎖鏈，小心翼翼地說。

獄卒聽到後，就把話傳到獄長耳邊。獄長好奇囚犯究竟會什麼戲法，就把他叫到了辦公室問話。

「你會什麼戲法？」獄長問。

「大人，小子會一點繩技。」囚犯說。

「繩技嘛，爛大街的戲法，很多人都會。要是選你去表演，咱們監獄肯定輸給嘉興縣政府。」獄長聽了，臉上泛起難色。

「大人，小子的繩技可不一般。」囚犯淡然回答。

「哦？怎麼不一般？」獄長彷彿提起了好奇心。

「大人，別人的繩技都是一定要綁牢繩子的兩端，綁得牢牢的，才能變戲法。我的話，只要把繩子拋上去，就會立在那裡，就可以變戲法了！」囚犯說得忘乎所以，振振有詞，顯得頗有自信。

獄長聽了自然又是訝異，又是好奇，趕忙允諾囚犯隔天為大家示範一番。

果然，隔天，囚犯上臺了。只見他面前堆著一百多尺的繩子，然後把繩子往上拋，反復多次往上拋後，竟然拋了二十多丈，而且還直立著，彷彿有人在天上拉著繩子那頭！圍觀的人嘖嘖稱奇，抬頭遠望，都望不到盡頭。

更絕的一刻來了，只見那位變戲法的囚犯，沿著繩子往上爬。他越爬越高，不一會功夫，爬到很高的位置，像鳥一樣飛走了。在眾目睽睽之下，成功得意地越獄了。

如此輕鬆越獄的囚犯，想必「鯊堡」監獄裡的安迪會引以為知己和前輩，或者只能徒嘆東方先賢之玄奧了。鍾子的越獄，是西方的工匠品性。攀繩的越獄，是東方的飛翔想像。無問西東，彼此呼應，如此詭譎，又如此詼諧。

這則故事，最開始是唐代的皇甫氏所寫，大概來自他在民間的聽聞。後來，這則炫酷的故事，成了一種原型，變出不同的版本。在後世的《聊齋誌異》裡，便改成了小孩攀繩上天摘仙桃。其實講的都是一回事。

幻術的進口

讓唐代人民目瞪口呆的通天繩技，其實最早源自天竺。早在西元五世紀，《梵經》就記載了通天繩技。不過，那時印度的繩技較為血腥殘暴，情節大概是徒弟攀繩上天，師傅喊叫不應，也攀繩而上，找到徒弟，大吵一架，將徒弟四肢砍去，悉數落地。而後師傅將四肢裝入籃中，徒弟復活，跳動如舊。

唐代人進口印度幻術以後，內容變得仁慈，主要情節改為徒弟攀繩偷桃，仙桃悉數落地。這番操作大概有史可稽，據說此前，曾有胡人在冬至時分，上演「潑胡乞寒戲」，赤身裸體，頭戴面具，與唐代青年互相潑水、跳舞嬉戲。此事惹起民間非議，以為有傷風化，終讓唐玄宗下令禁止。看來，雖然唐代人愛看域外的幻術和戲法，但偶爾也會顧及面子，認為這些不入流的小把戲，笑笑就好，不必當真。

唐代國門大開，國際業務交流頻繁，幻術發展進入黃金時代。許多職業幻術師，從突厥和印度來到大唐，在洛陽、涼州等地專門從事表演行業。一般而言，皇帝們都會默許老外幻術師的存在，唐玄宗自己就很愛看幻術表演。不過，有的時候，皇帝一不高興，就把這些幻術師們遣送回國了。唐高宗就曾以「以劍刺肚，以刀割舌，幻惑百姓，極非道理」的判決詞，把胡人驅逐國境，並不准大臣們再度進獻幻術。

唐代以前，早在漢代，已有域外幻術經過絲綢之路，來到中土。根據《後漢書．南蠻西南夷列傳》記載，安帝永寧元年，來自東南亞的撣國人來朝貢，帶來了很多禮物，還有一個「幻人」。這個幻人可以吐火而不傷身，可以變出牛馬的頭，還可以邊跳舞邊變出幻術，簡直讓當時宮裡的人都懵了。

這個幻人自稱是海西人，也就是大秦人，即羅馬帝國一帶。在漢代的畫像磚石上，可見噴火的雕刻。在漢磚裡噴火的，一般是胡人，他們頭戴尖帽，鼻梁高翹，留著一大把鬍子，穿著緊身的胡服，腳穿靴子，前方吐出一道火焰。這道火焰，畫的就是吐火術。

吐火術，除了漢代，在晉代也有。根據《搜神記》的報導，一位印度人到了江南，也表演了吐火術。他的表演流程被干寶寫得很詳細。首先，這位印度人身邊帶著個容器，從裡面取出火焰，吹了好幾下，再往嘴裡送，嘴裡都是火。噴了好久，嘴巴都沒事。然後又取出書本和繩子，投入容器裡，也燒了好久，最後在眾目睽睽之下，把灰撥開，取出了書本和繩子，依然完好如初。江南人民大開眼界，口耳相傳。

本土幻術與首席神棍

幻術並非全是進口，中國本土的幻術業也有其淵源，不過因為年代久遠，多以神話傳說的形式存留下來。早在西漢時期，《列仙傳》就記載了好幾則有關噴火升天的故事。

比如，在冀州，有位叫做嘯父的人，從小就在集市上補鞋為生，為人也很普通，屬於人群中最不起眼的。但是，隨著時間流逝，周圍的人們都發現，怎麼就嘯父還沒變老，反而青春常駐呢？有人起了好奇心，就悄悄到嘯父家裡，去求問有沒有什麼靈丹妙藥，或者奇門法術。嘯父都沒透露任何說法，就把圍觀的群眾打發走了。只有梁母得到嘯父的信任，跟著他學習幻術。有一次，嘯父用幻術生出了數十堆火，眼看火焰升空，趕忙跟梁母告別，自個兒升天去了。從此以後，冀州人民就把嘯父當作神，一直祭祀他老人家。

晉代的「首席神棍」郭璞，是兩晉時期最有名的方士，他的「撒豆成兵」便是一種有趣又狡黠的幻術。

郭璞因為看中了太守府上的丫鬟，但是不好意思開口直接要人，畢竟郭璞也算是名門望族，做此事不得體。於是，他使用擅長的幻術，在太守府周圍撒下三升紅豆。隔天，太守起床後發現，外面被數以千計的紅衣人包圍得水泄不通。太守嚇呆了，擦擦眼睛，再一看，紅衣人竟然又消失了。太守以為是幻覺，疑心漸消，雖然也有驚嚇，卻終究沒放在心上。

沒想到的是，第二天早上，太守又看到了人山人海的紅衣人。這下，太守嚇壞了，直冒冷汗，向後退了三步，趕忙向周圍的人指出紅衣人。不過，奇怪的是，別人都沒看到紅衣人，也不知道太守究竟為何驚嚇。

於是，太守趕緊叫來郭璞大師，詢問此事緣由。郭璞自然念念有詞，神神叨叨，他說：「太守，經我觀測，大概是您府中的丫鬟並不吉利，給您造成了這樣的幻覺。我勸您盡早賣給太守府外東南方向二十里的店家，賣出去時不要討價還價。我敢保證，以後就再也不會發生什麼蹊蹺之事了。」

等郭璞說完，還在害怕的太守立即吩咐侍從賣掉丫鬟。這邊，郭璞也趕緊找藉口上廁所，實則出門吩咐僕從跟蹤買下丫鬟。最後，果然用很低的價格買到了丫鬟。然後，郭璞在太守府的井裡投下一道符，成百上千的紅衣人紛紛跳進井裡。太守看了，連連稱讚。殊不知郭璞帶著婢女，高興地走了。這一招「撒豆成兵」的幻術，既讓太守安心，又讓郭璞買得婢女，可謂雙贏。

不過，《列仙傳》、《搜神記》裡這樣的幻術，大多具有偶發性，而且是多見於私人場合，尚未以表演服務的形式，頻繁出現於街頭鬧市。這要等到隋唐以後，特別是兩宋時期，幻術才作為街頭日常的表演，成群出現在大江南北的城區鬧市。

宋代的商品經濟發達，幻術也很發達，儼然成為一種特殊的產業鏈。在地域分布上，江南的名城，自然是幻術最為集中的地域。為何江南一帶出現了大量幻術？此時的幻術，已是尋常的表演，為何表演？不是求財，便是博名。畢竟，江南賦稅甲天下，經濟發達，人民自然有閒錢賞給幻術師。時代的發展也讓幻術的裝備更加時髦，陶瓷從皇家向民間普及後，出現了以大缸和瓷碗為道具的戲法。火藥出現後，又有了煙霧變人的幻術。

南宋臨安有一位署名西湖老人的作者，寫過一部《西湖繁勝錄》。書中記載了臨安城裡的各種幻術，有個著名的節目叫做「泥丸」。這個節目一開始，幻術師前方擺著一張大桌子，桌子上有兩只瓷碗，還有五個泥丸。圍觀群眾眼見幻術師兩只瓷碗分別反扣兩個泥丸，然後將反扣的碗各自調換，挪來移去，反復多次。等到幻術師把碗翻開時，竟然分別變出了五個泥丸。一來二去，整個瓷碗都盛滿泥丸。

這類幻術即便在今日的魔術舞臺上，也不少見。同樣道具可用玻璃杯、撲克牌等代替，但原型基本上差不多。這類幻術全靠一雙巧手，不假神仙鬼怪，盡是人間歡樂。

此外，還有其他類型的幻術，比如空手變仙桃、空碗變黃酒、空中搬木材等等，其他經典的幻術還有白雪戲、吞刀戲、吞劍伎、殺馬戲、剩驢戲、魚龍戲、漫行戲、風書使、藏伎，數不勝數。

原本印度和中亞進口的幻術，與中國本土的幻術交雜以後，變換出各種類型，後來出口到日本。日本自唐太宗以來，遣唐使入境十三次，期間帶回幻術。從此，日本人也能看到諸如人躺在劍上吹走樂器而毫髮無傷的幻術。奈良正倉院的「臥劍上舞」古畫，描繪的便是這樣的幻術。古畫依舊在，人間笑顏開。

神叨至此，徐子偈曰：

中亞印度幻術多，胡人表演入中華。
皇帝見此龍顏悦，百姓聞此嬉笑來。
攀繩越獄兩不誤，噴火隱形不傷身。
方士施法買婢女，冀州嘯父升天去。

4 上帝的經典菜譜

吃喝是人生要事，上帝也不例外。千萬不要以為，那些五花八門的神明、神秘莫測的聖人、捉摸不定的妖怪，都是不吃不喝的。就連上帝，也有自己的口味偏好。

作為人類歷史上的超級暢銷書，《聖經》不僅是一本囊括宗教、文學、歷史、神話的百科全書，也可當作菜譜來讀。在味蕾上，它也為西方文化供應著養分和靈感。

上帝的口味

眾所周知，在《舊約》裡，猶太人信奉的耶和華神，是一位相當不好相處的神。除了要求猶太人不能拜其他神，更不用說拜金牛犢了。在吃食上，耶和華也相當挑剔，經常要求猶太人這不能吃，那不能吃。猶太人的始祖亞當、夏娃就在這事上惹上大麻煩，吃了上帝禁止吃的善惡樹上的蘋果，被驅逐離開伊甸園，也導致子孫後代跟著受累，從此都要流汗種地、流血生產。

什麼東西能吃，什麼東西不能吃？這些在《舊約》裡的〈摩西五經〉寫得非常詳細，由此也可以看出上帝的口味。

比如，耶和華喜歡類似鵪鶉、嗎哪這樣的食物，也喜歡賞賜給他的老百姓吃這些東西。特別是嗎哪，更是可遇而不可求。有福如猶太人，也只有在那個特殊時期，才能吃到這種稀世珍品。

當猶太人出埃及以後，艱難行進在荒無人煙的曠野時，因為吃不飽肚子，很多人開始抱怨領導人摩西帶他們離開埃及。有人怨氣衝衝地說：「哎，出什麼埃及啊，我巴不得就留在埃及，給法老打工，還可以坐在肉鍋邊，免費吃魚，還有西瓜、韭菜和黃瓜。現在這荒郊野外的，連肚子都吃不飽。」眾人聽聞，紛紛響應。摩西和好搭檔亞倫面露難色，雖然使命感仍然堅定，但面對群眾的呼聲，也不知道如何是好。耶和華神適時出現，堅定摩西的信念，並答應傍晚就可以吃到肉，而且要讓猶太人吃到鼻子都噴出肉沫來，這才能讓耶和華對著這群不可教的孺子解解氣。

果不其然，入夜時分，一大群鵪鶉鋪天蓋地飛來，整個營隊都被遮瞞了，而且相當容易捕捉，不用多費力氣，餓肚子的猶太人欣喜異常，紛紛捉鳥烹飪。根據考古學者的小道消息，這種地中海盛產的鵪鶉經常順著風向飛行，個頭較小，一旦風向改變，就飛不動了，紛紛集體落地，任人宰割。

除了鳥肉，隔天清早還有嗎哪。嗎哪是一種傳說中的食物，現實中看不到，據說是一種類似芫荽子，長得像珍珠，吃起來又像蜂蜜薄餅的奇品。自從猶太人在曠野上吃了這種美食，就一直念念不忘，如今還會把奇珍異味比作嗎哪。

猶太人有口福，全賴他們有這樣一位神。世界上的其他民族，一般是自己喜歡吃什麼，才把好吃的獻給他們的神。唯獨猶太人，是跟上帝的口味走——上帝喜歡吃什麼，就賜給猶太人吃什麼。有些東西再好吃，上帝不讓猶太人吃了，也就沒得吃了。珍品如嗎哪，在猶太人抵達迦南以後，嗎哪這樣的稀世珍品就消失了。從此，猶太人就只能吃迦南當地的食物。

當然，上帝也有不喜歡乃至極端厭惡的食物，比如不能吃血。吃了血的人，都會被除名，此生不能再當上帝的選民。而有些食物本身是好的，但是搭配不當，也被上帝嫌棄。比如羊羔本是上帝喜愛的，但是如果用母山羊的奶煮山羊肉，這就變成了非常嚴重的犯罪事件。

食物也是禮物

有什麼樣的神，就有什麼樣的人民。

不管是按照費爾巴哈（十九世紀德國哲學家）所說，神明是人類與人間的投射，還是如宗教家所言，神按照自身創造人類。無法否認的是，神明和人類的關係是相輔相成的，這種互動關係也體現在食物上。神愛吃什麼，他統治的老百姓也愛吃什麼。老百姓愛吃什麼，也總把自己愛吃的獻給他們的神明。食物，已經不是食物那麼簡單，有時候更是一種禮物和儀式，用來溝通未知世界和現世世界，維繫著兩者的交流與和諧。

以色列的獻祭，要專門殺羊羔，而且必須是沒有殘疾的公羊或母羊。在逾越節這一天，耶和華只接受滿足他條件的羊羔，除此之外，一概不收。

這種羊羔必須同時滿足兩個前提條件：

一、沒有殘疾，四肢健全、長到一歲的供養羔，瘸腿長皮膚病的肯定不能要。

二、早晚各獻一隻，都不能重複。

殺完羊以後，猶太人要趕緊用羊血塗到門框上，然後當晚就吃完羊肉，就著沒有發酵的餅和苦菜，一起吃完，不能留到隔天。吃的時候，還得注意不能咬斷羊骨頭。

除了逾越節，在每個月朔時分，要舉行燔祭，還得獻上七隻公羊、一隻公綿羊、兩隻公牛，一個都不能少。

耶和華悅納的如此嚴格，古代猶太人的皇家貴族，吃的東西也相當豪華。比如，所羅門王除了妻妾成群，吃的食物也堆滿桌子，有細麵和粗麵，有肥牛、羊、鹿、羚羊、狍子以及其他肥禽。

祭祀宰羊之事，東西皆然。殷周先秦時期，國之大事，唯祀與戎。祭祀是可與戰爭相提並論的重要事務，不可怠慢。殷人尚鬼，周人事天，都離不開祭祀。

值得一提的是，《聖經》提到猶太人在埃及吃過的諸多食物，中國人要到漢唐之際才能接觸到。比如，石榴是漢代才傳入的，張騫出使西域，帶回了石榴、葡萄和胡蘿蔔。西瓜則在五代才傳入中土，唐詩裡還沒有寫西瓜的。到宋代，吃西瓜成了家常，宋詞裡已常見對西瓜的讚美。

除了獻祭以外，有些食物是作為見證的。在進入迦南美地之前，摩西派遣了十二位代表人前往探查。猶太人之所以嚮往迦南美地，可能更是出於嚮往那裡的食物，而不是僅僅聽從上帝的命令那麼簡單。十二位代表人從迦南一探究竟以後，回來報告那裡有巨大的城牆，強壯的人民，順便扛回一串巨大的葡萄，還有石榴和無花果，以充分證明迦南的豐裕。雖然傳聞中的迦南人並不好對付，但是巨大葡萄在視覺和味覺上的刺激，直接激發了猶太人進軍迦南的欲望。

有些食物，則是禮物。根據《約翰福音》二十一章的報導，耶穌在復活以後，去見了心灰意冷的門徒，當他出現在提比利亞海邊時，已經是第三次顯現。耶穌的大門徒彼得，原職就是漁夫，在耶穌死後又回海裡重操舊業。復活後的耶穌指示門徒下網的時機，他們終於打上了一百五十三條魚。上岸後，耶穌請他們吃早餐，吃的便是耶穌親自烤的魚。此時此刻，聖潔又不失煙火氣息，再也沒有什麼比這條溫熱的魚，更能表達耶穌和門徒之間神聖又溫情的關係了。這條魚大概是這群漁夫門徒吃到的最好的烤魚。

食物還是群體關係的投射。吃肉，還是不吃肉，曾經一度在羅馬的基督徒中間引起爭論，以至於使徒保羅在《羅馬書》中特別增加囑咐，來調解矛盾。可以確定的是，他們有可能不吃雞肉，因為《聖經》裡就沒有提到過雞肉，除了耶穌的大徒弟彼得在祭司家聽到的三次雞鳴。

忌口與禍口

相較於無物不食的廣東人和四川人，猶太人的忌口相當嚴重。

猶太人不吃動物大腿窩裡的筋，完全是因為他們的知名先祖之一，雅各曾在一次神人角力中，獲得勝利。天使明知自己鬥不過雅各，就來一個反手，摸了雅各的大腿窩，雅各因此扭倒變瘸。因為有這個典故，猶太人就不吃動物大腿窩裡的肉。許是因為吃了這個部位，或有明嘲暗諷之意味。對祖宗不敬，當然忌口。

人們常說「病是吃出來的」。面對一位如此威嚴且不好相處的上帝，上帝的民族以色列在吃的方面也特別小心，萬一不小心吃錯了東西，得罪了上帝，這就不好了。世事難料，猶太人的四千年歷史裡，有過幾次因為食物而造成的嚴重事件。其中有個著名的案例，便是雅各曾用一碗紅豆湯，騙得了以掃的長子名分。

猶太人的祖先亞伯拉罕有個兒子叫以撒，以撒又生了一對雙胞胎兒子，稍大的叫作以掃，隨後抓著哥哥腳跟出生的叫做雅各。雅各為人精明，有一次當哥哥以掃打獵歸來、飢腸轆轆之際，拿出熬好的紅豆湯，對哥哥說：「如果你答應我，讓我做長子，我就把這碗紅豆湯給你喝。」以掃是個心直口快的獵人，爽快答應，馬上說：「我終將要死，要這長子名分有何用處？給你吧，紅豆湯拿來！」說完，便喝下紅豆湯，丟了長子名分。雅各因而騙過老父親和大兄弟，接受了以撒的終極祝福。

不過，到了雅各，報應又來了。雅各生了十二個兒子和一個女兒，其中最愛小兒子約瑟。這讓其他兒子們嫉妒不已，謀劃將約瑟賣給埃及人。雅各晚年失子，悲痛不已。原本以為人生已到陌路，不料那時迦南大旱，缺少糧食，更是雪上加霜。適逢那位被兄弟們出賣的小兒子約瑟，正在埃及當宰相，主管糧倉。雅各又吩咐兒子們帶上蜂蜜、香榧和杏仁，前去送禮，購買糧食。最後，心善的約瑟還是好好安頓了家人們，讓父親雅各在埃及安度晚年。事情到了這個地步，才有了四百年後，後代摩西率領猶太人出埃及、進迦南的大事件。

這麼看來，如果沒有當初雅各騙人的那碗紅豆湯，也就沒了後面猶太人進出埃及的周折。區區一碗紅豆湯，就改變了以色列的歷史。而耶穌跟門徒的晚餐，又改寫了基督教的歷史。後來，猶大在客西馬尼園，以擁抱和親吻當作記號，出賣了耶穌。

那頓最後的晚餐，耶穌和十二門徒到底吃了些什麼？那一天正好是逾越節，根據猶太人的傳統，逾越節這天要吃沒有發酵過的餅，加上喝點葡萄酒。不過，耶穌在這次晚宴上，再次強調，門徒們吃喝的是眼前的餅和酒，享用的卻是象徵耶穌本人的肉和血。基督教的聖餐禮就來自這頓晚餐。等吃完以後，耶穌就去羅馬提督那裡受審，然後走上了十字架。從此以後，基督徒們都會在禮拜天的聖餐禮上，用無酵餅和葡萄酒，來紀念這段歷史。

神叨至此，徐子偈曰：

人道《聖經》是神言，我道《聖經》乃菜譜。
猶太人燒羊肉，伺候上帝口味嚴。
一碗紅豆賣長子，一條烤魚證復活。
禍從口入有忌口，最後晚餐成祝福。

5 耶誕節的N種過法

耶誕節，如今已經成為年輕人追捧的時髦節日。在每年十二月二十五日前後，街上到處是熱鬧的耶誕歌、促銷商品、耶誕樹，年輕人也會把這天當作約會的好日子，商家們也會搶在這一天促銷。然而，耶誕節並不是一開始就這樣的，它的過法也經歷了多次演變。

「耶誕節」的發明史

耶誕節雖被大眾認為是紀念耶穌誕生的日子，但史家早已考證，耶穌出生的日子，應該不在十二月二十五日，而是初夏。因為只有初夏的地中海氣候，才能讓牧羊人在戶外放羊時看到星星，也才能讓耶穌在適合的氣溫裡出生在馬槽。試想，大冬天的，怎麼可能待在戶外呢？

其實，西元一、二世紀的基督徒基本上是不過耶誕節的。那時還沒有「耶誕節」的這個概念，人們對耶穌的生日興趣也不大。那個時候，在埃及亞歷山大城、耶路撒冷和小亞細亞半島上的基督教，紀念耶穌誕生的時間，都不一樣。有的在五月份，有的在一月份，當然也有的在十二月份。

後來定為十二月二十五日，跟羅馬帝國首位基督徒皇帝君士坦丁有很大關係。三一三年，君士坦丁頒布《米蘭詔書》，宣布長期受到迫害的基督教為合法宗教，享有信仰自由權利。三二五年，基督教史上第一次大公會議在尼西亞召開，確立了正統教義。

在這個會議上，君士坦丁出席，基督教獲得了國家級待遇，在羅馬帝國蓬勃發展。大量原本信仰其他宗教的信徒加入基督教，他們把原來過農神節的習慣也帶了進來，久而久之，自然地把農神節轉變為耶誕節。最後，直到西元四世紀，教皇才最終定下十二月二十五日為耶誕節。

另外也有個說法，就是耶誕節源自太陽神節，這天剛好是羅馬曆法裡的冬至日，在這天，太陽的照射時間將延長。人們慶祝太陽神節，也就意味著慶祝光明。基督徒們將這天改為耶誕節，為此重新賦予涵義，將耶穌當作新的光明，來救贖人類。

儘管耶誕節的來源，說法不一，但關鍵的是經過羅馬帝國時期，基督教從一個區域性小教派發展為世界性宗教。耶誕節的傳播，也體現了羅馬帝國境內各種宗教和民俗文化相互交融的過程。

「耶誕精神」的發明

就這樣，耶誕節成了西方人生活裡的重要節日。但是，在兩千多年來的歷史上，並不是所有基督教地區都會過耶誕節。史上第一個遵奉基督教為國教的亞美尼亞，從來不過耶誕節。美國早期的清教徒，竟然也反對過耶誕節，認為這是源自古羅馬的異教節日。而在英國，也曾發生幾次禁止過耶誕的禁令。

耶誕節之所以從一種混雜羅馬文化與基督教的宗教節日，演變為現代人們熟知的大眾慶典，中間有個關鍵人物——英國大文豪狄更斯。

一八四三年，狄更斯出版了《耶誕頌歌》(*A Christmas Carol*)，轟動英倫。這本小說講的故事不複雜，說的是守財奴在耶誕節由惡變善的故事。

狄更斯的這本小說，提醒人們耶誕節是一個非常樸素、良善的節日，在這一天，家人團圓相愛、互贈禮物、彼此祝福、關愛弱勢群體、向窮人施捨慈悲心，呼喚全社會和個人生命充滿人道主義，這就是「耶誕精神」。因為《耶誕頌歌》的廣為流傳，慶祝耶誕節開始變得時髦，從英國流行到了整個歐美。可以說，一部《耶誕頌歌》，直接將耶誕節從一個宗教節日擴展為全社會慶祝的大眾節日，「耶誕精神」也成了社會大眾共享的道德關懷。

在此之前，一八一八年的奧地利，一首經典的讚美詩〈平安夜〉誕生了。那時，奧地利的摩爾神父(Joseph Mohr)第一次在教會正式演出了這首歌。兩百年來，它已經成了耶誕節最經典的一首歌。在一戰時，交戰的英國、德國，曾因為這首歌，而造成第一次世界大戰的「耶誕停火」事件。一首小小的讚美詩，也參與了世界歷史。

Silent Night

Silent night, holy night,
All is calm, all is bright.
'Round yon virgin Mother and Child,
Holy infant so tender and mild,
Sleep in heavenly peace;
Sleep in heavenly peace.
Silent night, holy night,

Shepherds quake at the sight.
Glories stream from heaven afar,
Heavenly hosts sing Alleluia;
Christ the Savior is born;
Christ the Savior is born.
Silent night, holy night,
Son of God, love’s pure light.
Radiant beams from Thy holy face,
With the dawn of redeeming grace,
Jesus, Lord, at Thy birth;
Jesus, Lord, at Thy birth.

一九一四年的平安夜，第一次世界大戰，當一位德國士兵唱起 Silent Night 時，英國的年輕軍官聞之潸然，作為回應，他們唱起了英文版的 Silent Night。

耶誕節早晨，沿著八百公里長的西部戰線，德國和盟軍士兵從戰壕中走出來，他們放下武器，互致問候。這就是著名的「耶誕停火」。

這首歌已被翻譯成三百多種語言。溫州籍神學家、哥倫比亞大學劉廷芳博士，將它帶進了漢語世界。從此，在中國的教堂裡，每逢平安夜，就會唱起中文版的〈平安夜〉。

〈平安夜〉

平安夜，聖善夜！萬暗中，光華射，
照著聖母也照著聖嬰，多少慈祥也多少天真，
靜享天賜安眠，靜享天賜安眠。
平安夜，聖善夜！牧羊人，在曠野，
忽然看見了天上光華，聽見天軍唱哈利路亞，
救主今夜降生，救主今夜降生！
平安夜，聖善夜！神子愛，光皎潔，
救贖宏恩的黎明來到，聖容發出來榮光普照，
耶穌我主降生，耶穌我主降生！

另類的東方耶誕

其實在唐代也有耶誕節。早在西元六三五年，也就是貞觀九年，基督徒就來到了中國。那時，基督教在敘利亞的一個教派，叫作「聶斯托利派」，來到東土大唐後，被稱為「景教」。此後發展延續一百五十多年，據說當時「法流十道，寺滿百城」，鼎盛期擁有三千多位信眾。

在唐代，如何過一場耶誕節？根據現有的考古資料，我們所知不多。景教留下來的文獻和碑刻，數量不像佛教那麼豐富。

景教有一首讚美詩——〈大秦景教三威蒙度讚〉是這樣唱的。

無上諸天深敬嘆，大地重念普安和，人元真性蒙依止，三才慈父阿羅訶。
一切善眾至誠禮；一切慧性稱讚歌，一切含真盡歸仰，蒙聖慈光救離魔。
難尋無及正真常，慈父明子淨風王，於諸帝中為帝師，於諸世尊為法皇。
常居妙明無畔界，光威盡察有界疆，自始無人嘗得見，復以色見不可相。
惟獨絕凝清淨德，惟獨神威無等力，惟獨不轉儼然存，眾善根本複無極。

我今一切念慈恩，嘆彼妙樂照此國；彌施訶普尊大聖子，廣度苦界救無億。
常活命王慈喜羔，大普耽苦不辭勞，願捨群生積重罪，善護真性得無繇。
聖子端在父右座，其座復超無量高，大師願彼乞衆請，降筏使免火江漂。
大師是我等慈父，大師是我等聖主，大師是我等法王，大師能為普救度。
大師慧力助諸羸，諸目瞻仰不蹔移，復與枯燋降甘露，所有蒙潤善根滋。
大聖普尊彌施訶，我嘆慈父海藏慈，大聖謙及淨風性，清凝法耳不思議。

景教在中國，為了方便傳播，附會佛教的詞語，將耶穌稱為「皇子彌施訶」，將耶穌的門徒稱為「法王」。他們的教堂，也在外觀上模仿佛寺，叫作十字寺。在鎮江和泉州，還有不少遺物。

而在當代中國，因為特殊的文化和民俗，面對外來文化時，一定會發生「文化融合」。這不，河南的農民伯伯，把耶誕節過出了濃濃的鄉土味。

〈耶穌娃〉

冬至過了那整整三天，小耶穌降生在俺駐馬店。
三博士送來了一箱蘋果，還提著五斤豬肉十斤白麵。
瑪利亞手裡拿著紅雞蛋，約瑟夫忙把餃子皮擀。
店老闆端來碗紅糖薑水，喊一聲大嫂你喝了不怕風寒。
駐馬店村支書聞訊趕來，道一聲哈利路亞暫住證還是得辦。
只見那馬棚外天色向晚，馬棚裡人人都吃蘋果求個平安。

在這首歌裡，整個基督教發生了一次「乾坤大挪移」。馬槽所在地伯利恆，變成了駐馬店。中國人生孩子、坐月子、喝紅糖薑水的習慣，統統進來了。更絕的是，村支書還提醒約瑟夫辦理暫住證。整首歌詼諧有趣，讓人不妨在耶誕節輕鬆笑一笑。

傳統的耶誕節，如今已逐漸淡化原本的神話色彩，在演化過程中不斷融入當時當地的風俗文化。也正是這樣，耶誕節這個古老的節日即便在今天，也充滿著活力，吸引著一代一代年輕人的參與。

神叨至此，徐子偈曰：

耶誕原為太陽節，羅馬帝國來重啟。
讚歌一唱休戰火，平安一夜扶孤弱。
歐風美雨到中華，耶誕也被本土化。
耶穌降生駐馬店，世人天使都發笑。

聊《山海經》，先從陶淵明的解悶辦法說起。如果說「憂傷」是古代中國文人的必備情緒，曹操說的「何以解憂，唯有杜康」便是一種排遣愁情的方法。如果「失意」是古代中國士大夫仕途上不得不面臨的坎坷，那麼李白那一句「仰頭大笑出門去，我輩豈是蓬蒿人」便是一味解脫的妙藥。但遇到「無聊」時，該怎麼辦？且回到一千六百多年前，看看陶淵明的做法。

陶淵明如何解悶？

盛夏來臨時，陶淵明正結廬隱居，屋前屋後草木茂盛。有一天，陶淵明種好地後，沒別的事可做，便回到房間裡讀書。陶淵明讀書向來「不求甚解」，是一種自然隨性的歡樂。當然，他也有感到無聊的時候。何以解悶？除了採菊、喝酒，陶淵明還在〈讀山海經〉這首詩裡透露了解悶利器：

〈讀山海經〉

孟夏草木長，繞屋樹扶疏。
眾鳥欣有託，吾亦愛吾廬。
既耕亦已種，時還讀我書。
窮巷隔深轍，頗回故人車。
歡然酌春酒，摘我園中蔬。
微雨從東來，好風與之俱。
泛覽《周王傳》，流觀「山海圖」。
俯仰終宇宙，不樂復何如。

「泛覽《周王傳》，流觀『山海圖』。俯仰終宇宙，不樂復何如」，陶淵明看的「山海圖」，便是《山海經》的圖畫版。在古代，配有插圖的《山海經》曾經廣為流傳。但可惜後來失傳了，如今我們所能見到最早的「山海圖」，來自明代和日本江戶時期。

不管怎樣，看「山海圖」、讀《山海經》，可以有效將鬱悶指數回歸正常指數，如果真的掌握了它的樂趣，甚至還能提升人生幸福指數，達到天人歡樂共振的效果。

作為一部古代的人文地理博物志，《山海經》記載了上古社會大量的奇聞異事、妖魔鬼怪，裡面記錄了一百多個邦國、五百多座山和二百七十多種動物。西漢的劉秀在〈上山海經表〉裡用短短幾言，指出了《山海經》所涉及的人事物：「內別五方之山，外分八方之海，紀其珍寶奇物，異方之所生，水土草木禽獸昆蟲麟鳳之所止，禎祥之所隱，及四海之外絕域之國，殊類之人。」

《山海經》不但成了陶淵明的解悶利器，也經常被李白、李商隱寫進詩歌裡。李白在〈贈閭丘處士〉裡寫道「閒讀《山海經》，散帙臥遙帷」。李商隱更是直接取用《山海經》裡的「瑤池」、「青鳥」、「比翼鳥」、「珠樹」、「玉水」、「鮫人泣淚」等意象和故事，化為己用。

就連魯迅也難以忘懷，他在〈阿長與《山海經》〉裡這樣寫道：「紙張很黃，圖像也很壞，甚至於幾乎全用直線湊合，連動物的眼睛也都是長方形的。但那是我最為心愛的寶書，看起來，確是人面的獸；九頭的蛇；一腳的牛；袋子似的帝江；沒有頭而『以乳為目，以臍為口』，還要『執干戚而舞』的刑天。」

《山海經》的文化魅力無須贅言，然而，當代人如何開啟這本神書呢？

《山海經》觀演指南

在我看來，《山海經》的編排本身，就是一齣不可多得的好戲。

如今流傳下來的《山海經》總共十八卷，三萬多字，講山也講海，還講了在山海之間穿梭的人類、神仙和妖怪。山和海是《山海經》的骨架，也是道場。人、神、妖是血肉，也是演員。有了舞臺和演員，一齣上古的大戲，就在這部奇書裡上演了。

這臺戲的出場順序簡單明瞭，用四個字總結：上山下海。

先是上山，〈山經〉出場，按南、西、北、東、中的順時針方向，名山大川一一亮相。後是下海，也是南、西、北、東，海上見聞次第展開。〈海經〉又從海內講到海外，旁邊藏著大彩蛋〈大荒經〉，最後尾聲〈海內經〉響起，全劇終。

為什麼山和海的出場順序是「南西北東」，而不是「東南西北」呢？根據臺灣學者李豐楙的研究推論，可能是因為《山海經》的編撰是在楚國，而不是中原地區，用的是楚文化裡的方位次序。所以很自然地，《山海經》把楚地的大多數地方定為「中」，也大量記錄了楚地的名山大川。這跟我們通常把中原地區當作中央方位是很不同的。

楚文化跟中原文化明顯不同，楚文化裡有大量的神話傳說、巫師傳統。在屈原的《楚辭》裡，到處是東皇太一、湘君、湘夫人、大司命、河伯、山鬼。而中原文化較早地建立了成熟的官方祭祀體系。這也是德國社會學家韋伯眼裡中國文化的早熟之處。不過，熟的是中原，楚地尚在神話的原始時空裡，元氣淋漓、生猛可愛。

《山海經》這齣劇本，從「女媧造人」、「夸父追日」、「大禹治水」到「精衛填海」，後人或多或少都知道它的經典場面。它也一再被引用，從屈原的《楚辭》，到劉安的《淮南子》，再到後世的道家、方士，再到魯迅的《故事新編》，《山海經》已經成了文化的母本，為後世源源不斷地提供想像力的彈藥。

《山海經》裡的偏方

一部《山海經》，讓魯迅愛不釋手，也讓史家司馬遷無話可說——「至〈禹本紀〉《山海經》所有怪物，余不敢言之也」。

史家無法書寫怪力亂神，文藝家卻正傾心。《山海經》裡有大量的「靈魂畫」和「肉體畫」，用幾筆簡單的白描手法，就勾畫出上古初民的原始審美思維。讀了《山海經》，才知道，原來妖怪也很萌。

萌，就是可愛無公害。萌得不可方物之物，雖然是先民無法解釋的存在，但用文字和繪畫來描述，就已經是一種解釋的努力。這種努力，如今也被我們看見。

讀《山海經》，自然不能用考據的心態，否則就體會不到古人玄妙的趣味了。比如，裡面提供的偏方秘藥，不該以「信其有」的考證態度，而是「信其無」的審美態度。即不要抱著找尋答案的目的，而是單純地從中發現未知，從而自然生起愉悅之感。

《山海經》第二卷〈西山經〉，有如下幾則偏方：

皮膚開裂，擦大尾羊的油脂。

心痛，吃一種叫作「薜荔」的香草。

肚子裡有蛔蟲，可以吃長得像鶺鴒，叫作「肥遺」的鳥肉。

還有種鳥叫作「櫟」，吃了可以治痔瘡。

上面這些偏方，如今已不適用。一來是因為這些香草、大尾羊，還有黃羽紅喙的鳥，幾乎無人知道去那裡才能找到。二來，如今醫術發達，這些不算大病，只是小恙，對於現代醫學而言，簡直小菜一碟。

不過，還是有些「疑難雜症」是當代科學也無能為力的。比如，怕打雷，怎麼辦？《山海經》說，有種叫做「橐蜚」的鳥，冬天勞動，夏天隱居，戴著牠的羽毛，就可以不怕打雷了。當然，《山海經》沒有追究為什麼戴著這種羽毛就不怕打雷，但是根據先民的生活經驗，應該也是有淵源的。但是，這種鳥，去哪裡找?!

做惡夢有藥治嗎？《山海經》也自信地開出了藥方，它說有種鳥叫作「鵸鵌」，鳥如其名，長相奇特，三個腦袋、六條尾巴，動不動就愛笑。據說，要是吃了這種鳥，從此告別做惡夢。

要是實在找不到這種怪鳥，還可以找下「冉遺魚」，這種魚長著蛇的腦袋和馬的眼睛，有六隻腳，吃了牠同樣也不會做惡夢。不過，這些動物奇形怪狀、長相恐怖，本身已是一場惡夢，以毒攻毒，或許真有療效。

這還沒完，《山海經》越說越神乎——

想絕育，吃「蓇蓉」。

想治腫瘤，吃「杜衡」或「數斯」。

防火，可以養「鸓鳥」。

治療風濕病，請吃「鵁」。

上面這些還都是治病的藥方。除了這些蟲魚鳥獸五花八門以外，《山海經》裡面的神明也是五花八門。在《山海經》的三次元世界裡，至少生活著人面龍身的、人面馬身的、人面牛身、人面貓頭鷹身的……除了部分人體器官以外，下半身隨機變化。

這種奇怪的生物現象，其實有個術語，叫作「異體合構」。意思就是將人和獸的不同生理特徵進行多元的組合，從而不斷創造出新的物種形象。《山海經》簡直把「異體合構」的手法，運用得爐火純青。這些異形生物、這些半人半獸，就直接反映了先民對於外部世界的理解方式。

看戲，演員稱職，觀眾也要稱職。要理解《山海經》這齣好戲，就要試著貼近古人的神話思維。

神叨至此，徐子偈曰：

陶潛愛覽「山海圖」，魯迅喜聞異獸志。
上山下海有次序，南西北東理清楚。
遠古偏方少原料，異體合構多套路。
《山海經》是一齣戲，請君收好觀演錄。

7 非洲巫術也有運作邏輯

說起「巫術」，大家印象裡的第一個畫面是什麼？是頭上插滿羽毛、赤裸上身、口裡重複發出單音詞「嗚嗚啊啊」的非洲部落酋長，還是施展法術、面部表情邪魅的巫婆？其實，這些都是流行影視劇不斷向大眾傳達的巫術形象，那真實的巫術形象是怎樣的呢？

一只玻璃瓶引起的部落恐慌

「上帝也瘋狂」這部電影從一個有趣的角度，呈現出非洲部落裡的巫術秘密。在非洲南部的卡拉哈里沙漠，原本住著一個部落，本來這裡一直相安無事、非常和平，雖然這個非洲部落物質上不富有，但他們還是一個前現代的部落，每次打獵以後，都會一起分享獵物。所以日子過得還算可以。

但有一天，忽然一聲轟鳴，飛機從天上劃過，掉下來一只可口可樂的玻璃瓶。這引起了部落人的好奇，他們從來沒見過這麼一只透明的東西。他們發現，這只從天而降的瓶子，竟然可以用來製造工藝品，還可以拿來吹奏，簡直就是神賜下的禮物。好景不長，越來越多部落人想占為己有，這只瓶子引起了部落的紛爭。從前單純的好日子一去不復返。

部落裡的長老看不下去了，他出面說，這只瓶子並不是神賜下的禮物，而是邪惡的東西，必須把它送回世界的盡頭，重新交還給神。這件重大使命被交給了主人公，由此走上這條充滿坎坷和趣味的旅途，展現了一連串詼諧的故事。

「上帝也瘋狂」電影名字說的是上帝，其實通篇講的是這只瓶子和非洲部落的互動關係。別看這部電影是喜劇，其實它講的東西很經典。這只從天而降引起部落糾紛的瓶子，卻被部落長老最終認定為「邪惡的東西」。主人公則扮演了「巫師」的角色，負責把這個「邪惡的東西」送到世界盡頭還給神，從而解除部落的不安和紛爭。

這種邏輯，其實在非洲部落社會裡並不少見。在眼花繚亂的神秘巫術背後，也有它們的運作規律。

不安的背後，巫術也有社會邏輯

林奈曾在《自然系統》裡對野人、非洲人、亞洲人、美洲人、歐洲人做過不同的分類。他認為，歐洲人活潑有創造力，靠法律統治。而亞洲人多愁善感、視錢如命，依靠輿論統治。美洲人性格易怒，依靠習慣統治。而非洲人好吃懶做，依靠情緒統治。

作為十八世紀最有影響力的自然科學家、生物學家，林奈對不同人種的判斷，有其時代局限。也有不少學者對這種「人種學」有過反思和批判。但是，「非洲人依靠情緒統治」這句話，對於解釋巫術在非洲的大量存在，依然有解釋空間。

什麼是情緒？簡單說，包括了恐懼、憎恨、不安、焦慮、熱愛、期待等等。情緒是一種總體的心理氛圍，不是可以靠邏輯、理性、法律、制度所能限制或者規範的。情緒的產生，有很多原因，可能是因為面臨著自身經驗無法解釋的新事物，自然生發出來的。

就像在「上帝也瘋狂」裡，從天而降的可口可樂瓶子，因為部落人從來沒見過這種事物，所以就會自然產生好奇、迷戀、欣賞的情緒，而當這只瓶子引起人們的佔有欲，甚至部落的糾紛時，人們的情緒轉向尖銳，憤怒、不安、暴戾等等。眼看更大的人為災難即將到來，此時如何有效解除部落的危機呢？很常見的做法，便是通過巫術。

英國人類學家弗雷澤有一本名作《金枝：巫術與宗教之研究》，他認為在遠古時期，人們經常會面對各種自然災難和部落紛爭，還有變幻莫測的神明，面對這些不可抗的外

力，人們通過獻祭、祈禱、神諭、魔法等方式，來使外部環境符合自身的願望。

所以，一場巫術的背後，其實是一場社會危機。小到部落，大到國家，巫術的存在，可以通過較小的成本，來轉嫁群體生活危機，減輕個體心理負擔。

就這樣，主人公承擔著神聖使命上路了。一路上他遇到的各種趣事，成了電影的主要內容。其實，這一路的故事，也可以用一個人類學的經典概念來解釋。這個概念便是法國人類學家范根內普、蘇格蘭人類學家特納都提及的「通過儀式」(rites of passage)。

在這次旅途中，主人公遇到了原先封閉部落中永遠看不到的新世界：考古學家、警察、游擊隊，甚至發生了一段戀情。主人公從內心到身體都經歷了次第打開的新世界，最終來到他認為的「世界的邊緣」，拋下瓶子，把這個造成部落紛爭的「邪惡東西」還給了上天。主人公解除了部落的災難，受到了全族的歡迎，凱旋而歸。

這就是當代影視版的「通過儀式」，主人公「歸還瓶子」的過程，使原先恐慌不安的部落，重歸平靜和諧。

所謂「通過儀式」，意思是一個人或一個群體，從一種處境轉向另一種處境所經歷的過程。什麼意思？比方說，很多國家都有「成人禮」這個說法。現在中國沒有統一的儀式，日本、韓國卻還有這類儀式存在。通常在孩子二十歲時，會舉辦祭典，大家彼此喝酒慶祝、贈送禮物等，通過這個成人禮，提醒孩子以及與他相關的所有社會關係——這位二十歲的年輕人已經成年，需要負擔起自己的人生責任。也就是說，經過這個「通過儀式」，一個人獲得了不同處境的轉化。「通過儀式」幾乎無處不在，小到家庭、家族，大到部落、國家，甚至葬禮、節期、祭典，到處都會出現。從本質上來說，非洲和亞洲，古代和現代，並沒有什麼區別，大家都共享同一種機制。只是非洲人圍著篝火跳舞，中國人禮樂騎射，各自的表現形式不一樣罷了。

巫術也是一種鄉愁

巫術不僅是一種社會運作的邏輯和機制，也是一種文化鄉愁。

一四一五年，隨著葡萄牙占領休達，歐洲國家開始殖民非洲。從十五世紀到十九世紀，第一波殖民潮席捲非洲，到十九世紀末，已有大約百分之九十五的非洲領土淪為殖民地。其後的一戰、二戰，更是掀起瓜分非洲的殖民潮。伴隨著歐洲國家殖民非洲，許多生物學者、考古學家進入這些殖民地進行調查研究，就這樣，他們發現了一個全新的世界。

不同於經歷了文藝復興、宗教改革和工業革命的歐洲，非洲向這群所謂的「文明人」

呈現出來的面貌，則是黑色人種、原始部落、遍地巫術。為了從內而外理解這些異質文化，既需要調動跨越原有的社會學、政治學、考古學等，又需要通過新的研究方法，比如參與式觀察的田野調查方法，來獲得「局內人」或土著人群的內部視角。一門新的學科——人類學，就這樣誕生了。弗雷澤、馬林諾夫斯基、普里查德等，他們對非洲的人類學研究此地面世。

巫術，通過這群人類學家巨細靡遺的白描，呈現到了「文明世界」面前。英國人類學家詹姆斯．弗雷澤在《金枝：巫術與宗教之研究》中認為，巫術的本質，是人與事物之間所存在的一種交感作用。弗雷澤還認為在人類歷史上，存在著一種觀念進化的路徑——巫術、宗教、科學，是逐漸進步的。

不同於弗雷澤的這種看法，費孝通的老師，被譽為「民族誌之父」的馬林諾夫斯基，在《巫術科學宗教與神話》中，認為巫術並非為宗教所取代的低級思維，而是對宗教的必要補充。因為不管在那個時代，在人們的經驗裡面，總會存在著知識和技能所不能達到圓滿解釋的地方。就是在這個層面上，巫術並不是消極的，而是可以作為對理性邏輯和經驗技能的一種積極補充。

這麼說來，巫術其實也是人類對於未知世界的一種鄉愁。在非洲當代文學裡，已經或正在經歷現代化的非洲人，又回過頭來反思所謂的巫術時才發現，巫術正是古老非洲文化記憶不可或缺的一部分，遺忘它也就遺忘了自身。

不論巫術有多神秘、魔幻，它們的本質問題差不多，就是人類如何去面對那些未知事物，以及如何面對種種不確定性。就是在這樣的面對和追問中，巫術產生了、運作了，並在幾千年的時間跨度裡，扮演著人類認知的中介和尺度。

神叨至此，徐子偈曰：

非洲巫術有門奧，豈非迷信等同之。
部落社會有邏輯，全窺巫術理解它。
巫醫魔法和神諭，成人儀式與權力。
今人若難理解透，請看「上帝也瘋狂」。

8 神明的遠行與歸來

人找神，那叫「朝聖」。神找人，那叫「普渡」。世界廣大，不管人或神都會出遠門。天庭高遠，也總有神按捺不住，想離開安逸的仙界生活，去人間走一遭。當然，因為不同神明有著不同的喜好、性格和願望，自然會走出不同的旅行路線。

佛祖老家在印度，卻常在中國和日本顯聖。老子主要事業在中原，晚年卻騎牛西去，出了函谷關。媽祖坐鎮福建湄洲島，又頻繁在臺灣和東南亞現身。耶穌生前走遍以色列，喜歡上耶路撒冷，復活後又到加利利的海邊旅行多天。雖然各路神明的出行方式五花八門，但是對於出遠門的熱愛，總歸是「東海西海，心同理同」。

耶穌的童年旅行

神明之所以經常出走，這事可能有幾個原因。

首先，極有可能是因為他們被家鄉排擠，或者不被周圍人理解，而不得不遠走。耶穌便是典型的例子。他有句名言：「沒有先知在自己家鄉是被人悅納的」，這句話可謂道盡了先知型人物的悲哀。

在耶穌出生後不久，因為天有異象，統治猶猶太人的希律王感到緊張，決定屠殺伯利恆地區兩歲以內的嬰兒。約瑟和瑪利亞聽聞風聲，趕緊帶著小耶穌逃命到埃及，直到多年以後才返回故鄉。這次逃命，算是耶穌來到世界上的第一次出遠門，似乎也預示著他往後不平坦的人生道路。

第二次有史可稽的長途旅行，大概是耶穌十二歲時，跟著爸媽去耶路撒冷過節朝聖，然後待在聖殿裡讀《聖經》。三天過後，約瑟和瑪利亞夫婦回家，才發現找不到耶穌，又急又氣。多方打聽以後，終於在會堂裡找到了正在讀經的小耶穌。十二歲的小耶穌，出口不凡：「豈不知我應當以我父的事為念嗎？」意思就是告訴肉身父母，他應該以天上聖父的事情為重。回家，不過是小事情，著什麼急呢？不過，小耶穌在吐露心聲以後，也沒繼續留下，而是順從地跟肉身父母回家了。

耶穌畢竟是上帝之子，身分特殊，能力超凡，身處於凡人中間，難免引起別人的誤會和不理解。在神聖人物身邊的叔伯兄嫂和普通市民，可能太過熟悉眼前的小孩，以至於全然沒有發現他們的神性，甚至還頗不理解他們的怪異行為，更過分的還會冷嘲熱諷。因而，但凡有點神性，且立志要做大事業的神明，不約而同紛紛離家遠行。與耶穌一樣，很多神明也因為立意高遠，甚至在成為神明之前，就下決心離家出走，佛祖便是這類人的典型代表。

佛祖的出走

佛祖雖然畢生沒有出過南亞次大陸地區，但他的熱心弟子們，把他的事跡和理論帶到了世界各地。之所以這群弟子們那麼能跑，也離不開佛祖的親身榜樣。當年還是年輕王子時，佛祖就愛離家出走，主要是為了出家尋找真理。

在佛教出現之前，印度人也出家。這並不奇怪，在婆羅門貴族的傳統生活方式裡，年輕時要結婚生子、建功立業，到了中老年，又要主動去研究宗教、體驗出家生活。但是悉達多等不及，想在年輕力壯時就出家，免得老來後悔，無力參透真理。

就在此時，發生了「四門遊觀」事件，促使悉達多從觀念付諸行動。那時，悉達多王子在侍衛陪同下，出了皇宮，乘車視察。他分別在東門、南門、西門看見老人、病人、死人，場面悲慘，直接刺激王子開始思考生老病死。要知道，衣食無憂、歲月靜好的皇室，只有繁華富貴、華冠尊容，離殘酷的生存現場太遠。這一次，悉達多直抵生存現場，深受震撼。最後，他又在西門看見平靜祥和的修行人，心中生出嚮往，決定尋找到可以擺脫死亡痛苦的真理，自此開始頻繁離家出走。

最開始，他遍尋婆羅門教、沙門等派別的修行大師，也到深山老林裡學習冥想和苦修，直到一次餓暈後，被牧羊女救活，重新看見藍天白雲、綠水青山，才覺得世界本原的靜美，於是決定放棄苦修。最後到了伽耶城，在一棵菩提樹下大徹大悟，成了佛祖。

悉達多成為佛祖以後，也沒閒著，他分別到過鹿野苑、波羅奈城、摩揭陀國，回過釋迦國見親人，後來又到舍衛城傳道。佛祖八十歲時，在返鄉的途中去世，結束了出走奔波的一生。

在佛祖去世後，弟子們繼續發揚離家出走的先師精神，代表佛祖去四面八方傳法。兩千年來，佛法遠遊的路線，大致可分為往南，往北兩個方向，往南便有了南傳佛教，又叫上座部佛教。往北則產生了藏傳和漢傳兩個體系。佛法在漢地，又有了形形色色的接班人，有的叫天台宗、律宗、法相宗，也有的叫淨土宗、華嚴宗、禪宗。

即便到了境外，佛教依然盛產出走型人物，比如中國史上第一位專業留學生——唐僧，一反中國人重土難遷的習慣，留學印度十七年，從西天帶回六百多部佛經，一百五十多顆舍利子。反倒是在佛教的老家印度，因為婆羅門教後來居上，佛教漸漸衰落。不得不說，一部佛教傳播史，也是佛教神明離家出走史。

老子去那兒了？

跟佛祖差不多同個時代，老子正在東方生活。晚年的老子，已經厭惡了守在一地的生活。自從二十一歲進入周王室的圖書館工作，老子直到五十六歲才離職，回到故鄉。等到八十六歲時，決定西去雲遊，老子一路向西，出了函谷關，留下《道德經》，而後便不知仙蹤。

老子西出函谷關以後，究竟發生了什麼？歷史上的說法不一，有的說，老子去了中亞和印度，教化胡人為業，歸化了印度人，創造了佛教，而後歸來，已是佛陀模樣。也有的說，老子出關後，羽化成仙，自此升天，榮任太上老君，繼續帶領中國的道長們。還有的說，老子是造反派的祖師爺，不管太平道還是五斗米道，黃巾軍還是白蓮教，都打著老子的旗號，發動群眾起義。

直到漢代，五斗米道創始人張道陵，把老子尊為教主。一位晚年出走的周代人，成了後世尊奉的「太上老君」。在「小仙翁」葛洪看來，老子已經是神仙的模樣，「黃白色、長耳、大目、厚唇、耳有三漏門、足蹈二五、手把十文」。

魏晉時，已經出現《老子化胡經》，詳細證明了出關後的老子，前往中亞和印度宣揚道法，被印度人尊為佛陀，後來又傳回中土。「老子化胡說」面世，受到道教和佛教的熱烈歡迎，同時給了雙方充足的面子。道教得到了來自佛教的敬意，佛教又可以改頭換面，可以在異國他鄉順利安營紮寨。而對於皇室而言，老子也是尊客。西漢早年尊奉黃老術，唐代直接奉為李氏先祖，被追封為「太上玄元皇帝」，政治地位達到巔峰。看來，出了函谷關的老子，並未神秘失蹤，而是以不同面目，一次次返回人間，引起一片波瀾，蕩漾到如今。

神明的離去和歸來

目睹神明的遠去，是一種修養。歡送神明離境，也是學問。當神明要離開時，舉辦適當的歡送儀式，本是人類應盡的義務和禮貌。古有尹喜挽留老子，留下了五千言《道德經》，可謂是難得的人類財富。也有老百姓，為歡送王爺離境，造出華麗的大船，舉辦隆重的「送王船」儀式。

所謂的「送王船」，融合了多種民俗。宋代的江南，就流行用船送瘟神離境的儀式，到了明代又加入「代天巡狩」的民俗。「代天巡狩」就是指代表玉皇大帝到人間巡視的王爺。他們握有聖旨，可以獎善罰惡，負責驅逐瘟疫等，口碑非常不錯。所以，每年到了四月份，就有「送王船」的歡送儀式。看來，出遠門也著實不易。

到了網路時代，神明歸來更加便捷。傳統習俗還在延續，全新神明又在不斷湧現，甚至改頭換面，以新面貌出現在世人面前。二十一世紀的人類社會，已經不能與古代同日而語。互聯網的流行，讓原本相隔千山萬水的人們，如同在地球村一起生活。此時，神明們也在不斷歸來。

飛天神麵的到來，便是一次盛典。二〇〇五年，一位叫做亨德森的美國年輕人，他為了反對州教育局的做法，而特地發明了「飛天神麵」這位神明。原本，教育局打算要求州內學校加入智能設計論的課程，這個理論正面論證了上帝創造萬物。但是，引起了這位年輕人的不滿。於是，一款全新、怪異、荒謬的神明出現了。根據亨德森的揶揄，他同樣可以證明飛天拉麵創造了世界萬物，要求一併列入課程。此舉像一顆石子丟進水中，引起很大的爭議。不過，世界各地的不少年輕人紛紛表達支持，短期內就從世界各地寄來六萬多封電子郵件。

於是，在這場網路的狂歡中，「飛天神麵教」誕生了。二十一世紀的新新人類，開始模仿基督教的形式，除了教主，還有教堂、禮拜，甚至還出現了《飛行麵條怪的福音》、《盜德經》這樣的書。總之，它像模像樣，擁有系統完整的教義和儀式，而且還有群眾基礎。

飛天神麵不再化作肉身，也沒有活在神話傳說裡，而是通過電腦螢幕，聚集起全世界的年輕人，共同朝拜這位二十一世紀的新神明。這些年輕人再也受不了傳統信仰裡的威權和秩序，以及這些儀式背後蘊含的整個文化體系。他們開始創造屬於自己的神明，來揶揄傳統觀念。儘管飛天神麵是虛擬的，但對於這群年輕人而言，卻尤為真實。與其說它是一種宗教，不如說是一種後現代的幽默，以及年輕人的狂歡話題。在此，不由得想起那個海螺共和國的格言：「在實踐幽默中緩解世界的緊張」。

神叨至此，徐子偈曰：

人類坐臥皆難安，神明來去都自由。
耶穌幼年多逃難，佛祖離家去求道。
老子出關何處去，飛天神麵網上來。
又是一年送王船，此地空餘凡人歌。

後記

偶爾鬼眼覷仙塵，究竟誰是局中人

「我只想造希臘小廟，這廟供奉的是人性。」

——沈從文

這一趟從天堂到地獄，由鯤鵬開路、神明歡送的奇異漫遊，在此暫且告一段落。此時此刻，我正坐在人間某個小鎮的石塔裡，塔立在路邊，眼前街市人來人往。我看見每個人都背著自己的神明，上面恍惚寫著各自的名號，走向他們的廟宇或聖殿。有時，人們互相問好，彼此點頭致意、擦肩而過。有時，人們也在塔邊歇腳，喝杯清茶、談天說地。打個瞌睡以後，背起自己的神明繼續趕路。

但我仍在石塔裡讀書寫字，仿佛外面的世界並沒有發生過什麼事情。不過此時，我也需要喝水、吃飯、開不正經的玩笑，這些事提醒我仍在人間，與凡人無異，亦與幽冥無涉。每個人的旅途都太累了，都需要一座可供歇腳的塔，也需要背上各自的神話故事，方可繼續走完餘下的路。

在我兒時，讀著那些古今西東的神話典籍，曾醉心於那些神奇莫測的名字，在奇異雲海裡幻想浮沉。我曾在外婆那座江南四合院裡，聽她講妙善的故事。我也曾在奶奶的書桌前，看她珍藏的《天路歷程》，遙想清教徒漂洋過海的旅途。我的爸爸，還曾一邊踏著自行車，一邊跟我說各種奇聞異事，我就這樣一路穿過街巷，揣著撲通的小心臟回家。後來，當世界用嚴肅的理論跟我說，這些都是假的。我一度不曾相信，但是一度又在鋪天蓋地的眾聲裡喏喏稱是。於是，我將那些兒時聽來的、看到的，統統拋到腦後，以為不過是人類的兒戲。

何時重新體味它們的驚豔呢？或許沒有頓悟經歷，也沒有飛來靈感，只是在理性漸漸成熟之際，於人間又看到了眾神、列仙、群鬼的投影，思及童年聽來的傳說，兩相對比，竟覺一種幽默和溫情款款而至。與其說是幽默和溫情，不如說是一種人類本有的大悲憫，只是被人遺忘，又被人造物埋沒罷了。

神叨至此，徐子偈曰：

上窮碧落下黃泉，我有媚眼望幽明。
徐子夜半望宇宙，試問妖怪與神佛。
既入天堂地府後，不辭長作觀光遊。
何方借來大神力，卡里斯瑪危坐前。
疑難雜症有套路，修行也要靠法門。
因緣際會難猜透，滿紙荒誕怎能了。
偶爾鬼眼覷仙塵，究竟誰是局中人。

參考文獻

以下為本書書寫的主要參考文獻，因有些文獻涉及多個章節，將僅在涉及較多章節列出。

第一章相關文獻

余紅豔，《精》，上海辭書出版社，二〇一四年。

晉，干寶，《搜神記》，中國畫報出版社，二〇一三年。

清，蒲松齡著，于天池譯注，《聊齋誌異》，中華書局，二〇一六年。

《百怪圖譜：京極夏彥畫文集》，上海人民出版社，二〇一七年。

井上圓了著，蔡元培譯，《妖怪學講義錄（總論）》，東方出版社，二〇一四年。

中西進著，彭曦譯，《日本文化的構造》，南京大學出版社，二〇一三年。

吳敬梓，《儒林外史》，人民文學出版社，二〇〇二年。

文可仁，《中國民間傳統文於化寶典》，延邊人民出版社，二〇〇〇年。

馬書田，《中國俗神》，團結出版社，二〇〇七年。
馬書田，《中國人的神靈世界》，九州出版社，二〇〇二年。
梁庚堯，《宋代科舉社會》，東方出版中心，二〇一七年。
董志文，《話說中國海洋神話與傳說》，廣東經濟出版社，二〇一四年。
五代，李昉，《太平廣記》，湖北辭書出版社，二〇〇七年。
唐，唐臨、戴孚，《廣異記》，中華書局，一九九二年。
穆紀光，《敦煌藝術哲學》，商務印書館，二〇〇七年。
列子著，葉蓓卿譯注，《列子》，中華書局，二〇一六年。
干春松，《仙與道：神仙信仰與道家修身》，海南出版社，二〇一六年。
高大鵬編著，《神仙傳：造化的鑰匙》，線裝書局，二〇一三年。
樂其麟，《趣話八十四行祖師爺》，氣象出版社，二〇一三年。
西漢，劉向，《戰國策》，齊魯書社，二〇〇五年。
春秋，管仲，李山 注解，《管子》，中華書局，二〇〇九年。
戰國，莊子，孫海通 譯注，《莊子》，中華書局，二〇〇七年。
金壽福譯注，《古埃及〈亡靈書〉》，北京：商務印書館，二〇一六年。（杭圖一樓 B846 z130 2016）

英，羅莎莉．戴維著，李曉東譯，《古代埃及社會生活》，北京：商務印書館，二〇一六年。

鄭家馨，《一方水土養育一方文明：非洲文明之路》，北京：人民出版社，二〇一一年。

第二章相關文獻

明，吳承恩，《西遊記》，人民文學出版社，二〇〇四年。

東晉，葛洪，《神仙傳》，學苑出版社，一九九八年。

清，袁枚，《子不語》，天津人民出版社，二〇一六年。

明，許仲琳，《封神演義》，上海古籍出版社，二〇一一年

德，施勒伯格著，范晶晶譯，《印度諸神的世界——印度教圖像學手冊》，中西書局，二〇一六年。

賴永海譯注，《楞嚴經》，中華書局，二〇一〇年。

魏，曹丕等撰，《列異傳等五種》，文化藝術出版社，一九八八年。

殷偉、程偉強編著，《圖說冥界鬼神》，北京：清華大學出版社，二〇一四年。

圓瑛，《佛說盂蘭盆經講義》，上海市佛教協會，一九八九年。

許地山，《道教史》，上海古籍出版社，一九九九年。

隋垠哲編著，《鬼神仙怪——中華鬼神文化大觀》，中原農民出版社，二〇一五年。
殷偉、程建強編著，《圖說日常守護神》，清華大學出版社，二〇一四年。
烏丙安，《中國民間信仰》，上海人民出版社，一九九五年。
張廣智、高有鵬，《民間百神》，海燕出版社，一九九七年。
殷偉，《中國民間俗神》，雲南人民出版社，二〇〇三年。

第三章相關文獻

徐曉望，《媽祖信仰史研究》，海風出版社，二〇〇七年。
羅春榮，《媽祖傳說研究——一個海洋大國的神話》，天津：天津古籍出版社，二〇〇九年。
《天妃顯聖錄》，載於網站 https://ctext.org/wiki.pl?if=gb&chapter=614954
謝重光，《粵閩臺民間信仰論叢》，北京：海洋出版社，二〇一二年。
林國平，《閩臺神靈與社會》，廈門：廈門大學出版社，二〇一〇年。
柿子文化、林金郎，《神靈臺灣：第一本親近神明的小百科》，臺北：柿子文化事業有限公司，二〇一八年。

首都博物館，《佛教慈悲女神：中國古代觀音菩薩》，文物出版社，二〇〇八年。
故宮博物院，《故宮觀音圖典》，故宮出版社，二〇一二年。
徐華鐺，《菩薩（中國傳統圖像形說）》，中國林業出版社，二〇一五年。
路遙，《四大菩薩與民間信仰》，上海人民出版社，二〇一一年。
于君方，《觀音：菩薩中國化的演變》，臺北：法鼓，二〇〇九年。
趙李娜，《神》，上海辭書出版社，二〇一四年。
李殿元，《天神地祇：道教諸神傳說》，四川人民出版社，二〇一二年。
干春松，《仙與道：神仙信仰與道家修身》，海南出版社，二〇一六年。
鄧妍，《孔子神化動因及其文化意義研究》，華南理工大學，二〇一四年。
黃進興，《儒教的聖域》，香港：三聯書店，二〇一五年。
林聰舜，《儒學與漢帝國意識形態》，上海人民出版社，二〇一七年。
馬克斯·韋伯著，王容芬譯，《世界宗教的經濟倫理：儒教與道教》，中央編譯出版社，二〇一八年。
李豐楙，《不死的探求：〈抱朴子〉》，線裝書局。
傅勤家，《中國道教史》，中國文史出版社，二〇一六年。
東晉，葛洪，《神仙傳》，學苑出版社，一九九八年。

閔一得，《天仙道戒忌須知》，藝雅出版社，二〇一八年。
陳鼓應，《道教陳摶學派與北宋理學》，臺灣大學，二〇〇二年。
美，依迪絲．漢密爾頓著，陳嘉映編，李源譯，《上帝的代言人》，華夏出版社，二〇一四年。
徐新，《論猶太文化》，世界圖書出版公司，二〇一三年。
富育光、趙志忠，《滿族薩滿文化遺存調查》，民族出版社，二〇一〇年。
富育光、郭淑雲，《薩滿文化論》，臺灣學生書局，二〇〇五年。
米爾恰．伊利亞德，《薩滿教：古老的迷魂術》，社會科學文獻出版社，二〇一八年。
陳建憲，《一個當代薩滿的生活世界》，華中師範大學出版社，二〇一五年。
傅英仁講述，張愛雲整理，《滿族薩滿神話》，黑龍江人民出版社，二〇〇五年。

第四章相關文獻

羅貫中、施耐庵，《水滸傳》，中華書局，二〇〇九年。
釋慧皎，《高僧傳》，中華書局，一九九二年。
康樂，《佛教與素食》，商務印書館，二〇一七年。

Elizabeth Kuhns, *The Habit: A History of the Clothing of Catholic Nuns*, Image Books, 2005.

Veronica Bennett, *Looking Good: A Visual Guide to the Nun's Habit*, GraphicDesign&, 2016.

金庸，《天龍八部》，廣州出版社，二〇一一年。

日，一休宗純著，殷旭民注解，《一休和尚詩集》，華東師範大學出版社，二〇〇八年。

古埃及，安東尼，《沙漠教父言行錄》，北京三聯書店，二〇一二年。

李約瑟，《中國科學技術史》，科學出版社，一九九〇年。

張覺人，《中國煉丹術與丹藥》，學苑出版社，二〇〇九年。

陳蓮生，《道教常識問答》，上海辭書出版社，二〇一二年。

金正耀，《中國的道教》，中國國際廣播出版社，二〇一一年。

李豐楙，《不死的探求：〈抱樸子〉》，線裝書局，二〇一三年。

義，馬西莫・匹格里奇著，王喆譯《哲學的指引：斯多葛的生活之道》，北京：北京聯合出版公司，二〇一八年。

古羅馬，瑪克斯・奧勒留著，梁實秋譯《沉思錄》，南京：譯林出版社，二〇一六年。

楊慧南，《六祖壇經：直通現代心靈的佛法》，線裝書局，二〇一三年。

宋，釋普濟，蘇淵雷注解，《五燈會元》，中華書局，一九八四年。

宋，釋道元，朱俊紅注解，《景德傳燈錄》，海南出版社，二〇一一年。

第五章相關文獻

金庸，《倚天屠龍記》，廣州出版社，二〇一二年。
馬小鶴，《光明的使者：摩尼與摩尼教》，蘭州大學出版社，二〇一三年。
孫英剛，《神文時代：讖緯、術數與中古政治研究》，上海古籍出版社，二〇一四年。
陳侃理，《儒學、數術與政治：災異的政治文化史》，北京大學出版社，二〇一五年。
王青，《中國神話研究》，中華書局，二〇一〇年。
劉向，《列仙傳》，學苑出版社，一九九八年。
謝家樹，《聖經中的食物》，中央編譯出版社，二〇一一年。
《聖經》，中國基督教兩會，二〇〇九年。
周燮藩，《中國的基督教》，北京：中國國際廣播出版社，二〇一一年。
殷小平，《元代也里可溫考述》，蘭州大學出版社，二〇一二年。
劉宗迪，《失落的天書——〈山海經〉與古代華夏世界觀》，北京：商務印書館，二〇一六年。

李豐楙編著，《最神奇的上古地理書：〈山海經〉》，線裝書局，二〇一三年。
王懷義，《中國史前神話意象》，北京：三聯書店，二〇一八年。
弗雷澤著，汪培基、徐育新、張澤石譯，《金枝：巫術與宗教之研究》，商務印書館，二〇一二年。
馬林諾夫斯基，《巫術科學宗教與神話》，中國民間文藝出版社，一九八六年。
孫亦平編，《西方宗教學名著提要》，江西人民出版社，二〇〇二年。
蔣維喬，《中國佛教史》，上海古籍出版社，二〇一一年。
梁思成，《佛像的歷史》，中國青年出版社，二〇一四年。
季羨林，《季羨林談佛》，浙江人民出版社，二〇一六年。

◎新譯聊齋誌異選(一)(二版)

任篤行、劉淦／注譯

《聊齋誌異》是清初著名文學家蒲松齡所作的短篇小說集，書中所寫多為社會上的奇聞異事，或狐鬼花妖神仙故事，不僅小說情節生動曲折，引人入勝，同時富有真實的社會生活內容，寓有啟迪人生的深刻思想。蒲松齡透過一則則鬼怪世界的描寫，以奧妙的構思和運筆，影射現實社會和刻劃人生百態，取得空前的成就，被譽為是「中國文言小說之集大成者」。

◎新譯搜神記(二版)

黃鈞／注譯

魏晉南北朝時期的志怪小說，以大量虛構的故事、奇幻的境界、離奇的情節、簡潔的語言、優美的文筆，為中國小說的發展奠定了基礎。其中由東晉著名史學家干寶所撰寫的《搜神記》，是諸多志怪小說中成就最高、影響最大、最具有代表性的作品。它廣搜民間各種關於神異、奇蹟、鬼怪以及神仙方士的傳說，並旁採正史中有關祥瑞、異變的記載，內容豐富生動，異想奇思紛呈。

國家圖書館出版品預行編目資料

時尚宗教學／徐頌贊著.——初版一刷.——臺北市:
三民，2020
面；　公分.——（歷史天空）

ISBN 978-957-14-6770-2（平裝）
1.宗教 2.文集

207　　108021274

歷史天空

時尚宗教學

作　　者	徐頌贊
責任編輯	翁子閔
美術編輯	陳祖馨
封面設計	one day one dog
內頁插畫	one day one dog
發 行 人	劉振強
出 版 者	三民書局股份有限公司
地　　址	臺北市復興北路 386 號 (復北門市) 臺北市重慶南路一段 61 號 (重南門市)
電　　話	(02)25006600
網　　址	三民網路書店 https://www.sanmin.com.tw
出版日期	初版一刷 2020 年 1 月
書籍編號	S200030
I S B N	978-957-14-6770-2

三民書局